COLLOQUIA BALTICA 6

Beiträge zur Geschichte und Kultur Ostmitteleuropas

T0345834

Marion Brandt (Hg.)

Grenzüberschreitungen

Deutsche, Polen und Juden
zwischen den Kulturen
(1918-1939)

Martin Meidenbauer »

Gedruckt mit Unterstützung des Ministeriums
für Nationale Bildung und Sport der Republik
Polen, des Deutschen Akademischen Aus-
tauschdienstes und der Universität Gdańsk.

Die Verfasser haben sich bemüht, die Bild-
rechte der Eigentümer zu wahren. Nicht in allen Fällen ist es gelungen, die Rechte einzu-
holen. Ansprüche bitten wir gegebenenfalls an
den Verlag zu richten.

Die Deutsche Bibliothek verzeichnet diese
Publikation in der Deutschen Nationalbiblio-
grafie; detaillierte bibliografische Daten sind
im Internet über http://dnb.ddb.de abrufbar.

© 2006 Martin Meidenbauer
Verlagsbuchhandlung, München

Umschlag-Abbildung: s. S. 28.

Printed in Germany

Gedruckt auf
chlorfrei gebleichtem, säurefreiem und
alterungsbeständigem Papier (ISO 9706)

ISBN 3-89975-560-X

Verlagsverzeichnis schickt gern:
Martin Meidenbauer Verlagsbuchhandlung
Erhardtstr. 8
D-80469 München

www.m-verlag.net

Inhaltsverzeichnis

Anhang

Vorwort

Die erste Hälfte des 20. Jahrhunderts war für die Beziehungen zwischen Deutschen, Polen und (deutschen und polnischen) Juden eine Zeit zunehmender Feindschaft bis hin zu Krieg und Völkermord. Es gab zu dieser Zeit aber auch fruchtbare Begegnungen und solidarische Beziehungen zwischen Intellektuellen dieser drei Kulturen. Die Diskussion unterschiedlicher Aspekte dieser Beziehungsgeschichte war das Anliegen einer Tagung, die im Frühjahr 2005 an der Universität Gdańsk (Danzig) stattfand. Im Zentrum der Tagung, deren Referate hier veröffentlicht werden, standen kulturelle Grenzüberschreitungen – Schriftsteller, Künstler, Publizisten und Wissenschaftler, die, vor allem in den zwanziger und dreißiger Jahren des 20. Jahrhunderts, die Grenzen der nationalen Kulturen überschritten. Daneben wurden auch Wahrnehmungen der jeweils anderen Kultur und Vergleiche zwischen verschiedenen Haltungen thematisiert. Ein Schwerpunkt der Tagung lag auf dem literarischen Leben in der Freien Stadt Danzig (1920-1939), in der die deutsche, polnische und auch die jiddische Literatur nebeneinander existierten. Wo wurden hier nationale Abgrenzungen durchbrochen oder verloren sie an Bedeutung?

Gegenstand des ersten thematischen Blocks sind die Beziehungen zwischen deutschen und polnischen Künstlern in der Avantgarde. Lidia Głuchowska stellt mit Stanisław Kubicki einen Maler und Dichter vor, der wie kein zweiter zwischen deutschen und polnischen Künstlern vermittelte und den für einige Jahre sehr intensiven und fruchtbaren Kontakt zwischen der *Aktion* und den Posener Expressionisten herstellte. Głuchowska untersucht einen sehr ungewöhnlichen, nämlich in deutscher und polnischer Sprache parallel entstandenen Gedichtzyklus des Künstlers und interpretiert Themen und Motive der Gedichte im Vergleich zum bildkünstlerischen Werk Kubickis.

Den Beziehungen Herwarth Waldens und des *Sturm* zu polnischen Künstlern ist der Beitrag von Marina Dmitrieva gewidmet. Zu einer Zeit, als der *Sturm* in Deutschland sein Zenit als Pionier der Avantgarde bereits überschritten hatte, stellte er für osteuropäische Avantgarde-Künstler eine wichtige Brücke in den Westen dar. So arbeitete Walden mit Künstlern der polnischen Zeitschrift *Blok* – Henryk Berlewi, Mieczysław Szczuka und Teresa Żarnower – zusammen.

Hubert van den Berg fragt in seinem Beitrag zu Recht, ob man überhaupt von deutsch-polnischen Beziehungen in der künstlerischen Avantgarde sprechen kann. Anliegen der Avantgardekünstler war ja gerade die Überschreitung des Nationalen hin zum „Übernationalen" (Kurt Schwitters) oder Anationalen (Franz Pfemfert). Van den Berg charakterisiert das internationale Zeitschriftennetz der konstruktivistischen Avantgarde, zu dem auch die Zeitschrift *Blok* gehörte, und zeigt verschiedene Aspekte der avantgardistischen Internationalität auf, die nicht nur mit einer Abgrenzung vom Nationalen, sondern auch mit einem Bekenntnis zu ihm einhergehen konnte.

Den zweiten thematischen Schwerpunkt bilden die deutsche und polnische Literatur in der Freien Stadt Danzig der 20er Jahre. Zu den interessantesten Erscheinungen des kulturellen Lebens in Danzig am Beginn der 20er Jahre gehörte die von 1923 bis 1926 herausgegebene „Danziger Rundschau". Peter Oliver Loew widmet seinen Beitrag Felix Scherret, einem der Redakteure (und zeitweilig alleinverantwortlichem Redakteur) dieser Zeitung, und seinem Inflationsroman aus Danzig *Der Dollar steigt! Inflationsroman aus einer alten Stadt*. Während der Inflation galten in Danzig anders als in Deutschland keine Devisenbeschränkungen, so daß die Stadt für kurze Zeit zu einem florierenden internationalen Finanzmarkt und zu einer „Hochburg leidenschaftlicher Spekulation" (Scherret) wurde. Diese Jagd nach dem Geld versucht Felix Scherret, in seinem Roman einzufangen.

Einer der wenigen bekannten Dichter und Schriftsteller, die Danzig hervorgebracht hat, ist Paul Scheerbart – Avantgardekünstler noch vor der Avantgarde. Welche Spuren die Kindheit in der preußischen Garnisonsstadt mit ihrer beeindruckenden Architektur in seinen Werken hinterlassen hat, verfolgt Mechthild Rausch in ihrem Aufsatz. Umgekehrt fragt sie auch danach, welche Spuren Scheerbart in Danzig hinterlassen hat, wie hier in den 20er und Anfang der 30er Jahre seiner gedacht wurde.

Mechthild Rausch erwähnt, daß die „Danziger Rundschau" 1923 einen Artikel von Stanisław Przybyszewski über Paul Scheerbart angekündigt hatte. Der deutsch-polnische Schriftsteller lebte von 1920 bis 1924 in Zoppot und arbeitete als Beamter im Büro der Polnischen Eisenbahndirektion in Danzig. Sein Aufenthalt in dieser Stadt war für ihn als Schriftsteller, wie Gabriela Matuszek zeigt, nicht gerade fruchtbar. Doch war er es in anderer Hinsicht: Przybyszewski wurde in diesen Jahren gesellschaftlich tätig und setzte sich intensiv für die Belange der polnischen Gemeinde in Danzig ein, indem er u.a. auf Lesungen und Veranstaltungen, die ihm gewidmet waren, Spenden für das Polnische Gymnasium in der Freistadt sammelte. Sein patriotisches Engagement – Grund, ihn während eines Urlaubsaufenthaltes im Jahr 1922 aus Deutschland auszuweisen – hinderte ihn keineswegs daran, auch in Danzig enge Freundschaften mit jüdischen und deutschen Intellektuellen zu pflegen.

In den Jahren 1923 bis 1935 lebte ebenfalls eine Tochter Przybyszewskis in der Stadt an der Mottlau: Stanisława Przybyszewska. Sie wurde durch ihr Stück *Sache Danton* (1929) berühmt, das Vorlage für Andrzej Wajdas *Danton*-Film von 1982 war und 1994 von Frank Castorf an der Berliner Volksbühne inszeniert wurde. Przybyszewska wuchs in Polen, Frankreich, Österreich und der Schweiz auf; sie las und schrieb in mehreren europäischen Sprachen. Die Herausgeberin dieses Bandes untersucht in ihrem Aufsatz die Bedeutung der deutschsprachigen Lektüren (Büchner, Goethe, Schiller, Th. Mann) für das Werk Przybyszewskas.

Thema des dritten Teiles sind die deutsch-polnischen Beziehungen und Wahrnehmungen nach 1933. Drei Beiträge beschäftigen sich mit deutschen Politikern, Publizisten und Künstlern, die Polen als – wenn auch zumeist transitäres – Exilland wählten. Marek Andrzejewski stellt das Exil deutscher Intellektueller in Polen in einem Überblick vor: die Motivationen, Polen als Exilland zu wählen (oder nicht zu wählen), und die Aufnahme- und Lebensbedingungen, auf die Exilanten in Polen trafen. Trotz der 1934 geschlossenen Nichtangriffserklärung zwischen Deutschland und Polen konnten Flüchtlinge aus Deutschland und Danzig in Polen auf die Unterstützung z.B. des Polnischen Komitees zur Hilfe der von den Nazis unterdrückten Intellektuellen oder der Gewerkschaften, der Polnischen Sozialistischen Partei (PPS) und des Sozialistischen Jüdischen Arbeiterbundes hoffen.

Zu den prominentesten Exilanten in Polen gehörte sicher Hermann Rauschning, der 1933 als Politiker der NSDAP Senatspräsident von Danzig wurde, sich als solcher aber für eine Verständigung mit Polen einsetzte. Im November 1934 zum Rücktritt gezwungen, verließ Rauschning einige Monate später Danzig und ging nach Polen, wo er bis 1937 blieb. Roman Dziergwa untersucht die Publizistik Rauschnings in Polen und zeigt, wie hellsichtig dieser die deutsch-polnischen Beziehungen jener Zeit einschätzte.

Die Ärztin und Publizistin Elga Kern lebte bereits vor 1933 in Polen und fühlte sich diesem Land sehr verbunden. Jürgen Röhling hat sich ihr Buch *Das alte und neue Polen* von 1931 genauer angesehen, dessen Polenfreundlichkeit eine Überwachung der Autorin durch das Auswärtige Amt zur Folge hatte. Ihre kritische Publizistik in Polen, u.a. in der bekannten Literaturzeitschrift „Wiadomości Literackie", setzte Elga Kern darüber hinaus auch Angriffen aus nationalpolnischen Kreisen aus.

Das Bild des nationalsozialistischen Deutschland in den *Wochenchroniken*, die der polnische Schriftsteller Antoni Słonimski von 1927 bis 1939 regelmäßig in derselben Zeitschrift veröffentlichte, ist Gegenstand des Beitrags von Maria Gierlak. Słonimski beschränkte sich in seinen Publikationen zwischen 1933 und 1939 nicht nur – soweit es die Zensur erlaubte, die entsprechend des 1934 mit Deutschland vereinbarten Presseprotokolls dafür Sorge trug, daß keine deutschlandkritischen Artikel erschienen – auf eine oft satirische Kritik an der Innen- und Außenpolitik Deutschlands und an der polnisch-deutschen Zusammenarbeit vor allem im Bereich der Kultur. Er versuchte auch vergeblich, die intellektuelle Weltöffentlichkeit zu bewegen, etwas gegen die Unterdrückung der Meinungsfreiheit und den Antisemitismus in Deutschland zu unternehmen.

Karina Pryt untersucht in ihrem Beitrag deutsche Filme mit polnischer Thematik, die zwischen 1934 und 1938 entstanden und nicht nur aus der Tradition deutscher polenfeindlicher Bilder ausscherten, sondern sogar „die Gültigkeit des Nationalsozialismus als Weltanschauung und Lebensform für die Polen beansprucht[en]" (S. 218). Der polnische Freiheitskampf des 19. Jahrhunderts wird in diesen Filmen für die nationalsozialistische Politik instrumentalisiert.

Der vierte thematische Block ist den Beziehungen und einem Vergleich zwischen Deutschen, Polen und deutschen sowie polnischen Juden gewidmet. Die deutsch-jüdische Philosophin Edith Stein und der polnische Philosoph Roman Ingarden befreundeten sich während ihres Studiums bei Edmund Husserl in Göttingen und schrieben sich danach mehr als zwei Jahrzehnte lang (von 1917 bis 1938) Briefe, von denen jedoch nur die von Edith Stein erhalten sind. Sie dokumentieren, wie Małgorzata Klentak-Zabłocka zeigt, nicht nur Mißverständnisse, die aus der Zugehörigkeit und dem Bekenntnis zu unterschiedlichen Kulturen entstanden, sondern auch, daß Edith Stein sich für die polnische Kultur und Geschichte interessierte, sogar die polnische Sprache zu erlernen begann.

Das Verhältnis der Danziger Juden zu den Juden, die aus Polen und Rußland in ihre Stadt einwanderten, war bis in die dreißiger Jahre hinein von Distanz geprägt. Erst unter der Herrschaft der Nationalsozialisten kam es zu einer Annäherung zwischen ihnen. Vor diesem Hintergrund wird das Besondere an der Rezeptionsgeschichte des Stückes *Glückel von Hameln fordert Gerechtigkeit* (1924) deutlich, die Mieczysław Abramowicz erzählt. Das Stück des Danziger jüdischen Rechtsanwalts Max Baumann wurde, ins Jiddische übersetzt, in den Jahren 1937 bis 1939 an den Jüdischen Theatern in ganz Polen mit großem Erfolg aufgeführt. Ida Kamińska inszenierte es auch nach dem Krieg am Jüdischen Theater in Warschau und, nachdem sie 1968 gezwungen war, Polen zu verlassen, in den USA und in Israel.

Karol Sauerland untersucht Tagebücher, in denen deutsche und polnische, assimilierte und gläubige Juden, in deutscher, polnischer, jiddischer und hebräischer Sprache die deutsche judenfeindliche Politik auf sehr unterschiedliche Weise festhielten. Einem größeren Leserkreis in Deutschland ist lediglich das Tagebuch Victor Klemperers bekannt. Sauerland vergleicht es mit den Aufzeichnungen von Adam Czerniaków, einem polnisch assimilierten Juden, von Chaim Aron Kaplan, der am traditionellen Judentum festhielt, des Sozialisten Emanuel Ringelblum sowie des emanzipierten Juden Ludwik Landau.

*

Es sei an dieser Stelle all jenen gedankt, die das Stattfinden der Tagung und die Publikation der Tagungsbeiträge ermöglichten. Ohne die großzügige Förderung durch den Deutschen Akademischen Austauschdienst wäre beides nicht möglich gewesen. Gedankt sei vor allem Friederike Schomaker, die das Vorhaben von Beginn an engagiert unterstützte. Danken möchte ich auch den Kollegen am Institut für Deutsche Philologie, ganz besonders Prof. Dr. Mirosław Ossowski, Maria Gierlak, den Mitarbeitern im Rektorat der Universität Gdańsk sowie den Studentinnen, die bei der Organisation der Tagung halfen. Dr. Christian Pletzing sei herzlich für die Aufnahme des Tagungsbandes in die Reihe *Colloquia Baltica* gedankt.

Marion Brandt, Gdańsk, im Oktober 2005

Der Turmbau zu Babel. Stanisław Kubickis zweisprachige Gedichte aus den Jahren 1918-1921 und die Utopie des „neuen Menschen"

Lidia Głuchowska

Die Graphik *Turmbau zu Babel* von 1918 (*Abb.1*) ist eines der bekanntesten Werke von Stanisław Kubicki, eines Malers, Dichters und Philosophen, der sowohl in Deutschland als auch in Polen wirkte. Sie schmückte die deutsch- und polnischsprachigen Plakate der ersten Ausstellung der Posener Gruppe *Bunt* (*Revolte*), die, neben den Krakauer *Formisten* und *Jung Idysz* aus Łódź, zu den drei expressionistischen Künstlervereinigungen Polens zählt.[1]

Abb. 1. Stanisław Kubicki, Turmbau zu Babel II, Linolschnitt, 1918. Privatsammlung Berlin.

---

[1]   Malinowski, Jerzy: Sztuka i nowa wspólnota. Zrzeszenie artystów „Bunt" 1917-1922. Wrocław 1991, S. 8; Bartelik, Marek: Jeszcze jeden most do przebycia: Bunt a wielokulturowość sztuki polskiej. In: Bunt. Ekspresjonizm poznański 1917-1925. Hrsg. von Grażyna Hałasa u. Agnieszka Salamon. Poznań 2003, S. 24-45.

Der Turmbau zu Babel steht sinnbildlich für die Utopie des Neuanfangs, des „neuen Menschen" und der neuen, internationalen Gemeinschaft. Dieses Ideal inspirierte besonders nach dem Ersten Weltkrieg avantgardistische Künstler Europas, die Konstrukteure der modernen Gesellschaft und der „neuen Welt"[2] sein wollten, einer Wirklichkeit ohne Grenzen, Nationen, Behörden und Kriege.

Noch stärker wird der Turmbau jedoch mit der biblischen Geschichte assoziiert.[3] Er erinnert an den Hochmut des Menschen, seinen Verstoß gegen die Gesetze Gottes und seine Bestrafung durch die Vermischung der Sprachen und die damit verbundene Entstehung einer wesentlichen Barriere für die zwischenmenschliche Verständigung. Somit verweist *Turmbau zu Babel* auch auf die wichtigsten Inhalte der zweisprachigen Gedichte Stanisław Kubickis. Diese können als sein Versuch aufgefasst werden, seine Botschaft über Grenzen und Nationen hinweg mitzuteilen.[4]

Kubicki (*Abb.* 2), einer der interessantesten Vertreter des Expressionismus und ein Wegbereiter der prometheischen Strömung der polnischen Avantgarde, trug zur Entstehung des sozial-künstlerischen Radikalismus bei. Zusammen mit seiner Frau Margarete, einer deutschen Malerin und Dichterin, initiierte er Verlags- und Ausstellungskontakte polnischer Künstler in Deutschland. Deren Höhepunkt war die Veröffentlichung einer Sondernummer der Berliner Kunstzeitschrift *Die Aktion* unter dem Titel „Polnische Kunst" im Juni 1918 sowie die Ausstellung der Gruppe *Bunt* in deren

---

[2] Turowski, Andrzej: Budowniczowie świata. Z dziejów radykalnego modernizmu w sztuce polskiej. Kraków 2000, S. 9; Ders.: Mowa w miejsce pisma. In: Artium Quaestiones (1998) Nr. 9, S. 186.

[3] Gen. 11, 1-9; Głuchowska, Lidia: Stanisław Kubicki – Kunst und Theorie, Berlin 2003, S. 38-39, 69-71; Dies.: Dokąd człowieku? – czyli o poszukiwaniach artystycznych Stanisława Kubickiego. In: Ikonotheka (2004) Nr. 17, S. 149, 160-161; Bartelik (wie Anm. 1), S. 30.

[4] In diesem Artikel beziehe ich mich auf die Ergebnisse meiner bisherigen Forschung, die ich bereits teilweise in meinen früheren Publikationen und in meiner im Dezember 2004 im Kunstgeschichtlichen Seminar, Philosophische Fakultät III der Humboldt-Universität zu Berlin verteidigten Dissertation „Das Künstlerpaar Margarete und Stanisław Kubicki im deutschen und polnischen künstlerischen Leben von 1910 bis 1945" präsentiert habe. – Głuchowska, Lidia: Revolution – der verlorene Sohn – Noah – Irrenhaus. Sprache, Leitmotive und Symbolik der deutsch-polnischen Dichtung Stanisław Kubickis. In: Głuchowska, Lidia; Peter Mantis: Stanisław Kubicki: Ein Poet übersetzt sich selbst / Poeta tłumaczy sam siebie. Berlin 2003, S. 32-43; Głuchowska, Lidia: Kubickis literarisches Werk. Aufnahme in der Öffentlichkeit. In: ebd., S. 172-179.

Redaktionsräumen.[5] Ende 1918 zog Kubicki von Posen nach Berlin, wo er sich dem dortigen Kunstleben und in gewissem Sinne auch dem revolutionären Geschehen anschloß.[6] 1920 stellte er, als einer von nur wenigen Polen, in der berühmtesten Galerie der Avantgarde *Der Sturm* aus. 1922 gründete er die Gruppe *Die Kommune* mit und 1923 *Die Gruppe progressiver Künstler*, mit der er dann in mehreren Städten Deutschlands und in Chicago seine Werke ausstellte. Ähnlich wie seine Frau und wie etliche Künstler seiner Zeit, um nur Wassily Kandinsky, Witkacy und Bruno Schulz und aus dem näheren Umkreis der Kubickis Else Lasker-Schüler, Raoul Hausmann und Jerzy Hulewicz zu nennen, äußerte er sich künstlerisch sowohl im Bild als auch im Wort.

Stanisław Kubickis bildkünstlerisches Schaffen wurde in letzter Zeit im Rahmen einer monographischen Abhandlung und mehrerer internationaler Ausstellungen in Deutschland, Polen, Frankreich und in den USA gewürdigt.[7] Daß das literarische Werk dieses Autors als ein komplementärer und gleichberechtigter Bestandteil seines Gesamtœuvres anzusehen ist, läßt erst die Entdeckung seiner zweisprachigen Dichtung und die neuerliche Erörterung ihrer Bedeutung erkennen.[8]

---

[5] Die Aktion (1918) Nr. 21/22; Połczyńska, Edyta: Die Zusammenarbeit polnischer und deutscher Expressionisten in den Zeitschriften „Die Aktion" und „Zdrój" In: Studia Germanica Posnaniensia (1972) Nr. 2, S. 39-49; Kubicki, S. Karol: „Zdrój" i „Die Aktion". Współpraca dwóch czasopism kulturalnych w okresie pierwszej wojny światowej. In: Hałasa; Salamon (wie Anm. 1), S. 80-95; Głuchowska, Lidia: Margarete i Stanisław Kubiccy a początki grupy Bunt. In: Hałasa; Salamon (wie Anm. 1), S. 46-63.

[6] Głuchowska, Lidia: Sen o Polsce i utopia Paneuropy. Głosy do biografii artystycznej Stanisława Kubickiego. In: Kronika Wielkopolski (2004) Nr. 109, S. 40-41; Mantis, Peter: Vorwort. In: Głuchowska; Mantis (wie Anm. 4), S. 10-19; Głuchowska: Kunst und Theorie (wie Anm. 3), S. 22, 69.

[7] Głuchowska, Lidia: Margarete und Stanislaw Kubicki – ein deutsch-polnisches Künstlerpaar zwischen Posen und Berlin. In: Wanderungen: Künstler – Kunstwerk – Motiv – Stifter. Hrsg. von Małgorzata Omilanowska (im Druck).

[8] Głuchowska; Mantis (wie in Anm. 4), S. 172-179.

Abb. 2. Stanisław Kubicki, Selbstporträt III, Bleistift, 1918. Privatsammlung Berlin.

Zweisprachigkeit als Beitrag zum Internationalismus

Das literarische Werk Stanisław Kubickis ist bislang nur wenig bekannt. Ein Grund dafür ist wohl die Tatsache, daß nur ein kleiner Teil davon zu seinen Lebenszeiten veröffentlicht und damit allgemein zugänglich wurde. Ein anderes Hindernis bildete die Sprache. In Polen wurden bisher fast ausschließlich die polnischen, in Deutschland nur wenige deutsche Texte bekannt. Somit konnten literaturhistorische Betrachtungen des Werkes dieses zweisprachigen Autors immer nur fragmentarisch ausfallen.[9]

Unter den polnischen Literaturforschern widmeten vor allem Józef Ratajczak, Erazm Kuźma und Edward Balcerzan dem Werk Kubickis eingehende Aufmerksamkeit. Sie befassten sich jedoch lediglich mit den Bruchteilen seines Schaffens, die in der polnischen Kunstzeitschrift *Zdrój* (*Quelle*) erschienen sind. Die Manuskripte des polnischsprachigen Nachlasses des Autors, der in verschiedenen Privatsammlungen in Deutschland und Polen aufbewahrt wird, waren ihnen unbekannt.

---

[9] Ebd., S. 172.

Die publizierten polnischen Schriften Kubickis wurden allgemein als expressionistisch aufgefaßt und aufgrund ihrer stilistischen und thematischen Eigenart wurde er selbst als „Dichter des Tages und der Nacht" apostrophiert.[10] Anhand seiner Verse begründete Edward Balcerzan sogar seine These über die Verwandtschaft der expressionistischen Poetik mit einem totalitären System.[11]

Das deutschsprachige Werk Kubickis fand demgegenüber kaum Würdigung. Lediglich Józef Ratajczak schrieb ihm eine besondere Bedeutung zu, seine Nicht-Existenz in der polnischen Sprache bedauernd. Dazu stellte er fest:

Hätte Kubicki [diese Gedichte] *polnisch verfaßt, würde sich die Gewichtung der Kräfte der ersten Gruppe polnischer Expressionisten unter dem Zeichen des „Bunt" radikal ändern. Auch ihre Rolle im Gesamtbild der damaligen polnischen poetischen Strömungen hätte anders ausgesehen.*[12]

Daß Kubicki, wie etliche andere Autoren, in zwei Sprachen schrieb, wurde also in der Wissenschaft längst wahrgenommen. Was jedoch erst vor kurzem entdeckt wurde, ist die viel interessantere Tatsache, daß er seine Texte zum Teil auch parallel in beiden Sprachen schrieb, sich quasi selbst übersetzte, was seinen Ausdruck im Titel des Gedichtbandes fand, der dies ans Tageslicht brachte: *Ein Poet übersetzt sich selbst / Poeta tłumaczy sam siebie*.[13] Daß die Existenz des zweisprachigen Konvoluts Kubickis nicht einmal vermutet wurde, ist der Tatsache zu entnehmen, daß einige der dazu gehörigen Gedichte oder deren Fragmente aus dem Deutschen ins Polnische übertragen wurden, obwohl es dazu polnische originale Pendants gab.[14]

Zu Lebzeiten des Autors wurden lediglich drei der zweisprachigen Gedichte zugleich auf deutsch und polnisch in den Kunstzeitschriften *Zdrój* und *Die Aktion* veröffentlicht: *Dämmerung / Zmierzch, Der Gefangene / Więzień* und *Nacht / Noc*.[15] Daß der Umfang der Doppelfassungen in der Tat viel

---

[10] Ratajczak, Józef: Zagasły „brzask epoki". Szkice z dziejów czasopisma „Zdrój" 1917-1922. Poznań 1980, S. 209-227; Balcerzan, Edward: Elementy ekspresjonistyczne. In: Nurt (1977) Nr. 12, S. 16-19.

[11] Balcerzan, Edward: Kręgi wtajemniczenia. Kraków 1982, S. 268.

[12] Ratajczak (wie Anm. 10), S. 212-213.

[13] Głuchowska; Mantis (wie Anm. 4).

[14] Głuchowska: Revolution (wie Anm. 4), S. 39-40.

[15] Głuchowska; Mantis (wie Anm. 4), S. 12, 80-81, 70-71, 72-73.

beträchtlicher ist, blieb lange unbekannt, weil die Erben der Kubickis kein polnisch sprachen und die Literaturwissenschaftler aus beiden Ländern – wie z.b. Józef Ratajczak[16] – jeweils nur eine der beiden Sprachen Kubickis beherrschten oder vielleicht keine diesbezüglichen Quellenstudien in den Privatarchiven der Nachkommen Kubickis betrieben haben.

Erst 2002 wurden während der genauen Sichtung des handschriftlichen Nachlasses von Kubicki, verstreut in Stapeln von losen Zetteln und Kladden und nicht etwa in beiden Sprachvarianten zusammen vorliegend, weitere 29 in deutscher und polnischer Sprache verfaßte Gedichte entdeckt. Diese sind zum Teil nur in einer Sprache, zum Teil aber nie veröffentlicht worden. Ein Gedicht wurde auf deutsch publiziert – *Zeichen / Znaki* – und zwei auf polnisch, *Herbstabend / Wieczór jesienny* und *Der Abend / Wieczór*. Teilweise konnten nur Fragmente der jeweiligen Sprachvarianten aufgefunden werden, teilweise war es bislang nicht möglich, zu einigen polnisch erschienenen Gedichten Übersetzungen von der Hand Kubickis zu finden – was jedoch nicht ausschließt, daß es solche gegeben haben kann.

Kubickis zweisprachige Dichtung stammt aus den Jahren 1918-1921. Es handelt sich hier um 34 Gedichte. Dieses Konvolut ist ein eigenartiges Werk und zugleich ein interessantes philologisches Phänomen, einmalig für einen Künstler im deutsch-polnischen Sprachraum. Um es zu betonen: es handelt sich hier um eine zeitlich und thematisch abgeschlossene Sammlung der Gedichte, die vom selben Autor zugleich in zwei Sprachen verfaßt und – wie anhand der bereits genannten Beispiele anzunehmen ist – zur umgehenden Veröffentlichung in den beiden Ländern bestimmt waren.

Bei einer solchen Sammlung erscheint vor allem die Frage interessant, was einen Autor dazu bewegt, sich selbst zu übersetzen. Eine Antwort erschließt sich aus der Rekonstruktion der Umstände, unter denen das Konvolut entstanden ist, und aus der genauen thematischen Analyse dieser zweisprachigen Texte. Sie weisen alle einen autobiographischen Charakter auf und beziehen sich auf die Generationserfahrungen Kubickis und seiner Zeitgenossen. In ihnen spiegeln sich die Emotionen und Hoffnungen vieler pazifistischer Anarchisten wieder. Auch der Generationsmythos vom „neuen Menschen" und von der „neuen Gesellschaft", der ebenfalls viele andere bildkünstlerische und theoretische Auffassungen in den ersten drei Deka-

---

[16] Korrespondenz von Józef Ratajczak und S. Karol Kubicki im Privatarchiv von S. Karol Kubicki, Berlin.

den des zwanzigsten Jahrhunderts bestimmte, wird hier subjektiv analysiert.[17]

Eine weitere Frage lautet: Wie war diese Selbstübersetzung möglich?

Kubicki kam 1889 als Kind einer polnischen Familie in Ziegenhain/ Hessen zur Welt und wuchs in Eberswalde und Berlin auf, zu einer Zeit, als es einen freien polnischen Staat nicht gab: Polen war über hundert Jahre zuvor zwischen Preußen, Russland und Österreich geteilt worden. Wie viele polnische Intellektuelle seiner Zeit besuchte er ein deutsches Gymnasium und studierte an einer deutschen Universität. Sein Elternhaus war jedoch polnisch-patriotisch[18] und in diesem Geiste – auf polnisch – schrieb er auch seine frühen Gedichte und Prosastücke, die heute zumeist nur als Manuskripte im Nachlaß seiner Nachkommen verfügbar sind.[19] Abgesehen von seinem zweisprachigen Aufwachsen hat Kubicki auch schon früh Erfahrungen als Übersetzer gemacht, indem er Texte aus dem Lateinischen wie auch aus dem Französischen, Englischen oder Deutschen übertrug. Einige davon wurden veröffentlicht.[20] Im Falle der Übersetzungen aus dem Deutschen handelte es sich vor allem um Gedichte von Schiller und Goethe und von Zeitgenossen Kubickis – hier vor allem von Rubiner. Er besaß also das nötige Sprachgefühl, um die besondere Eigenart der jeweiligen Poetik zu berücksichtigen. Erst nachdem er bereits zahlreiche Werke anderer Autoren aus dem Deutschen übersetzt hatte und während er einige Texte seiner Kollegen aus der Künstlervereinigung *Bunt* aus dem Polnischen übertrug, kam es zu Selbstübersetzungen.[21]

Etwa 1915 kam er unter dem Einfluß seiner künftigen Frau mit den deutschen expressionistischen Kunstzeitschriften – es waren u.a. *Die weißen Blätter* und *Die Aktion* – in Berührung und wurde vom Geist des Pazifismus, des Internationalismus und von der Utopie der „neuen Gemeinschaft" angesteckt.

---

[17] Poley, Stefanie: Was war der Neue Mensch? In: O Mensch! Das Bildnis des Expressionismus. Hrsg. von Jutta Hülsewig-Johnen. Bielefeld 1994, S. 30-38; Stark, Michael: Manifeste des 'Neuen Menschen'. Die Avantgarde und das Utopische. In: Manifeste: Intentionalität. Hrsg. von Hubert van den Berg. Amsterdam-Atlanta 1998, S. 91-118.

[18] Mulczyński, Jarosław: Stanisław Kubicki (1889-1942) we wspomnieniach rodziny. In: Kronika Wielkopolski (1992) Nr. 1, S. 80-82; Mantis (wie Anm. 6), S. 10.

[19] Głuchowska: Kubickis literarisches Werk (wie Anm. 4), S. 172-174.

[20] Głuchowska: Revolution (wie Anm. 4), S. 34-35.

[21] Ebd.

Mit eben diesen Idealen beteiligten sich die Kubickis, wie erwähnt, gegen Ende des Ersten Weltkrieges an der Gründung der ersten expressionistischen Künstlervereinigung Polens – *Bunt*. Mit dem Ausbruch der Revolution in Deutschland und der Wiedererrichtung des polnischen Staates, der sich streng von den revolutionären Nachbarn – Russland und Deutschland – absondern wollte, kehrten sie nach Berlin zurück, um hier die Möglichkeit zur Umsetzung ihres sozial-geschichtlichen Traumes zu suchen.[22] Sie teilten das Schicksal mehrerer avantgardistischer Künstler-Wanderer im Europa der Zeit nach dem Ersten Weltkrieg und nach der neuen Grenzziehung. In den wiederentstandenen Ländern war die nationale Problematik von größter Wichtigkeit. Avantgardistische Internationalisten wie die Kubickis wurden daher eher mit Argwohn betrachtet. Ihre Lage ist etwa vergleichbar mit jener der Mitglieder der ungarischen Gruppe *MA* (*Jetzt*) wie Lajos Kassák, die nach ihrer Beteiligung an der Gründung der Ungarischen Räterepublik gezwungen waren, nach Wien zu emigrieren, als sich im November 1919 das Horthy-Regime konstituierte.[23] Die Suche nach einem günstigeren Milieu zur Umsetzung ihrer künstlerischen und sozialen Ideen zwang auch viele russische ebenso wie slowenische und serbische Künstler ins Exil, beispielsweise Avgust Černigoj und Ljubomir Mičić.[24] Soziale Isolation war auch der Grund für die Verlagerung des Bauhauses aus dem bürgerlich-konservativen Weimar in die industrielle Provinzstadt Dessau. Eine analoge Situation erlebte die polnische Avantgarde, deren Zentrum sich von Warschau zur Arbeiterstadt Łódź verschob.[25]

Das Ziel der progressiven avantgardistischen Kunstschaffenden war es, nicht nur das Antlitz der Kunst, sondern auch das der Gesellschaft zu revolutionieren. Um seine Botschaft zu verbreiten, schrieb Kubicki seine

---

[22] Mantis (wie Anm. 6), S. 11; Głuchowska: Sen o Polsce (wie Anm. 6), S. 40-41.

[23] Forgács, Èva: Between Cultures: Hungarian Concepts of Constructivism. In: Central European Avant-Gardes: Exchange und Transformation 1910-1930. Hrsg. von Timothy O. Benson, Cambridge, Massachusetts 2002, S. 147-164; Głuchowska, Lidia: Margarete und Stanisław Kubicki – ein deutsch-polnisches Künstlerpaar zwischen Posen und Berlin (wie Anm. 7).

[24] Levinger, Esther: Ljubomir Micic and the Zentist Utopia. In: Benson (wie Anm. 23), S. 260-278.

[25] Bajkay, Èva: Dessau. In: Benson (wie Anm. 23), S. 217-225; Jedliński, Jaromir: Łódź. In: Benson (wie Anm. 23), S. 357-361.

Gedichte und einige Manifeste zugleich auf Deutsch und auf Polnisch.[26] So entstanden zwischen 1918 und 1921 die Gedichte Kubickis, die in deutschen und polnischen Zeitschriften wie in *Die Aktion, Die Bücherkiste* und *Der Weg* sowie in *Zdrój* und im Almanach *Brzask epoki* (*Die Dämmerung der Epoche*) erschienen.[27]

In diesem Zusammenhang wird deutlich, daß die Mehrsprachigkeit der Manifeste, die etliche hier erwähnte Künstler verfaßten, auch als Echo der sozialen Isolierung und Marginalisierung der progressiven Avantgarde im bürgerlichen Milieu anzusehen ist.[28] Im unmittelbaren Umfeld verfemt, strebten daher einige ihrer Vertreter nach der Schaffung eines Kontaktnetzes mit den Geistesverwandten im Ausland.

Der Internationalismus gilt als eine der immanenten Eigenschaften der Avantgarde, deren Vernetzung sich häufig in der Mehrsprachigkeit ihrer Publikationen zeigt. Walter Fähnders schreibt dazu:

> *Die Avantgarde ist polyglott und übersetzt sich notfalls selbst; nicht zufällig sind prominente Avantgardisten wie Ivan Goll, Vincent Huidobro oder Tristan Tzara zweisprachige Autoren. Mehrsprachige, parallele Abdrucke von Manifesten finden sich im niederländischen „De Stijl", der seine ersten Manifeste neben der Muttersprache in einer englischen, französischen und deutschen Version herausbringt, oder im sowjetrussischen LEF, der einige Aufrufe ebenfalls in deutscher und englischer Übertragung mitliefert. [...] Bekanntermaßen verlaufen [...] Dada-Veranstaltungen häufig mehrsprachig simultan [...].*[29]

Bei allen hier angeführten Beispielen handelt es sich allerdings um programmatische Äußerungen – und nicht, wie im Falle Kubickis, um Dich-

---

[26] Głuchowska, Lidia: Margarete i Stanisław Kubiccy a początki grupy Bunt. In: Hałasa; Salamon (wie Anm. 1), S. 46-64; Głuchowska, Lidia: Stanisław Kubicki. Die menschliche Dimension pythagoreischer Figurationen. In: Głuchowska, Lidia: Roger Loewig – Stanisław Kubicki. Inseln der Menschlichkeit. Berlin 2003, S. 45-51.

[27] (Hulewicz, Jerzy): Brzask epoki. W walce o nową sztukę, Bd. 1: 1917-1919. Poznań 1920.

[28] Turowski, Andrzej: Awangardowe marginesy. Warszawa 1998, S. 14-15; Ders.: Mowa w miejsce pisma (wie Anm. 2); Piotrowski, Piotr: The Avant-Garde Institutionalised? The 1932 City of Łódź Art Prize Awarded to Władysław Strzemiński. In: Umeni. Časopis Ústavu dejin umeni Akademie ved České republiky (2003) Nr. 3, S. 211-218.

[29] Fähnders, Walter: Einleitung. In: Manifeste und Proklamationen der europäischen Avantgarde (1919-1938). Hrsg. von Wolfgang Asholt u. Walter Fähnders. Stuttgart, Weimar 1995, S. XX.

tung. Auch er veröffentlichte allerdings ein „eigentliches" Manifest unter dem Titel *Anmerkungen* mit kurzer zeitlicher Verschiebung sowohl in Polen als auch in Deutschland.[30]

Was einige Gedichte aus Kubickis zweisprachigem Konvolut betrifft, so sind auch diese als lyrische Manifeste anzusehen. Mehr noch: die Sammlung als ganze scheint eine Art programmatische, in sich schlüssige Botschaft mitzuteilen. Ihre Qualität im poetischen Sinne ist nicht ausgeglichen – ähnlich wie die der berühmten Anthologie *Menschheitsdämmerung*.[31] Einige dieser Texte sind aus heutiger Perspektive nur noch als eigenartige Zeugnisse der Utopie vom „neuen Menschen" und unter dem Aspekt der Zweisprachigkeit erwähnenswert.[32] Mehrere von ihnen sind eintönig, nirgends sind sie verspielt, sondern zumeist ernsthaft und pathetisch. Sie tolerieren die Ästhetik des Lachens nicht.[33] Dies ist auch für das „Oh-Mensch!-Pathos" deutscher expressionistischer Dichtung typisch. Kubicki kannte sie gut, und zweifelsohne bestimmte sie auch den Charakter seiner eigenen Äußerungen. Ihr Geist war ihm nicht nur aus den expressionistischen Zeitschriften vertraut, sondern auch durch seine Gespräche in den Kunstlokalen, wo er zahlreichen der darin publizierenden Autoren begegnete. Zu ihnen gehörten neben Gottfried Benn und Ludwig Rubiner u.a. Else Lasker-Schüler, die ehemalige Frau des Galeristen und Herausgebers der Zeitschrift *Der Sturm* Herwarth Walden, sowie Carl Zuckmayer und Alfred Döblin. Ein Echo der fieberhaften Atmosphäre dieser Begegnungen vermittelt sein Bild *Der Eintretende*, mit den Zitaten, die wie ein Stimmengewirr des damals breit Diskutierten, Vorgetragenen und Gedichteten wirken.[34]

Wo jedoch in der deutschen zeitgenössischen Dichtung zumeist „understatement" – die „kreischende" Unterbetonung – die Stärke ausmacht, ist für den polnischsprachigen literarischen Expressionismus eher das „overstatement" typisch, eine Art beharrlicher Hyperbolisierung und synonymischer Wiederholung.[35] So ist es bei den anderen Autoren der Zeit-

---

[30] Kubicki, Stanislaw: Anmerkungen. In: Die Aktion (1918) Nr. 21/ 22, Sp. 261; Kubicki, Stanislaw: Uwagi. In: Zdrój (1918) Nr. 1, S. 27.

[31] Pinthus, Kurt: Menschheitsdämmerung. Symphonie jüngster Dichtung. Berlin 1920.

[32] Mantis (wie Anm. 6), S. 13.

[33] Balcerzan (wie Anm. 11).

[34] Głuchowska: Kunst und Theorie (wie Anm. 3), S. 44; Głuchowska: Dokąd człowieku? (wie Anm. 3), S. 146.

[35] Prokop, Jan: Żywioł wyzwolony. Studium o poezji Tadeusza Micińskiego, Kraków 1978, S. 42-43.

schrift *Zdrój* und oft auch bei Kubicki.[36] Bei ihm ließe sich vielleicht noch bemerken, daß die Sprache seiner polnischen Gedichte konservativer als die der deutschen zu sein scheint. So ist es oft bei Autoren, die in einem bereits zur zweiten Heimat gewordenen Exil leben. Doch auch im Polen dieser Zeit war dies häufig. Die literarische Sprache, die die Besatzungszeit beinahe ausschließlich dank der romantischen, von martyrologischen Themen bestimmten Dichtung überlebt hatte, entwickelte sich nicht so dynamisch, wie z.b. in Deutschland. So blieb sie konserviert, archiviert, „entfremdet".[37] Dementsprechend gilt die expressionistische Dichtung in Polen allgemein als nicht gelungen, im Gegensatz zur Lyrik des Proto- und Postexpressionismus, eines Kasprowicz oder Wittlin.[38]

Das Pathos und die „Entfremdung" der Sprache steigern noch den programmatischen Charakter der Gedichte Kubickis. In Anknüpfung an die These von Edward Balcerzan können sie als Beispiele von Tendenzkunst klassifiziert werden. Sie entsprechen folgender von Balcerzan bestimmten Charakteristik:

Die Gedichte, die rhetorisch aufgebaut sind und die jene Allgemeinthesen illustrieren, die zu einer Kategorisierung der Welt tendieren, weisen das Streben auf, zu belehren und zu überzeugen: sie halten mühelos philosophische Inhalte bereit, wie auch ethische, soziale und sogar politische Forderungen.[39]

Eben einen solchen Charakter von künstlerisch-ideologischer Mitteilung weist die zweisprachige Dichtung Kubickis auf. Einige der darin enthaltenen Aufrufe erinnern sogar, wie bereits Peter Mantis bemerkte, an die Parolen kommunistischer Propaganda,[40] wie z.B. diese aus dem Gedicht *Zuruf / Okrzyk*:

---

[36] Ratajczak, Józef: Krzyk i ekstaza. Poznań 1987; Lam, Andrzej: Die literarische Avantgarde in Polen. Tübingen 1990, S. 41-63.

[37] Prokop, Jan (wie Anm. 35), S. 32-44; Prokop, Jan: Z przemian w literaturze polskiej lat 1907-1917. Warszawa 1970, S. 53-77; Nycz, Ryszard: Język modernizmu. Doświadczenie wyobcowania. Pamiętnik Literacki (1989) Nr. 1, S. 205-220.

[38] Wirth, Andrzej: Ekspresjonizm polski w perspektywie europejskiej. In: Kontynenty. Nowy Merkuriusz (1964) Nr. 70, S. 6-8; Lipski, Jan Józef: Ekspresjonizm polski i niemiecki. In: Dialog (1975) Nr. 10, S. 106-112; Kuźma, Erazm: Związki i przeciwieństwa między niemieckim i polskim ekspresjonizmem. In: Studia historica slavo-germanica (1974) Bd. 2, S. 3-29.

[39] Balcerzan (wie Anm. 10), S. 19.

[40] Mantis (wie Anm. 6), S. 13.

Vor uns weht der Duft ungepflügter Äcker und frischer Erde /
Przed nami idzie woń pól zaoranych i świeżej ziemi.

oder aus *O. Tag, der Du kommst / O! Dniu, który idziesz:*

Aufbruch / Millionen Füße traten den Schutt in die schwarzen Schollen /
Pochód / Miljony stóp gruzy w czarną wdeptały glebę.[41]

Abb. 3. Stanisław Kubicki, Der Sonne entgegen, Tusche/Feder, 1919. Privatsammlung Berlin.

Abb. 4. Morgenröte, Tusche/Feder, 1919. Privatsammlung Berlin.

Die Spezifik der Selbstübersetzungen Kubickis und die Schwerpunkte seiner poetischen Vorstellungswelt, wie z.B. die dafür typischen Sprachbilder und Leitmotive, wurden bereits im Band *Ein Poet übersetzt sich selbst* eingehend analysiert.[42] Hier soll lediglich auf einige sprachliche und poetische Aspekte dieser Sammlung hingewiesen werden.

Da beide Sprachversionen Originale sind, entfällt hier die für gewöhnlich begründete Frage, ob es dem Übersetzer gelang, den Absichten des Autors gerecht zu werden und eine ausreichende Wiedergabe seiner ursprünglichen Aussage zu erreichen. Die deutschen und polnischen Varianten der

---

[41] Gluchowska; Mantis (wie Anm. 4), S. 66-67.
[42] Głuchowska: Revolution (wie Anm. 4), S. 32-43.

Gedichte aus dem zweisprachigen Konvolut könnten mit Zwillingen verglichen werden, die kaum voneinander zu unterscheiden sind, im Wesentlichen jedoch zwei Individuen mit unterschiedlichen Eigenarten darstellen.[43]

Als Dichter balancierte Kubicki zwischen wörtlicher Übersetzung und künstlerischer Wirkung. Er schrieb die deutschen und die polnischen Gedichte den Regeln der jeweiligen Poetik entsprechend, wobei er die für die jeweilige Sprache optimalen Mittel wählte. Anhand seiner zweisprachigen Gedichte kann die unterschiedliche Bearbeitung eines thematisch identischen Stoffes im Rahmen einer Stilrichtung untersucht werden, der jedoch mittels der jeweiligen Sprache in deren eigener Poetik gestaltet wurde.[44]

Im Sinne der poetischen Auffassung sind in dem zweisprachigen Konvolut zwei Gedichte besonders beachtenswert: *Nacht vor dem jüngsten Gericht / Noc przed sądem ostatecznym* und *Die Stunden / Godziny*[45]. Es sind weder revolutionäre Aufrufe noch Beschreibungen revolutionärer Bilder und Gefühle. Zudem sind es keine wörtlichen Übersetzungen, nicht einmal Paraphrasen. Dennoch bleibt die innere Verwandtschaft dieser Texte in beiden Sprachversionen unbestritten. Mißlang hier der Versuch, eine Empfindung in gleiche Bilder zu kleiden? Oder war die wörtliche Wiedergabe des Sinns gar nicht das eigentliche Ziel, sondern vielmehr nur das Bestreben nach Vermittlung desselben Gedankens? In den beiden Versionen wiederholen sich einige Details, darunter die Vision der Kindheit, eines Synonyms des verlorenen Paradieses, sowie das Motiv des Kindes, eines Individuums, das schmerzhafte Erfahrungen sammelt.[46]

Unter philologischem Gesichtspunkt liefern die zweisprachigen Gedichte Kubickis interessante Beispiele für eine sprachlich-stilistische Analyse.[47] Auch wegen der darin enthaltenen Botschaft sind sie bemerkenswert. Die Zweisprachigkeit von Kubickis literarischem Werk zwischen 1918 und 1921 ist – wie bereits erwähnt – als programmatisch zu bezeichnen. Um seinen künstlerisch-politischen Ideen eine effektivere Verbreitung zu sichern, bediente der Künstler sich der internationalen Sprache der bildenden Kunst, griff die Technik des Linolschnitts auf, die die Publikation seiner Werke in Kunstzeitschriften ermöglichte, und versuchte schließlich auch in

---

[43] Ebd., S. 32.
[44] Ebd., S. 32-35.
[45] Ebd., S. 100-107, 90-103.
[46] Ebd., S. 37-40.
[47] Ebd., S. 32-54.

der Literatur den sprachlichen Partikularismus zu überwinden. Dieses in zwei Medien und zwei Sprachen gestaltete Gesamtkunstwerk sah er als seinen Beitrag zur Verwirklichung der „Internationale des Geistes".[48]

Abb. 5. Stanisław Kubicki, Attentat I, Tusche/Feder. 1920. Privatsammlung Berlin.

Abb. 6. Stanisław Kubicki, Wohin?, Tusche/Feder, 1919. Privatsammlung Neustadt/Weinstraße.

Kubickis zweisprachige Gedichte und die Utopie des „neuen Menschen"

Die zweisprachigen Gedichte Stanisław Kubickis umreißen vier verschiedene Themenkreise: erstens den Aufruf zur Revolution, zweitens die negative Bilanz und die folgende Depression mit Selbstzerstörungsgedanken, drittens die Gesänge Noahs und viertens die Welt der Irrenanstalt.[49]

Das Konvolut ist insgesamt als eine Art Auseinandersetzung mit der in einigen avantgardistischen Manifesten geäußerten utopischen Vorstellung

---

[48] Dem Problem der zwei Medien und zwei Sprachen im Werk Stanisław Kubickis habe ich das Kapitel III meiner Dissertation gewidmet. Ebd. – Vgl. van den Berg, Hubert: „Übernationalität" der Avantgarde – (Inter)Nationalität der Forschung. In: Der Blick vom Wolkenkratzer. Hrsg. von Wolfgang Asholt u. Walter Fähnders, Amsterdam-Atlanta 2000, S. 255-288.

[49] Mantis (wie Anm. 6), S. 13.

von der „neuen Welt" anzusehen. Kubicki bezeugt in ihm zunächst den Enthusiasmus der Revolution, in der er die Hoffnung auf die Verwirklichung der Utopie von einer besseren, gerechteren Welt sah. Später folgt seine kritische Abrechnung mit deren Scheitern. Dies geschieht auf unterschiedlichen Ebenen: Einmal in der poetischen Analyse des Schicksals des verlorenen Sohnes, der als eine Figur seiner Generation zu deuten ist; zum anderen in seiner Schilderung der Atmosphäre des Irrenhauses, einer von der Gesellschaft abgeschlossenen Welt, die jedoch zugleich als deren ironische Metapher zu interpretieren ist. Schließlich erfolgt die Auseinandersetzung in der Umdichtung der Geschichte Noahs, der in seiner Arche nur das Wertvolle aus der alten Welt rettet und bis an die Grenzen der neuen Welt heranfährt.

Der erste Teil der Sammlung strahlt den Optimismus aus, der poetische Visionen wie diese aus dem Gedicht *Zeichen / Znaki* bestimmt:

Aufbruch: / Millionen – Weltallsternenproletariat!
Weltraum erdröhnt im Marsch/ Takt pocht pulsenden Blutes! [...]
einer rief: / einer Sonne wandern wir entgegen [...]
Jemandes Hand weist auf einen Stern.
/
Miljony – Wszechgwiazdproletariat!
Wszechświat marszem grzmi
taktem stuka w żyłach krwi! [...]
Ktoś krzyknął: / Ku słońcu ruszamy w pochód [...]
Ręka czyjaś wskazuje gwiazdę.[50]

Die Hoffnung auf eine Erneuerung der Welt, auf die Neukonstituierung ihrer Reinheit, hat auch die im Gedicht sprechende Person verinnerlicht, was in dem Bekenntnis aus den Versen des *Sonnenaufgang an einem Festtage / O wschodzie słońca w dzień świąteczny* am deutlichsten wird:

Heut bin ich wie ein Stück Glas
in Deiner Hand –
lichterweckt –
Innen voll / Regenbogen
Brechungen, Kreisen / brechenden Lichts. [...]

---

[50] Głuchowska; Mantis (wie Anm. 4), S. 62-63.

/
Dzisiaj jak kryształ jestem
w Twoim ręku –
kryształ zbrudzony / słonecznym promieniem.
i łono pełne mam / blasków i tęczy,
załamań światła / i barwnych obręczy. [...]51

Abb. 7. Stanisław Kubicki, Sterne I,   Abb. 8. Stanisław Kubicki, Licht I,
Bleistift, 1933. Privatsammlung Berlin.   Ölstift, 1925. Privatsammlung Berlin.

Der Optimismus und die Hoffnung gleichen hier jedoch nicht der Apotheose des revolutionären Geschehens. In den zweisprachigen Gedichten gibt es keine identifizierbaren Umrisse der damaligen Kämpfe und keine Glorifizierung der Redner oder anderer Revolutionäre. Alles wirkt metaphorisch und dort, wo – wie bereits erwähnt – propagandistische Parolen in die Gedichte eingeflossen sind, klingen sie nicht immer überzeugend.

Die Entdeckung der Leerstellen, d.h. der fehlenden Entsprechungen für das Geschriebene im Bild, gehört zu den interessantesten Aspekten der vergleichenden Analyse des bildkünstlerischen und literarischen Werkes Kubickis. Am auffallendsten sind sie gerade dort, wo es sich um die Apotheose der tatsächlichen Ereignisse der Revolution handeln könnte. Dies ist die Folge von Kubickis grundsätzlicher Orientierung auf das Universelle und nicht auf das Individuelle als Thema der Kunst, was wiederum die Ablehnung des Dokumentarischen nach sich zieht.

---

51 Ebd., S. 88-91.

Weder im Wort noch im Bild dokumentiert Kubicki die tatsächlichen Ereignisse der Revolution. Er stellt nicht die Redner und die Demonstrierenden dar, auch nicht die Barrikaden. Und in diesem Kontext wirken wohl lediglich seine enthusiastischen Gedichte *Zeichen*, bereits zitiert, oder *Aufruf* sowie seine Tuschezeichnungen *Der Sonne entgegen* (*Abb. 3*) und *Die Morgenröte* (*Abb. 4*) positiv und hoffnungsvoll. Doch diese schildern nicht das Erlebte, sondern die Vorahnung und das Erwünschte. Sie bezeugen nicht die Wirklichkeit, sondern einen Traum. Kubickis *Attentat* (*Abb. 5*) zeigt eher das Brutale und Selbstzerstörerische im Schicksal der Revolutionäre. Die Welt der Revolte ist entpersonalisiert, über ihr hängt der Schatten des persönlichen Zusammenbruchs.

Nach der Zeit der großen Hoffnung und des großen Idealismus wurden 1919 die Verluste der Revolution sichtbar und Kubicki erlebte eine tiefe persönliche Krise.[52] Diese spiegelt sich beispielhaft in seiner Zeichnung *WOHIN?* wider (*Abb. 6*), die einen Wendepunkt in seiner Biographie und in der Entwicklung seiner Bildsprache markiert. Dafür steht die rhetorische Frage: *WOHIN? MENSCH / PLANET ERDE, SONNE.* Dem Pessimismus der schriftlichen Äußerung „Wer den Gipfel einmal erklettert hat, der wird nicht so bald hinunter wollen zu EUCH" entspricht der bildlich angedeutete Zusammenbruch der Welt. In deren Implosion werden auch die Menschen mit hineingezogen. Veranschaulicht wird hier das Chaos, das auch durch die nicht zu deutenden, chiffrierten Wortabkürzungen und Ziffern hervorgerufen wird und das mit dem Stimmengewirr der Herabstürzenden korrespondiert. Das Chaos ist ein Signal für das Ungewisse, ein Signal für das Ende und zugleich für einen Neuanfang.[53]

Generell ist in den Gedichten die Diagnose der revolutionären Situation weitgehend kritischer und pessimistischer als in den Bildern. Im zweiten Teil des zweisprachigen Konvoluts bezeugen sie eher die Verstimmung und die selbstzerstörerischen Gedanken des Dichters, ähnlich wie sie zuvor die große revolutionäre Euphorie bezeugt haben. Der einzige Trost ergibt sich hier aus dem Vergleich des leidenden Revolutionärs mit der Christusfigur, der allerdings zu dieser Zeit häufig gestaltet wurde, auch von politisch weniger engagierten Künstlern.

Im zweiten und dritten Teil der zweisprachigen Sammlung projiziert Kubicki seine individuelle Erfahrung auf die Gestalten der biblischen Ge-

---

[52] Mantis (wie Anm. 6), S. 14.
[53] Głuchowska: Dokąd czlowieku (wie Anm. 3), S. 140-141.

schichte. Auf diese Weise betont er die Analogien des aktuellen Geschehens und der bereits in der Heiligen Schrift dargestellten höheren Ordnung. Er verallgemeinert das Einzelschicksal, damit jeder an der Vergebung und der Hoffnung teilhaben kann. Dank der Gegenüberstellung des Schicksals eines Revolutionärs mit dem des verlorenen Sohnes kann auch das Versagen des ersteren als vergeben gelten. Analog kann auch der unter Zerrissenheit leidende Noah zur Figur des Revolutionsführers werden, der sich seiner Aufgabe nicht gewachsen fühlt. Und die Flut, die vernichtet, aber auch reinigt, ist als Bild der Revolution zu verstehen.[54]

Kubickis im Kontext der Revolution stehende Gedichte lassen sich nicht mit den historischen Ereignissen vereinbaren. Der Autor verwendet darin weniger politische Parolen als vielmehr ein kosmologisches Vokabular,[55] was allerdings nicht immer poetisch wirkt, um als Beispiele nur die bereits zitierten beiden Sprachvarianten der Gedichte *Zeichen* und *Sonnenaufgang an einem Festtage* zu nennen. Der Autor bezieht sich hier häufig nicht auf die politische Realität, sondern auf eine zeitlose Vision der kosmischen Ordnung, welche auch in den Aquarellen Margarete Kubickas *Der Weltenwanderer*, *Kubicki und die okkulten Mächte* (*Tafel I*) und *Kubicki und die Welten* (*Tafel II*)[56] oder in seinen eigenen theosophisch geprägten Bildern *Sterne* (*Abb. 7*), *Licht* (*Abb. 8*) oder *Das Blühen* (*Tafel III*) evoziert wird.[57]

Das Fehlen von affirmativen Bildern der Revolution, die häufige Präsenz religiöser Motive und die genauso reichlich nachweisbaren „kosmischen Requisiten" im Werk Kubickis sprechen dafür, daß seine Haltung, ähnlich wie die vieler anderer revolutionär gesinnter Avantgarde-Künstler und Schriftsteller, mehr von historiosophisch-theosophischem Gedankengut als vom aktuellen politischen Geschehen geprägt war. Darin zeigt sich auch seine Geistesverwandtschaft mit den Künstlern des spirituellen Flügels der

---

[54] Głuchowska: Revolution (wie Anm. 4), S. 42.

[55] Przybylski, Ryszard: Ekspresjonizm poznański. In: Literatura polska 1918-1975, Bd. 1, 1918-1932. Warszawa 1975, S. 261-273.

[56] Głuchowska, Lidia: Artystka artyście, czyli „Hommage à Kubicki" Margarete Kubickiej. In: Portret – Akt – Martwa Natura w życiu codziennym, w kulturze/języky i w sztuce/ literaturze. (Studia Litteraria Polono-Slavica, Nr. 7). Hrsg. von Grażya Bobilewicz u. Roman Bobryk, Warszawa 2002, S. 103-113.

[57] Mehr zu den kosmischen Visionen im bildnerischen Werk der Kubickis im Kapitel IV 1.3. meiner Dissertation (wie Anm. 4).

Avantgarde wie Piet Mondrian, Kasimir Malewitsch, Franz Marc, Wassily Kandinsky, Lyonel Feininger oder Oskar Schlemmer.[58] Noch eine andere Parallele Kubickis zum Schaffen seiner Zeitgenossen verdient besondere Erwähnung. Sie bezieht sich auf die sogenannten *Irrenhaus*-Gedichte / *Z domu obłąkanych*. Peter Mantis schließt sie aus der thematischen Ordnung der autobiographischen Gedichte aus. Er betrachtet sie lediglich als poetische Notizen des Autors aus der Irrenanstalt in Herzberge, die keinen Zusammenhang mit den revolutionären Erlebnissen Kubickis aufweisen.[59] Demzufolge sieht er sie am Ende der Sammlung, wie sie auch im Band *Ein Poet übersetzt sich selbst* plaziert wurden. Es soll jedoch auf zwei Tatsachen hingewiesen werden, die auf die Entstehung der *Irrenhaus*-Gedichte vor den *Psalmen Noahs* schließen lassen, was wiederum die Aussage des gesamten Konvoluts modifizieren könnte. Erstens wurde die Reihenfolge der Sammlung nicht von Kubicki selbst bestimmt, sondern entstand als eine hypothetische Rekonstruktion in Folge der inhaltlichen Analyse der Gedichte. Zweitens sind sowohl die *Irrenhaus*-Gedichte als auch die *Psalmen Noahs* ungefähr zur gleichen Zeit entstanden, nämlich während der Entziehungskur Kubickis in Herzberge.

Da in der zeitgenössischen, auch in der expressionistischen Literatur Krankenhaus, Irrenhaus und Gefängnis als typische Metaphern der menschlichen, insbesondere der künstlerischen Existenz und der Welt „à rebours" fungierten[60] – es sei nur auf den *Zauberberg* von Thomas Mann, auf die Dichtung Gottfried Benns oder auf das autobiographische Werk von Maria Komornicka/Piotr Odmieniec Włast hingewiesen – könnte dies die Einordnung der *Irrenhaus*-Gedichte in die inhaltliche Struktur der zweisprachigen Gedichtsammlung Kubickis begründen. Es könnte sogar eine Analogie zwischen seinen Gedichten *Der Gefangene / Więzień* aus dem ersten Teil des Konvoluts und *Irrenhaus I / Z domu obłąkanych. Herzberge* bestehen. Das erste Gedicht wurde – wie erwähnt – bereits zu Lebzeiten Kubickis in *Zdrój* und in *Die Aktion* veröffentlicht und wurde damit einer seiner bekanntesten Texte und zu einem beliebten Beispiel der expressionistischen Metapher des Gefängnisses der Seele:

---

[58] Diesen Sachverhalten habe ich das Kapitel IV.1 meiner Dissertation gewidmet. (wie Anm. 4).

[59] Mantis (wie Anm. 6), S. 18-19.

[60] Janion, Maria: Kobiety i duch inności. Warszawa 1996, S. 220-221.

Mit Leibesqual beschenkt, / fressendem Schmerz einsamer Zelle,
gefangen / bohre ich heimlich Mauer und Decke. [...]
(Nachts erzittert das ganze Haus von dumpfer Schläge Krampf.)
Ich nage an Kette und dem Gitter im Fenster –
klopfe an der Zelle niedrigen Himmel –
(denke dumm: / „ich hau an den Himmel / und erschrecke Gott")
/
Ciała obdarzony udręką, / bólem żrącym zamknięcia samotnego,
więzień / skrycie, bezustannie posowę wiercę i ściany [...]
(Nocą gmach cały stoi w spazmach pukań głuchych).
Gryzę wtedy łańcuch i kratę przed oknem –
uderzam w niskie niebo celi murowanej –
(głupi myślę: „zastukam w niebo" i Boga przerażę).[61]

Das Gedicht *Irrenhaus I / Z domu obłąkanych. Herzberge,* das ähnliche Bilder enthält, läßt sich als eine kritische Analyse des Zeitgeschehens interpretieren:

Wir sitzen und hocken hier umher
hinter dieser Mauern Geborgenheit
hinter dieser Gitter Sicherheit [...],
Hinter der langen Reihe der Gitterfenster.
wie Raubtiere
laufen wir auf und ab / auf und ab laufen wir
jeder im Takt seines Leids
immer dieselbe Spur.
/
Za murów naszych schroniskiem
za krat pewnością
siedzimy, biegamy tam i z powrotem [...]
i strasznym skokiem
niezliczonemi kręgami
ląduje u nas rozbitek / co chwilę ktoś [...]
Poza długim rzędem okien okratowanych
człapiemy tam i z powrotem.[62]

---

[61] Głuchowska; Mantis (Wie Anm. 4), S. 70-71; Ratajczak: Zagasły brzask (wie Anm. 10), S. 219-220.

Darin konfrontiert Kubicki die normale Welt mit der der Geisteskranken. Diese scheinen hinter der Mauer – hinter den Gittern – geborgen, in Sicherheit. Der eigentliche Wahnsinn tobt draußen im Mahlstrom der Welt.[63] Der hier herrschende Ton korrespondiert mit einigen selbstironischen Auseinandersetzungen mit dem eigenen Werk und Leben, die u.a. im zweiten Teil der Sammlung enthalten sind. In den *Irrenhaus*-Gedichten endete in Skepsis, was im Pathos und im ungeheuren Optimismus der revolutionären Aufrufe Kubickis nach dem Ende des Ersten Weltkrieges begonnen hatte.

Nach dem Zusammenbruch der Revolution folgte in Kubickis Dichtung noch das Durchträumen der Utopie. Wahrscheinlich in den Jahren 1920 bis 1921 schrieb er 15 *Psalmen Noahs*, 13 davon in beiden Sprachen. Indem er darin eine Parallele zwischen seinen utopischen Träumen aus der Zeit der Revolution und der biblischen Geschichte schuf, setzte er das, was zeitweilig gescheitert war, in die ewige Perspektive, und so gewann das Ganze auch an Hoffnung auf Verwirklichung.

Die Schlüsselfigur der Psalmen – Noah – scheint auch Vorbild eines Revolutionsführers zu sein. Peter Mantis erklärt die Wahl dieses Protagonisten wie folgt:

Warum gerade Noah, warum nicht Mose? In den Wünschen der Generation Kubickis sollte die Revolution eine restlos neue Gesellschaft mit sich bringen. Der ‚Alte Mensch' mußte zurückbleiben, mußte vernichtet werden. Noah repräsentiert den radikalen, endgültigen Bruch mit dem Alten, und den Neubeginn. Er brachte keine Gesetze, wie es bei Moses der Fall war. Auf ihn ließen sich somit die anarchistischen Vorstellungen Kubickis von einer neuen, freien Gesellschaft besser projizieren. Er vertraute nämlich auf die Kraft des Vorlebens, des Beispielgebens allein, worauf Kubicki und seine anarchistischen Freunde setzten.[64]

In den 15 *Psalmen Noahs* lässt sich eine innere Ordnung erkennen: Am Anfang steht die Berufung, dann folgen der Hader mit Gott und die widerwillige Übernahme der Aufgabe, später die Abrechnung mit der Mensch-

---

[62] Głuchowska; Mantis (wie Anm. 4), S. 162-165.
[63] Mantis (wie Anm. 6), S. 18.
[64] Ebd., S. 15.

heit, dann wieder die Zweifel am unbekannten Ziel und – endlich – die Ankunft auf dem Berge Ararat und die Erlösung.[65]

Abb. 9. Stanisław Kubicki, Kalligraphisches Manuskript *PSALM ein Gesang Noahs an seine Brüder*, Tusche, 1921. Privatsammlung Berlin.

Seine sozial-religiöse Idee versuchte Kubicki teilweise zugleich poetisch und bildnerisch in Form von kalligraphischen Manuskripten zum Ausdruck zu bringen.[66] So war es im Falle der Gedichte *Ein Gesang Noahs im Dunkel der Nacht (den sang Noah des öfteren) / PSALM ciemnych nocy godzin (śpiewał go Noe często)* und *PSALM ein Gesang Noahs an Seine Brüder / PSALM śpiew Noego do braci. (Abb. 9)*. Der *PSALM Ein Freudenschrei Noahs als der Taube Lichtschrei in seine Finsternis drang* enthält eine Wunschvorstellung des Autors

---

[65] Ebd., S. 15-18.
[66] Głuchowska; Mantis (wie Anm. 4), S. 5, 110-111.

vom Leben des Menschen im Einklang mit der Natur. Diese Wunschvorstellung endet in einem Vierzeiler:

Meine Stunden singen und jubeln
denn: / vernichtet ist meine Einsamkeit
und einen Weg sehe ich / zwischen Sternen und Blumen.
/
Śpiewem się rozdzwoniły godziny moje / albowiem:
zniknęło osamotnienie moje
i drogę mą widzę / śród gwiazd i kwiatów.[67]

Dieser Vierzeiler wurde von Kubicki zugleich als eine Inskription auf sei-
nem Bild *Blühender Kaktus (Tafel IV)* verwendet. Diese Worte können als
Motto seines Lebenswerkes gelten. Die Eingliederung dieses Textes in den
Bildraum des Aquarells bestätigt den gemeinsamen thematischen Ursprung
der wichtigsten und umfangreichsten literarischen und bildnerischen Werk-
gruppe Kubickis. In letzterer nehmen *Der Mensch und die Tiere (Tafel V)* und
Der Heilige und die Tiere (Abb. 10 und 11) einen besonderen Stellenwert ein.
Sie wirken ruhig und ausgewogen. Es sind Visionen vom Leben des Men-
schen im Einklang mit der Natur. Diese klaren, mathematisch konzipierten
Analysen einzelner Naturelemente und zugleich komplexen Synthesen des
Universums erscheinen zeitlos. Sie ähneln im Ausdruck sakralen Mosaiken
und erheben somit Anspruch auf Allgemeingültigkeit.

---

[67] Ebd., S. 142-146.

Abb. 10. Stanisław Kubicki,   Abb. 11. Stanisław Kubicki vor seinem Gemälde
Der Heilige und die Tiere,   *Der Heilige und die Tiere*, 1932.
Bleistift, 1932. Privatsammlung Berlin.   Fot. Raoul Hausmann. Privatsammlung Berlin.

Sowohl die *Psalmen Noahs* als auch die Malerei Kubickis stellen eine Apotheose der wiedererwachenden Natur dar, der Quelle belebender Kräfte, und beziehen sich somit auch auf einen der konstitutiven Mythen der Moderne, den Mythos vom „neuen Menschen" und der „neuen Gemeinschaft", der eine „neue Welt" schaffen sollte.

Die letzten drei datierbaren zweisprachigen Gedichte entstanden 1921. Es sind drei *Psalmen Noahs*, zwei davon sind auch in den hier präsentierten kalligraphischen Fassungen erhalten. 1922 vertraten Kubicki und seine Frau Margarete Polen auf dem Kongreß der „Union fortschrittlicher internationaler Künstler" in Düsseldorf, auf dem die sog. „Konstruktivistische Internationale" ins Leben gerufen wurde. Dies war der wichtigste Auftritt polnischer Avantgarde-Künstler in der Zwischenkriegszeit[68] und der wichtigste Akkord der großen Utopie der Avantgarde, des Traumes von einer Internationale des Geistes. Im selben Jahr organisierten die Kubickis in Berlin die „Internationale Ausstellung revolutionärer Künstler", für deren Plakat Kubickis Linolschnitt *Der Einsame* verwendet wurde (*Abb. 12*).

---

[68] Malinowski, Jerzy: Polska awangarda w Niemczech 1900-1933. In: Między Polską a światem. Hrsg. von Mieczysław Morka u. Piotr Paszkiewicz. Warszawa 1993, S. 266.

Abb. 12. Plakat der „Internationalen Ausstellung revolutionärer Künstler" in Berlin 1922 mit dem Linolschnitt von Stanisław Kubicki *Der Einsame IV.* Privatsammlung Berlin.

Später untersuchte der Künstler in seinen Bildern – wie in den *Psalmen Noahs* – die Harmonie des Kosmos, der neuen, doch keineswegs überirdischen Welt. Auch Gedichte schrieb er weiterhin, aber nur noch auf Deutsch oder auf Polnisch, nicht mehr in beiden Sprachen zugleich.

1939, kurz vor dem Ausbruch des Zweiten Weltkrieges erschien in Polen sein Gedichtband *Poezje (Gedichte)*, dessen Auflage beim Einmarsch der deutschen Truppen beinahe vollständig verbrannte. Darin befand sich auch der letzte bekannte Psalm Noahs, der alle früheren zusammenfaßt.[69] Ein Nachdruck dieser verbrannten Gedichte erschien 1978, erstaunlicherweise nicht in Polen, sondern in Deutschland, auf Initiative von Heinrich Kunstmann. Während des Krieges fand Kubicki Zugang zur polnischen Widerstandsbewegung in Warschau und wurde Kurier zu den Botschaften neutraler Staaten in Berlin. 1941 wurde er von der Gestapo verhaftet und 1942 ermordet.

Erst vor kurzen sind die zweisprachigen Gedichte Kubickis erschienen. Es gibt, soweit bekannt, wahrscheinlich keine Beispiele einer ähnlichen zwei-

---

[69] Głuchowska: Revolution (wie Anm. 4), S. 42-43.

sprachigen Sammlung, zumindest nicht im deutsch-polnischen Sprachraum und schon gar nicht aus der gleichen Zeit. Es wäre der Mühe wert, sie einerseits im Kontext thematisch und zeitlich nahestehender Gedichte, andererseits mit zweisprachigen Gedichten aus einem anderen Sprachraum zu vergleichen. Dabei scheinen mehrere Fragen von Bedeutung:

Wie verhält sich die Zweisprachigkeit von Künstlern zu ihrer Etablierung bzw. Isolierung in der Gesellschaft? Inwiefern ist es ein Erfordernis der Zeit, sich multilingual (und multidisziplinär) zu äußern? Sind es vor allem die transnational und transkulturell Wirkenden[70], die zweisprachige Werke schaffen? Sind es immer die „Grenzgänger" und die „modernen Nomaden" oder „heimatlosen Genossen"? Begleitete die Zwei- oder Mehrsprachigkeit immer die Zeiten sozialer Umwälzungen und großer Utopien – wie es im Fall von Kubicki war?

All diese Fragen bleiben offen. Sicher ist jedoch, daß die Zweisprachigkeit Kubickis und anderer Kunstschaffender seiner Zeit nicht nur ein philologisches, sondern in viel stärkerem Maße auch ein sozial-kulturelles Phänomen widerspiegelt.

---

[70] Turowski, Andrzej: „Fin des Temps! L´histoire n´est plus". L´art polonais du 20ᵉ siècle. Toulon 2004, S. 35.

Tafel I: Margarete Kubicka, Hommage à Kubicki:
Kubicki und die okkulten Mächte,
Aquarell/Bleistift, 1924. Privatsammlung Berlin.

Tafel II: Margarete Kubicka, Hommage à Kubicki:
Kubicki und die Welten,
Aquarell/Bleistift, 1924. Privatsammlung Berlin.

Tafel III: Stanisław Kubicki, Das Blühen III,
Pastell, ca. 1928. Privatsammlung Berlin

Tafel IV: Stanisław Kubicki, Blühender Kaktus II,
Aquarell, 1925. Privatsammlung Berlin.

Tafel V: Stanisław Kubicki, Der Mensch und die Tiere,
Pastell, ca. 1928. Privatsammlung Neustadt/Weinstraße.

Polnische Künstler und *Der Sturm*

Marina Dmitrieva

Wenn man versuchen möchte, das Unternehmen *Der Sturm* in einigen Worten zu erfassen, dann liegt es nahe, den langjährigen *Sturm*-Mitarbeiter und -Künstler Lothar Schreyer zu zitieren:

> *Was war der „Sturm"? Eine Zeitschrift, eine Ausstellung, ein Verlag, eine Kunstschule, eine Bühne – aber das besagt nichts. Er war keine Vereinigung von Künstlern, keine Organisation. Er war gleichsam der Drehpunkt der europäischen Kunstwende. Hier war ein Magnet, der die für die Kunstwende der ersten Jahrzehnte des 20. Jahrhunderts entscheidenden Künstler unwiderstehlich anzog. Dieses Magnet war ein Mensch, Herwarth Walden.*[1]

Der Musiker und Publizist Herwarth Walden (1878-1941, bürgerlicher Name Georg Levin) gründete 1910 die Zeitschrift *Der Sturm* als eine „Wochenschrift für Kultur und die Künste". Trotz Engpässen und immer wieder auftretenden finanziellen Schwierigkeiten führte Walden das Unternehmen *Der Sturm* und die meistens als Monatsschrift (*Abb. 1*) und zwischendurch auch als eine Vierteljahresschrift publizierte Zeitschrift bis 1932, als er sie einstellen lassen mußte und kurz darauf nach Moskau emigrierte. Seit ihrer Gründung waren die Zeitschrift und die von 1912 bis 1929 geführte Galerie dazu bestimmt, ein Forum für die entstehende literarische und künstlerische Moderne zu sein.[2] Mit einem einmaligen „Spürsinn für das Echte und Neue in der Kunst", wie seine zweite Frau Nell Walden es nannte,[3] entdeckte und propagierte Walden die neuesten Trends in Kunst und Literatur; er setzte selber Trends und machte große Namen. Ein prominentes Beispiel dafür ist Marc Chagall, dem Walden in Deutschland

---

[1] Schreyer, Lothar: Erinnerungen an Sturm und Bauhaus. München 1956, S. 7.

[2] Der Sturm. Chagall, Feininger, Jawlensky, Klee, Kokoschka, Macke, Marc, Schwitters und viele andere im Berlin der Zehner Jahre. Hrsg. von Barbara Alms und Wiebke Steinmetz. Delmenhorst 2000.

[3] Walden, Nell: Herwarth Walden. Ein Lebensbild. Berlin, Mainz 1963, S. 16.

und europaweit zum großen Erfolg verholfen hat.[4] Mal brachte es Walden finanzielle Vorteile, häufiger aber führte es ihn an den Rand des wirtschaftlichen Ruins.

Abb. 1 Titelseite der Zeitschrift *Der Sturm*, 15. Jg. (1924), Nr. 3
mit Porträtzeichnung von Herwarth Walden von Bélá Kadár.

Im Jahr 1927 auf die mehr als 10-jährige Geschichte der Institution *Der Sturm* zurückblickend, schätzte Herwarth Walden selbst ihre Rolle so ein:

Die neue Bewegung in der Kunst entstand fast gleichzeitig in allen Ländern, ohne dass die Künstler sich etwa miteinander verabredet hatten. Sie haben erst alle voneinander durch die Gründung des Sturm erfahren, der sie organisierte und der auf der großen Internationalen Ausstellung 1913 in Berlin die Bilder der neuen Kunst zu einer ersten Gesamtschau vereinigte.[5]

---

[4] Chagall und Deutschland. Verehrt verfemt. Hrsg. von Georg Heuberger und Monika Grütters. München 2004; Hille, Karoline: Marc Chagall und das deutsche Publikum. Köln, Weimar, Wien 2005.

[5] Der Sturm, 17 (1926/27) 1, S. 10.

Somit definierte er seine eigene Funktion als „Organisator" der neuen Kunstströmungen über Grenzen hinweg. Das erste Beispiel dafür war die hier genannte historische Ausstellung in Berlin, die nach französischem Vorbild „Erster Deutscher Herbstsalon" genannt wurde und heftige negative Kritikerreaktionen hervorrief. Mit Hilfe von Künstlern des *Blauen Reiters* versammelte Walden dort 366 Werke von 90 Künstlern aus Frankreich, Deutschland, Russland, Holland, der Schweiz, Italien und Österreich. *Der Sturm* war also, nach Walden, dazu bestimmt, als ein Knotenpunkt und eine Informationsbörse der heterogenen internationalen Bewegungen zu fungieren.

Die Rolle des *Sturm* für die Propagierung neuester Trends, vor allem des Expressionismus, Futurismus und Kubismus in der Vorkriegszeit, ist unbestritten und längst anerkannt. Kontroverse Meinungen gibt es zur schillernden Person Waldens, die sowohl von Zeitgenossen als auch von Forschern ganz unterschiedlich eingeschätzt wird. Für die einen war er ein unpolitischer Ästhet, ein Verfechter der Idee einer autonomen Kunst,[6] für die anderen ein Taktierer, der von der Verstrickung der Kunst mit der Politik lebte.[7] Besonders umstritten war Waldens Rolle in der Zeit nach dem Ersten Weltkrieg, als er plötzlich die Wende zur radikalen Linken vollzog und 1924 sogar Mitglied der KPD wurde. Seine politischen Sympathien demonstrierte er öffentlich: Er wurde Vorsitzender des Bundes der Freunde der Sowjetunion und besuchte als Mitglied der deutschen Delegation die Sowjetunion anläßlich des 10. Jahrestages der Oktoberrevolution.[8] Eine Ausgabe der Zeitschrift *Der Sturm* ist dieser Reise gewidmet. Die letzten Jahre in Deutschland vor seiner Emigration in die Sowjetunion stand Walden im Dienst der sowjetischen Handelsvertretung in Berlin, einer Institution, die Propaganda- und Geheimdienstmissionen koordinierte, und übernahm die organisatorische Leitung für die Gestaltung der russischen Pavillons auf der Internationalen Hygiene-Ausstellung in Dresden und auf den Messeausstellungen in Leipzig.[9] In der UdSSR, wo er mit seiner letzten Frau lebte, war er Redakteur der antifaschistischen deutschsprachigen

---

[6] Pirsich, Volker: Der Sturm – Eine Monographie. Herzberg 1985; Gode, Maurice: Der Sturm de Herwarth Walden ou l'outopie d'un art autonome. Nancy 1990.
[7] Winskell, Kate: The Art of Propaganda: Herwarth Walden and ,Der Sturm', 1914-1919. In: Art History, 18 (1995) 3, S. 315-344.
[8] Brühl, Georg: Herwarth Walden und „Der Sturm". Leipzig 1983, S. 77-92.
[9] Walden, Nell (wie Anmerkung 3), S. 33, zitiert einen Brief von Edmund Kesting. Die Rede ist von modernen Drahtkonstruktionen Gabos und Wanddekorationen Lissitzkys.

I Polnische und deutsche Künstler in der Avantgarde

Propaganda-Zeitschrift „Das Wort" und gab deutsche Klassiker heraus. Infolge der vom sowjetischen Schriftsteller-Verband geführten „Expressionismus-Debatte" mußte er dem Expressionismus öffentlich abschwören. Walden wurde 1941 als „deutscher Spion" im Hotel „Metropol" in Moskau verhaftet und starb kurz darauf im Gefängnis.[10]

Dieses bewegte Leben scheint der Behauptung Nell Waldens zu widersprechen, nach der es das größte Anliegen Waldens gewesen sei, Kunst und Politik nicht miteinander zu verbinden.[11]

In den 17 Jahren ihres Bestehens von 1912 bis 1929 veranstaltete die Galerie *Der Sturm* rund 170 Ausstellungen. Besonders wirksam waren Wanderausstellungen, die in mehreren Orten in Deutschland und in einigen Städten Osteuropas wie Brünn, Prag, Lemberg usw. sowie in Japan und den USA gezeigt wurden. Auf einer Karte, gezeichnet von Volker Pirsich, sieht man die Institution *Der Sturm* als einen Mittelpunkt im Netzwerk von Kontakten, die in alle Himmelsrichtungen und sogar bis auf andere Kontinente reichen.

Der Höhepunkt der Tätigkeit des *Sturm* liegt in der Vorkriegszeit. Es war die Zeit der lautstarken Kritik, der skandalösen Rezeption, und des relativen finanziellen Erfolges. Auch in den Kriegsjahren errang Walden, unterstützt von seiner Frau, der schwedischen Malerin Nell Walden (Roslund), finanzielle Erfolge. *Sturm*-Künstler wie Oskar Kokoschka, Alexander Archipenko oder Marc Chagall fanden durch seine Aktivitäten Zutritt zum Establishment der europäischen Moderne.

In der Nachkriegszeit veränderte sich die Situation. Die Inflation und das kommerzielle Ungeschick Waldens führten den *Sturm* an die Grenze des finanziellen Ruins. Seine politische Orientierung verband ihn einerseits mit einigen Künstlern, die zunehmend linke bzw. anarchistische Ideen vertraten, stieß andererseits das bürgerliche Publikum, seine eigentlichen Kunden, mehr und mehr ab. Die Ehe mit Nell Walden zerbrach nicht zuletzt wegen politischer Unstimmigkeiten. Es fanden weniger Ausstellungen statt. Die Kunstschule mußte geschlossen werden; das Ausmaß an „Propaganda-Aktionen" des *Sturm* war nicht so groß, aber immer noch bedeutend.

---

[10] Brühl (wie Anm. 8), 86-87, verweist auf ein Zeugnis der Tochter Waldens, Sina Walden. Zu den Moskauer Jahren siehe auch Huppert, Hugo: Schach dem Doppelgänger. Halle, Leipzig 1979, S. 39-41.
[11] Walden, Nell; Lothar Schreyer: Der Sturm. Ein Erinnerungsbuch an Herwarth Walden und die Künstler aus dem Sturmkreis. Baden-Baden 1954, S. 35-36.

Einige davon waren sogar spektakulär, wie etwa die dadaistische Performance anläßlich der Ausstellung Iwan Punis 1921 oder der *Sturm*-Ball im Berliner Zoo 1922. Einerseits erlaubte die schwierige finanzielle Situation keine großen Exzesse; andererseits gab es Konkurrenz-Galerien wie Gurlitt oder Cassirer, welche Künstler wie Kokoschka oder Chagall, die durch Walden salonfähig geworden waren, gerne ausstellten. Es gab auch andere extravagante und supermoderne (obwohl kurzlebige) Zeitschriften wie etwa *Wesch-Gegenstand-Objet* oder *De Stijl*. Dagegen wirkte *Der Sturm* fast schon altmodisch. In der Zeit des Konstruktivismus beharrte Walden immer noch auf seinen Präferenzen, dem Expressionismus, Futurismus und Kubismus. Er beschwor weiterhin das Geistige in der Kunst, die Intuition, die Einfühlung – alles Kategorien, die nicht mehr ins moderne Vokabular paßten. So wie er in seiner Broschüre *Die neue Malerei* 1919 schrieb, daß „Expressionismus keine Mode" sei, sondern „eine Weltanschauung. Und zwar die Anschauung der Sinne, nicht der Begriffe".[12]

Auch die Maler äußerten sich oft kritisch bis abwertend über den *Sturm* und die Person Waldens. So schrieb Georg Scholz an die Novembergruppe:

Ich habe die Hoffnung, dass die Novembergruppe sich nicht einseitig auf eine „Richtung" festlegen will (etwa im Sinne „Sturm"), sondern dass sie jedem Künstler das Suchen nach ihm gemäßen Mitteln zugesteht.[13]

Glaubt man manchen Künstlern, so war der Sturm der Nachkriegszeit längst nicht mehr das, was er vorher war: „Die heutige Kunst denkt man im Sturm zu finden. Aber dieser Ozeanriese hat sich in ein Boot verwandelt", schrieb Lissitzky. Und weiter:

Die Malkultur der neuen Leinwand kommt aber nicht mehr aus dem Museum, sie kommt von der Bilder-Galerie der heutigen Straße, – Schrei und Dichte der Farben, des lithographischen Plakates, schwarze Glasschilder mit aufgeklebten, weißen Buchstaben. Das Licht der mit violettem Lack gefärbten elektrischen Lampen.[14]

---

[12] Walden, Herwarth: Die neue Malerei. Berlin 1919. S. 5.
[13] Pirsich (wie Anm. 6), S. 395.
[14] Wesch-Gegenstand-Objet (1922) Nr. 3. Zit. nach: Brühl (wie Anm. 8), S. 97.

Volker Pirsich ist der Meinung, daß es ab Mitte der 20er Jahre keine Künstler von Rang gab, die im *Sturm* ausstellten. War es tatsächlich so?

Die 20er Jahre waren für Walden die Zeit einer neuen Entdeckung, so wie er seinerzeit den Expressionismus oder Futurismus, aber auch Dada als wichtigste Erscheinungen der Moderne erkannt hatte. Seine Interessen galten jetzt der Kunst aus dem neuen Europa, aus den Ländern, die nach dem Vertrag von Versailles aus den zerfallenen Großreichen entstanden waren. Zwar ging er nach seiner Art vor, sehr geschmäcklerisch, nach eigenen Kriterien, aber die Rolle des *Sturm* als „Organisator" der neuen Richtungen war nach wie vor bedeutend.

In seinem immer wieder nachgedruckten Buch *Einblick in Kunst. Expressionismus, Futurismus, Kubismus*[15] definierte er eindeutig die Anfänge der Moderne. Für den Durchbruch standen, so Walden, Oskar Kokoschka, die Russen (Kandinsky und Chagall) und die ungarischen Künstler.

Ausstellungen und Publikationen im *Sturm* der 20er Jahre zeigen eine sehr repräsentative Palette der osteuropäischen Moderne. Den ersten Platz nahmen, nach der Häufigkeit der Ausstellungen und der Präsenz in der Zeitschrift, ungarische Künstler ein, allen voran László Moholy-Nagy und László Péri, aber auch Sándor Bortnyik, Béla Kádár oder Aurél Bernáth, ein Künstler aus Siebenbürgen. Walden interessierte sich für rumänische, slowenische und bulgarische Künstler. Die letzten Hefte des *Sturm* sind diesen Themen gewidmet; es gab auch Ausstellungen einzelner Künstler aus diesen Ländern.

Erstaunlich ist dabei, daß sich trotz der – auch von Nell Walden bestätigten – Vorliebe Waldens für die Russen und die russische Kultur, unter den von ihm ausgestellten und in der Zeitschrift propagierten Namen mit wenigen Ausnahmen[16] hauptsächlich solche russischen Künstler befanden, die nicht zu den offiziellen Repräsentanten des neuen Sowjetrusslands gehörten. Nicht einmal die „Erste Russische Kunstausstellung" in der Galerie van Diemen von 1922, die in Berlin Furore machte und z.B. im „Kunstblatt" ausführlich besprochen wurde,[17] fand eine Würdigung im

---

[15] Walden, Herwarth: Einblick in Kunst. Expressionismus, Futurismus, Kubismus. Berlin 1924 (4. und 5. Auflage).
[16] David Sterenberg und Kasimir Malewitsch sind in der der Sowjetunion gewidmeten Ausgabe des „Sturm" – 18 (1927) 4/5 – vertreten.
[17] Z. B.: Westheim, Paul: Die Ausstellung der Russen. In: Das Kunstblatt, 1922, S. 493-498.

Sturm. Waldens Präferenzen galten weiterhin Kandinsky und Chagall (obwohl es finanzielle Streitigkeiten mit beiden gab) sowie Michail Larionov und Natalia Goncharova – alten Bekannten vom „Ersten Deutschen Herbstsalon", vermittelt durch Kandinsky. Auch die neuen Namen – z.B. Iwan Puni oder Serge Charchoune – gehörten nicht zu den feurigen Anhängern der russischen Revolution, ebenso wie Larionov, Goncharova oder Kandinsky, obwohl Puni ähnlich wie Kandinsky mit der neuen Macht eine Zeit lang kollaboriert hatte. Wie der weitere Weg dieser Künstler zeigte, verließen sie die Sowjetunion aus politischen Gründen. Auch Alexandra Exter, deren Marionetten auf einer der letzten *Sturm*-Ausstellungen 1929 gezeigt wurden, lebte zu diesem Zeitpunkt in der Emigration in Paris. Diese eindeutige Diskrepanz zeigt: Politische Interessen und Überzeugungen Waldens stimmten nicht unbedingt mit seinen künstlerischen Präferenzen überein.

Unter den Künstlernamen aus dem Neuen Europa, die Waldens Aufmerksamkeit auf sich zogen, waren auch einige Künstler aus Polen.

Stanisław Kubicki (1889-1943), ein polnisch-deutscher Künstler expressionistischer Richtung, könnte hier eine Vermittlungsfunktion erfüllt haben. Er stellte zusammen mit anderen Künstlern im Februar 1920 einige Ölgemälde und Aquarelle in der Galerie *Der Sturm* aus.[18] Zwei Linolschnitte – *Abstraktion* und *Strahlendes* – waren in der Zeitschrift abgebildet.[19] Kubicki, der eine führende Figur in der Posener Gruppe *Bunt* war und enge Kontakte zu den Künstlern der Gruppe *Jung Idysz* in Łódź hatte, gehörte in Berlin, zusammen mit seiner deutschen Frau, Margarete Schuster, zu Kreisen links orientierter oder sogar anarchistischer deutscher Intellektueller. Seine Verbindung mit Franz Pfemferts Zeitschrift *Die Aktion* zeugt von einer linken Orientierung. Durch seine Vermittlung entstand das Interesse dieser Zeitschrift an polnischer Kunst.[20] Kubicki, der einen großen Be-

---

[18] Zur Person Kubickis und seiner Rolle als Vermittler siehe Głuchowska, Lidia: Stanisław Kubicki. Kunst und Theorie. Berlin 2003. Es war eine gemeinsame Ausstellung mit Paul Klee, Johannes Molzahn, Oswald Herzog, Heinrich von Boddien, Paul Buns und Hilla von Rebay. L. Głuchowska fand an einem Bild einen Galeriezettel. Ebd., S. 99; Brühl (wie Anm. 8), S. 293; Der Sturm. Herwarth Walden und die europäische Avantgarde. Berlin 1912/32. Berlin (West) 1975; Herwarth Walden und der Sturm. Ausst.-Kat. Köln 1987, S. 33.

[19] Der Sturm, Jg. 10, 1920.

[20] Głuchowska (wie Anm. 18), S. 20-21.

kanntenkreis hatte und die künstlerische Bohème sowohl in Berlin als auch in Polen gut kannte, kann auch Kontakte zu einigen anderen polnischen Künstlern hergestellt haben, die Waldens Interesse erweckten und deren Werke in der *Sturm*-Galerie ausgestellt wurden. Gemeint sind Henryk Berlewi (1894-1967), Mieczysław Szczuka (1898-1927) und seine Frau Teresa Żarnower (1895-1945).

Henryk Berlewi hatte im August 1924 eine Sonderausstellung gemeinsam mit dem siebenbürgischen Künstler Aurél Bernáth in der Galerie *Der Sturm* in der Potsdamer Straße 134a. Eine seiner Zeichnungen (*Abb. 2*) wurde zusammen mit dem programmatischen Text *Mechano-Faktur* im selben Jahr in der Zeitschrift publiziert.[21]

Abb. 2 Henryk Berlewi, *Mechano-Faktur*, 1923, abgebildet in: *Der Sturm*, 15. Jg. (1924), Nr. 3.

Berlewi gehörte, nach seinem Studium in Antwerpen und Paris (École des Beaux-Arts), noch vor dem Ersten Weltkrieg zum Kreis der Warschauer

---

[21] Der Sturm, 15 (1924) 3, S. 155-159.

Modernisten. Sein Interesse am Dadaismus und Futurismus verband ihn mit den radikalen Vertretern des polnischen „Futuro-Dadaismus"[22] wie Aleksander Wat und Anatol Stern. Wegen der hauptsächlich jüdischen Abstammung und linken Sympathien nannte man den Kreis oft „żydokomuna" der Futuristen. Berlewi beteiligte sich 1921 an der berühmten Ausstellung der polnischen Modernisten im Hotel „Polonia" in Warschau, auf der auch Mieczysław Szczuka und Teresa Żarnower ihre Werke ausstellten. Gleichzeitig gehörte er aber der *Jung Idysz*-Gruppe in Łódź an. Seine Poster für die Aufführung des Theaterstücks *Der Dybbuk* und Bilder zu jüdischen Themen haben ihm Ansehen als jüdischer Künstler verschafft. Stilistisch gesehen prägte diese Arbeiten ein ethnographisch gefärbter Expressionismus.[23] Die Kunsthistorikerin Rahel Wischnitzer, die in der Zeitung „Jüdische Rundschau" eine Rezension zu seiner Ausstellung in der *Sturm*-Galerie verfaßte und Berlewi bislang als einen „jüdischen Künstler" und „Meister der süßlichen Frauenporträts" kannte, wunderte sich über die radikale Wende in seinem Schaffen.[24]

Zur radikalen Wende oder „Bekehrung", wie es Berlewi selbst empfand, kam es nach seinen Worten durch die Begegnung mit Eleazar Lissitzky. Das Treffen mit ihm fand im Herbst 1921 statt, als Lissitzky auf dem Weg von Witebsk nach Berlin auf Einladung der Warschauer Sektion der jüdischen Kulturliga eine Zwischenstation in Warschau machte. Berlewi erinnerte sich Jahrzehnte später an den Besuch Lissitzkys in seinem Atelier in der Warschauer Senatorska-Straße, das angefüllt war mit Bildern, Zeichnungen, Maquetten für Dekorationen und Buchumschlägen für jüdische Bücher, „durchdrungen vom Geist des *Dybbuk*". In dieser „mystisch-chassidischen" Umgebung klang die suprematistische Botschaft „falsch". Berlewi beschrieb das „innere Drama, dem wir jüdische Künstler ausgesetzt waren", und zwar durch „den Verzicht auf eine nationale zugunsten einer diametral entgegengesetzten universalistischen Konzeption der Kunst":

---

[22] Bezeichnung von Bruno Jasieński, zit. in: Turowski, Andrzej: Budowniczowie świata. Z dziejów modernizmu w sztuce polskiej. Kraków 2000, S. 56. Über die Verbindung von Futurismus und Dadaismus in Polen sprach auch Wat, Alexander: Jenseits von Wahrheit und Lüge. Mein Jahrhundert. Gesprochene Erinnerungen. Frankfurt/Main 2000, S. 32-35.

[23] Malinowski, Jerzy: Grupa „Jung Idysz" i żydowskie środowisko „nowej sztuki" w Polsce 1918-1933. Warszawa 1987.

[24] Wischnitzer-Bernstein, Rahel: Mechanofaktur. Henryk Berlewis Ausstellung im „Sturm". In: Jüdische Rundschau: Allgemeine jüdische Zeitung, Berlin, 08. August 1924.

Beide verzichteten wir auf ein Universum voll geistiger Schönheit, Weisheit und Mystik, um uns dem Kult der Maschine zuzuwenden, einer universalistischen, kosmopolitischen und technizistischen Kunst, und das war ein Verzicht, den man nur als übermenschlich bezeichnen kann. So fanatisch wir einst der jüdischen Kunst gedient hatten, engagierten wir uns nun für den europäischen Konstruktivismus.[25]

Aus dieser Haltung eines blasphemischen Katastrophismus[26] entstand dann sein neues Kunstempfinden, das er in Deutschland formuliert und in Ausstellungen sowohl in Deutschland als auch in Polen vorgestellt hat.

Berlewi kam im Frühjahr 1921 nach Berlin. Dort knüpfte er Kontakte zur linken Novembergruppe, mit der er an der „Großen Berliner Ausstellung" teilnahm, und engagierte sich bei der Vorbereitung des Kongresses der Internationalen Union Fortschrittlicher Künstler in Düsseldorf. Gemeinsam mit dem Ehepaar Kubicki, mit Jankel Adler, Marek Schwarz und Pola Lindenfeld, die er aus dem *Jung Idysz*-Kreis kannte, beteiligte er sich an der polnischen Abteilung der Internationalen Ausstellung im Kaufhaus Leonhard Tietz in Düsseldorf. Berlewi gehörte zu den Kreisen des internationalen Konstruktivismus, der sich Anfang der 20er Jahre zu konstituieren versuchte.[27]

Eine Abteilung der Ausstellung im Kaufhaus Tietz, die trotz des internationalistischen Anspruchs nach nationalen Schulen und Gruppen organisiert war, war den „*Sturm*-Künstlern" gewidmet. Zu ihnen gehörten Puni, Moholy-Nagy, Peri und Schwitters. In seinem Artikel über die Ausstellung, den Berlewi für die jüdische Zeitung „Nasz Kurier" in polnischer Sprache schrieb, betonte er sowohl die „Qualität" der *Sturm*-Abteilung als auch die „Quantität" der dort ausgestellten Bilder.[28] Sein Artikel bestätigt, welch wichtiger Platz dem *Sturm* in einer der spektakulärsten Aktionen der internationalen radikalen Moderne der 20er Jahre zukam.

---

[25] Berlewi, Henryk: El Lissitzky in Warschau, In: El Lissitzky. Kat. der Ausstellung. Kestner-Gesellschaft Hannover/Stedelijk van Abbemuseum Eindhoven/Kunsthalle Basel 1966, S. 63.

[26] Dazu Wat (wie Anm. 22) S. 35.

[27] K.I. Konstruktivistische Internationale. Schöpferische Arbeitsgemeinschaft 1922-1927. Utopien für eine europäische Kultur. Hrsg. von Bernd Finkeldey. Düsseldorf, Halle 1992, darin insbes. Stanislawski, Ryszard: Die Bemühungen um eine Künstlersolidarität. Polnische Künstler und die „K.I.", S. 248-258.

[28] Międzynarodowa wystawa w Düsseldorfie. In: Nasz Kurier (1922) Nr. 2. Übersetzung: Between Worlds. A Sourcebook of Central European Avant-Gardes, 1910.1930. Hrsg. von Timothy O. Benson und Èva Forgàcs. Cambridge (Mass.), London 2002, S. 397-399.

In den wenigen Jahren, die er in Berlin lebte, erfüllte Berlewi die Funktion eines Vermittlers zwischen den internationalen Avantgarde-Bewegungen in Polen und Deutschland.[29] Er schrieb zudem in der jiddischen Zeitschrift „Milgroim" über jüdische Künstler auf der Ersten Russischen Kunstausstellung.[30] Mit seinen Ausstellungsprojekten war er in zwei Ländern gleichzeitig präsent. In einer Ausstellung im Austro-Daimler-Salon in Warschau im März 1924 (*Abb. 3*) zeigte er die von ihm entwickelte neue Kunstart, die er *Mechano-Faktur* nannte. Diese Kunstform präsentierte er auch in der Galerie *Der Sturm*. Die wichtigen Elemente seiner neuen Kunstauffassung hat Berlewi in einer Broschüre mit einer Einführung von Aleksander Wat und in einem programmatischen Text in der Zeitschrift *Der Sturm* erklärt, der mit der Zeichnung *Mechano-Faktur* illustriert wurde (Abb. 2).

Abb. 3 Ausstellung Berlewis im Autosalon Austro-Daimler, Warschau, 1924.

Im Mittelpunkt seiner abstrakten Kompositionen stand das dynamische Zusammenspiel unterschiedlicher „faktureller" Eigenschaften und Dimensionalitäten. Berlewi verwendete in seinen Kompositionen typographische und geometrische Elemente – Quadrate, Kreise und Streifen vor einem –

---

[29] Über die Rolle jüdischer Künstler bei der Herstellung internationaler Kontakte siehe Malinowski (wie Anm. 23), S. 13.

[30] Berlewi, Henryk: Jüdische Künstler in der heutigen russischen Kunst. Kunstausstellung Berlin 1922. In: Milgroim (1923) Nr. 3 (in jiddischer Sprache).

wie im Buchdruck – gerasterten Hintergrund. All diese Bildteile standen in einem spannungsreichen dynamischen Verhältnis zueinander und schufen eine Art vibrierender Oberfläche.[31] Die typographischen Elemente, wie Zeitungsdruck, wurden dadurch, wie er selbst sagte, ihres ursprünglichen utilitären Wertes enteignet. Die Textur erhob sich zum Selbstzweck. Obwohl Berlewi dabei auf die russischen Theoretiker der „Faktura" wie Markov oder Rodčenko sowie auf die „Skulptomalerei" des *Sturm*-Künstlers Archipenko verwies, standen seine sehr dekorativen, effektvollen Kompositionen doch eher seinen polnischen Kollegen nahe, mit denen er enge Kontakte pflegte.

Zusammen mit Mieczysław Szczuka, Teresa Żarnower, Władysław Strzemiński, Henryk Stażewski u.a. bereitete er 1923 die Herausgabe der Zeitschrift *Blok* (1924-1926) vor. Deren erste Nummer erschien am 8. März 1924. Eine kollektive Ausstellung der Gruppe fand eine Woche darauf im Autosalon Laurin-Clement in Warschau statt. Die Beziehung der Künstler zueinander, die in dieser ersten Phase sehr viel verband, war von Anfang an von gewissen Rivalitäten geprägt. Berlewi eröffnete z.b. seine eigene Schau im Autosalon Austro-Daimler am 14. März, einen Tag vor der gemeinsamen Ausstellung der *Blok*-Gruppe.

Im Juni 1923 fand in der *Sturm*-Galerie in der Potsdamer Straße 134a eine Ausstellung von Mieczysław Szczuka und Teresa Żarnower zusammen mit Aurél Bernáth und Lothar Schreyer statt.[32] Die ausgestellten Werke gelten heute als verschollen. Die von Andrzej Turowski am Kunstinstitut (Instytut Sztuki) in Warschau gefundene Liste von Exponaten zeigt, daß es sich dabei um 57 Zeichnungen und Aquarelle sowie sechs Plastiken und Architekturprojekte von Szczuka und Żarnower sowie um drei Ölkompositionen von Stażewski gehandelt hat.[33] Ein Teil davon wurde in den ersten Ausgaben der neu gegründeten Zeitschrift *Blok* abgebildet (*Abb. 4, 5*). Herwarth Walden erinnerte in seinem Nachruf an den verstorbenen Szczuka an diese Ausstellung. Er erwähnte die dort gezeigten Denkmalentwürfe, z. B. für Liebknecht und Dostojewski, szenographische Projekte, Fragmente eines abstrakten Filmes, typographische Entwürfe und Architekturprojekte.[34]

---

[31] Passuth, Krisztina: Treffpunkte der Avantgarden Ostmitteleuropa 1907-1930. Budapest, Dresden 2003, S. 212.
[32] Der Sturm, 14 (1923) 6, S. 87.
[33] Turowski (wie Anm. 22), S. 63.
[34] Der Sturm, 19 (1928/29) 1, S. 185.

Die nicht-mimetischen Denkmalentwürfe Szczukas (*Abb. 6*) griffen die Idee eines neuen Denkmals der revolutionären Kunst auf, wie sie wenige Jahre zuvor im *Turm der Dritten Internationale* Tatlins präsentiert wurde. In den Texturkompositionen beschäftigte sich Żarnower (*Abb. 7*), ähnlich wie Berlewi, mit Kontrasten von Materialien und Formen. Auch dreidimensionale Objekte von Żarnower zeigten Experimente in der Opposition von Formen und dynamischen Spannungen (*Abb. 4*). Kurz vorher, im Mai 1923, wurden die neuen Kunstprinzipien in der Ausstellung „Wystawa Nowej Sztuki" in Kinotheater „Corso" in Wilna vorgestellt, an der sich die genannten Künstler sowie Władysław Strzemiński und der litauische Künstler Vitautas Kajrukstis beteiligten. Dort wurden wahrscheinlich die gleichen Objekte wie in der *Sturm*-Galerie gezeigt.

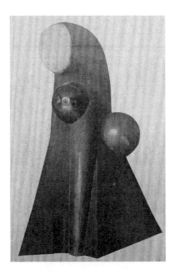

Abb. 4 Teresa Żarnower, *Architektur-Plastik*, um 1923, abgebildet in *Der Sturm*, 14. Jg. (1923), Nr. 6.

Abb. 5 Titelseite der Zeitschrift *Blok*, Nr. 1 (1924).

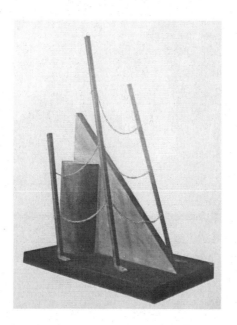

Abb. 6 Mieczysław Szczuka, *Raumkonstruktion / Plastik (Skizze eines Denkmals)*, 1922-1923, abgebildet in: *Der Sturm*, 14. Jg. (1923), Nr. 6.

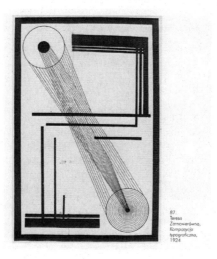

Abb. 7 Teresa Żarnower, *Typographische Komposition*, um 1924.

Abb. 8 Zeitschrift *Blok*, 2. Jg. (1925), Nr. 10.

Zu den Künstlern um die Zeitschrift *Blok* gehörten neben Szczuka und Żarnower (die als Herausgeber verzeichnet sind) anfangs auch Berlewi, Stażewski und Strzemiński. Konflikte und unterschiedliche künstlerische und politische Positionen führten bald zum Zerfall der Gruppe. Die weiteren Ausgaben der Zeitschrift wurden nur von Szczuka und Żarnower ediert. *Blok*, die sich „Zeitschrift der künstlerischen Avantgarde" nannte, hatte den Anspruch, ein Forum für die Moderne zu sein und so den Osten mit dem Westen zu verbinden. Es gab in der Zeitschrift Informationen über Kunstbewegungen in der Tschechoslowakei, in Ungarn, Lettland, Estland, Deutschland und Italien. Wie das von Szczuka gestaltete Titelblatt zeigt, vertrat die Zeitschrift die Ideologie und Mythologie des Universalismus (*Abb. 8*).

Der Sturm diente für diese Bemühungen als eine wichtige Orientierung und als Vorbild. Zu Anfang waren die Kontakte mit Walden besonders intensiv. Er selbst publizierte in *Blok* einen Artikel über moderne deutsche Literatur. Ein Beitrag von Kurt Schwitters über Dada ist vermutlich ebenfalls auf die Verbindung mit Walden zurückzuführen. Später, wie der französische Untertitel „Revue de Moderne" zeigt, bevorzugte *Blok* allerdings Kontakte mit Paris. Das hängt mit mehreren Faktoren zusammen – damit, daß Berlin die Rolle eines künstlerischen Zentrums verlor, und mit persönlichen Verbindungen zu französischen Kollegen.

Über die Gründe für diese Veränderung läßt sich nur spekulieren. Am ehesten liegen sie wohl in ästhetischen Divergenzen. Die utilitaristische Einstellung der *Blok*-Gruppe im Sinne des radikalen Konstruktivismus mit der von ihm propagierten Figur eines „Künstler-Ingenieurs" muß Walden, der eher dem mystischen Expressionismus anhing, ziemlich ferngestanden haben. Der Traktor als Symbol dieser Einstellung auf dem Cover der zweiten Ausgabe von *Blok* (die Nähe zu Ehrenburgs *Gegenstand* ist unverkennbar) kann Walden nicht gefallen haben, hatte er doch kurz zuvor seine Stellung gegenüber der „mechanischen Kunst" deutlich gemacht. Die von Szczuka vertretene Richtung der kollektiven Arbeit sowie der Untrennbarkeit von Kunst und sozialen Problemen (erklärt im Text *Was ist Konstruktivismus*[35]) waren weit entfernt von dem, wofür Walden in seiner Zeitschrift stand. Noch 1922 hat er seine Position dazu beschrieben:

---

[35] Blok, 1 (1924) 6/7.

Eine Maschine abzumalen oder sie in Ton nachzubilden, das muß doch eine moderne Kunst sein? Das Zeitalter der Maschine. Die weltumspannende Technik. Und überhaupt die Montanindustrie. Sie fühlt sich sehr geehrt, die Industrie, dass sie in die sehr geehrte hohe Kunst aufgenommen werden soll. Die hohe Kunst fühlt sich wiederum mit dem Leben verbunden, dass sie die Fabrik statt des Fabrikanten in Öl nachmalt. Und zwar nicht die Fabrik als Stimmung (Naturalismus), sondern die Fabrik in ihren einzelnen Bestandteilen an Maschinen und Werkzeugen (Konstruktivismus). Ein glänzender akademischer Witz: Man malt, zeichnet, gipst konstruktiv nach und kommt sich als Konstrukteur vor. Das Automobil und die Dynamomaschine können zweifellos in ihrer Form Kunstwerke sein. Sie sind es sicher nicht, wenn sie talentvoll oder talentlos kopiert werden.[36]

Trotz dieser Differenzen veröffentlichte Walden als Hommage für den 1927 tödlich verunglückten Szczuka einen Text und einige Werke des verstorbenen Künstlers.[37] Er selbst schrieb, wie bereits erwähnt, einen Nachruf auf ihn.

Abgedruckt wurde ein programmatischer Aufsatz von Szczuka über das Neue Bauen und die Verbindung der Kunst mit sozialen Problemen. Als Illustration dazu diente ein architektonisches Projekt im Sinne der Haus-Kommune, wie sie von russischen Architekten zu dieser Zeit entwickelt wurde (*Abb. 9*). Interessant und innovativ ist die Einbindung des Grünen in die urbane Struktur. Es handelt sich hier um ein sozial-utopisches Projekt des neuen Lebens. Ebenfalls abgebildet ist ein Design-Entwurf zur Innendekoration, in der die Prinzipien der utilitären Anwendung der Malerei demonstriert wurden (*Abb. 10*). Außerdem wurden zwei Fotomontagen publiziert – Beispiele eines Genres, das Walden anscheinend bisher nicht besonders interessiert hatte, das aber einen zentralen Platz im Schaffen Szczukas einnahm, der sie „poezoplastyka" nannte. Die Fotomontage *Kemal Pascha* (*Abb. 11*), die vorher schon auf dem Umschlag der Zeitschrift *Blok* zu sehen war,[38] verbindet die Tradition und die Innovation, die Maschine und die menschliche Figur, die Kunst und die aktuelle politische Entwicklung, indem sie, wie der Titel sagt, das „konstruktive Programm" von Mustafa Kemal Atatürk künstlerisch darstellt.

---

[36] Walden, Herwarth: Kunstdämmerung. In: Der Sturm, 12 (1922) 7-8, S. 108-112.
[37] Der Sturm, 19 (1928/29) 1, S. 187-189.
[38] Blok, 1 (1924) 8-9.

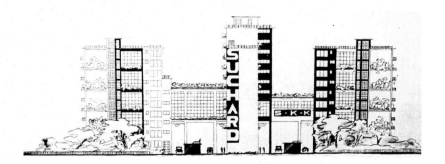

Abb. 9 Mieczysław Szczuka, Wohnungsquartier, Fragment, abgebildet in: *Der Sturm*, 19. Jg. (1928/29), Nr. 1.

Abb. 10 Mieczysław Szczuka, Die Architektur des Innern, abgebildet in: *Der Sturm*, 19. Jg. (1928/29), Nr. 1.

Abb. 11 Mieczysław Szczuka, Fotomontage Kemal Pascha, abgebildet in: *Der Sturm*, 19. Jg. (1928/29), Nr. 1.

Für polnische Modernisten spielte wie für ihre Kollegen in Ost- und Südosteuropa – von Bulgarien und Rumänien bis Jugoslawien und der Ukraine – *Der Sturm* eine wichtige Rolle sowohl als Vorbild für ihre eigenen Unternehmungen als auch als Drehscheibe der internationalen Moderne, die *Der Sturm* nach wie vor geblieben war. Den Anfang für Polen machte die *Sturm*-Ausstellung „Futuristen, Kubisten und Expressionisten", die 1913 in Lemberg gezeigt wurde und die polnische Öffentlichkeit mit den neuesten Kunstrichtungen konfrontiert hatte. Eine Ausstellung und eine Publikation im *Sturm* war, ungeachtet politischer oder künstlerischer Differenzen mit Walden, eine große Auszeichnung für einen modernen Künstler, so etwas wie ein Qualitätssiegel. Diese Rolle Waldens als „Magnet" und „Organisator" der osteuropäischen Moderne wurde bisher nur unzureichend gewürdigt.

Die inter-/übernationale Vernetzung der europäischen konstruktivistischen Avantgarde mit besonderer Berücksichtigung Polens

Hubert van den Berg

1. Insofern deutsch-polnische Beziehungen das Thema dieses Buches sind, bewegt sich dieser Beitrag einigermaßen außerhalb von dessen Rahmen: Es geht auf den folgenden Seiten nicht so sehr um spezifisch deutsch-polnische oder polnisch-deutsche Beziehungen, sondern eher um einen gesamteuropäischen Zusammenhang (mit mondialen Ausläufern nach Japan, den Vereinigten Staaten und Südamerika, die hier allerdings nicht so wichtig sind). Einen gesamteuropäischen Zusammenhang, in dem sowohl polnische bzw. polnischsprachige Künstler und Literaten – individuell, jedoch vor allem als Gruppen, sei es um Zeitschriften vereint, sei es in Form von Interessengemeinschaften – als auch deutsche bzw. deutschsprachige Künstler und Literaten – ebenfalls individuell und in kollektiven Zusammenhängen – eine wichtige Rolle spielten, allerdings nicht nur sie: Die konstruktivistische Avantgarde des Interbellums, die Gegenstand dieses Beitrags ist, hatte vielmehr einen genuin gesamteuropäischen Charakter.[1] Sie bildete ein Netzwerk, in das Künstler aus vielen, aus fast allen europäischen Ländern involviert waren – von Norwegen bis Griechenland und von Island bis in den Kaukasus.[2]

Im Rahmen einer Betrachtung deutsch-polnischer Beziehungen ist diese Avantgarde in ihrer gesamteuropäischen Dimensionierung in mehreren

---

[1] Vgl. K.I. Konstruktivistische Internationale schöpferische Arbeitsgemeinschaft (1922-1927). Utopien für eine europäische Kultur. Hrsg. von Bernd Finkeldey, Kai-Uwe Hemken, Maria Müller u. Rainer Stommer. Düsseldorf/Halle 1992; und: van den Berg, Hubert: „Übernationalität" der Avantgarde – (Inter-)Nationalität der Forschung. Hinweis auf den internationalen Konstruktivismus in der europäischen Literatur und die Problematik ihrer literaturwissenschaftlichen Erfassung. In: Der Blick vom Wolkenkratzer. Avantgarde – Avantgardekritik – Avantgardeforschung. Hrsg von Wolfgang Asholt u. Walter Fähnders. Amsterdam/Atlanta 2000, S. 255-288; sowie: Central European Avant-Gardes. Exchange and Transformation, 1910-1930. Hrsg. v. Timothy Benson. Cambridge/London 2002.

[2] Vgl. hier z.B. die Künstler , die im bibliographischen Verzeichnis der Zeitschrift „Der Sturm" und in der Übersicht von Ausstellungen der „Sturm"-Galerie aufgelistet werden in: Brühl, Georg: Herwarth Walden und „Der Sturm". Leipzig 1983; sowie in: Pirsich, Volker: Der Sturm. Eine Monographie. Herzberg 1985.

Hinsichten relevant. Zunächst stellt sie die übliche nationalstaatliche bzw. nationalsprachliche Parzellierung des kulturellen Feldes in Frage. Geht es hier um Deutsches, Polnisches (und Jüdisches), das sich im vorigen Jahrhundert teils miteinander, teils gegeneinander manifestierte, so könnte man sagen, dass es sich hier gewissermaßen um eine Alternative handelt, die darauf angelegt war, vom Nationalen, in welcher Form auch immer, wegzukommen.

Auf besondere Weise stellt der internationale Konstruktivismus, der sich in der bildenden Kunst, in der Architektur und im Design, aber auch in der Literatur manifestierte, ebenso die übliche nationalstaatliche und -sprachliche Parzellierung der Literaturwissenschaft in Frage. Es mag so sein, dass die Betrachtung und Erforschung von Literatur eigentlich immer gründliche Kenntnisse der Sprache voraussetzt, in der die zu erforschende Literatur verfasst worden ist. Und da wir nicht alle Sprachen sprechen oder bis ins Detail verstehen können, mag es nahe liegen, dass der Literaturwissenschaftler oder die Literaturwissenschaftlerin sich in der Regel mit einer oder vielleicht zwei Literaturen befasst, befassen kann. In der Beschränkung zeigt sich der Meister, könnte man hier sagen. Wenn wir einmal vom kulturellen Konstrukt der Nation, nicht als historischem Phänomen, sondern als historiographischem Rahmen, absehen,[3] so könnte man darüber hinaus durchaus sagen, dass es bestimmte Künstler, bestimmte Literaten, bestimmte Kunst und Literatur gab und gibt, die – geographisch betrachtet – einer gewissen Region zugeordnet werden können, wo sie lokal funktionierten, wirksam waren und rezipiert wurden, während sie außerhalb dieser Region keine Rolle spielten. Das gilt für gewisse niederländische Schriftsteller, z.B. Herman Gorter, Martinus Nijhoff oder Lucebert, die in den Niederlanden weltberühmt sind, im Mittelpunkt des lokalen Kanons stehen, jedoch außerhalb der Landes- und Sprachgrenzen fast oder gänzlich unbekannt sind. Ähnliches gilt selbstverständlich ebenso für gewisse polnische oder deutsche Autoren oder beschränkt auf den deutschsprachigen Raum z.B. für manche schweizer oder österreichische Autoren, die in der Bundesrepublik virtuell unbekannt sind.

---

[3] Dafür gibt es gute Gründe, denn Nationen sind letztlich kulturelle Konstrukte, in erster Linie Produkt der Nationalismen des 18. und 19. Jahrhunderts, wie u.a. Ernest Gellner und Hagen Schultze überzeugend dargelegt haben, vgl. Gellner, Ernest: Nationalismus und Moderne. Berlin 1991; sowie: Schultze, Hagen: Phoenix Europa. Die Moderne. Von 1740 bis heute. Siedler Geschichte Europas Bd. 4. München 1998.

Und was für die Literatur gilt, gilt auch für die Kunst: Sie mag weniger sprachabhängig sein, aber auch hier gilt, dass es viele Künstler gab und gibt, die man eigentlich nur in lokalen Museen antrifft, sei es in einem Land oder auch in einer Region, in einer Stadt. So gab es in den Niederlanden, genauer in Groningen, den konstruktivistischen Drucker, Maler und Dichter Hendrik Nicolaas Werkman, dessen Werk, von dem einige Beispiele ins Muzeum Sztuka nach Łódź gelangten, fast ausschließlich in niederländischen Museen zu finden ist und dann vor allem eigentlich in Groningen.[4]

Dass lokal funktionierende Kunst und Literatur vor allem in einem lokalen Rahmen erforscht und beschrieben wird – dagegen ist selbstverständlich nichts einzuwenden. Es gibt und gab jedoch auch Kunst und Literatur, deren Wirkungsbereich wesentlicher größer war und ist. Wenn wir uns auf die Literatur beschränken, könnte man hier einwenden: Es gibt doch auch so etwas wie die Komparatistik, die vergleichende Literaturwissenschaft? Das ist gewiss richtig, allerdings hat die Komparatistik in der Regel ein doppeltes Handikap. Zum einen ist sie, was Literaturen aus mehreren Sprachen angeht, von Übersetzungen abhängig. Sie mag also eher allgemeine, generalisierende Erkenntnisse hervorbringen, allerdings solche, wo die Nuance, das subtile Detail, oft auf der Strecke bleibt. Die Komparatistik hat aber in der Regel noch ein anderes Handikap, jedenfalls wenn es sich um die konstruktivistische Avantgarde handelt (oder um ähnliche übernationale Zusammenhänge), und zwar bleibt sie – wenn auch auf einer anderen Ebene – der nationalen Parzellierung verhaftet. Auch wenn sie international ist oder es zu sein beansprucht, beschränkt sich diese Internationalität meistens auf eine Addition nationaler Segmente, die weitgehend als getrennte Segmente nebeneinander stehen bleiben. So gibt es das 1986 von der International Comparative Literature Association abgesegnete Kompendium *Les Avant-gardes littéraires au XXe siècle*, herausgegeben von Jean Weisgerber, in dem die internationale Avantgarde sauber nach nationalen Grenzen aufgeteilt und beschrieben wurde.[5] Im Großen und Ganzen gilt das für die gesamte Forschungsliteratur zur Avantgarde, obwohl sie oft mit Prädikaten wie „europäisch" oder „international" ausgestattet wird.

---

[4] Vgl. Poot, Jurrie: Hendrik N. Werkman en de internationale avant-garde. In: Avantgarde! Voorhoede? Vernieuwingsbewegingen in Noord en Zuid opnieuw beschouwd. Hrsg. von Hubert F. van den Berg u. Gillis J. Dorleijn, Nijmegen 2002, S. 37-66.

[5] Vgl. Les Avant-gardes littéraires au XXe siècle. Hrsg. von Jean Weisgerber. 2 Bde. Budapest 1984.

Prädikate, die sicherlich nicht verfehlt sind. Zwar gab es in oder eher am Rande der Avantgarde auch aus der Perspektive der Avantgarde eher isolierte, lokal wirkende Gruppen, die zwar international orientiert (und somit in die Avantgarde eingebunden) waren, aber ansonsten eher lokal, national zu situieren sind, wie z.b. die finnische Novembergruppe, eine Gruppe expressionistischer Maler, die zwar in Finnland durchaus kanonisiert und musealisiert sind, außerhalb Finnlands aber eine unbekannte Größe geblieben sind, obwohl einige dieser Maler in Dänemark, in Helsingør, arbeiteten, jedoch keine Kontakte zu Kopenhagener Künstlerkreisen unterhielten. Umgekehrt gab es eine andere Gruppe avantgardistischer bzw. avantgardenaher finnischer Schriftsteller und Künstler, die *Tulenkantajat*, die in den Zwanzigern eine Öffnung nach Europa forderten, in Finnland wenig Widerhall fanden und außerhalb der Sprach- und Landesgrenzen schon gar nicht wahrgenommen wurden. Nun liegt Finnland quasi am Rande Europas und begünstigt die finnische Sprache auch nicht besonders den sprachgrenzüberschreitenden Austausch. Und hier gilt es dann auch nochmals zu betonen: eben solche Fälle waren eher die Ausnahme. Insgesamt war die Avantgarde des frühen 20. Jahrhunderts von Anfang an sehr international orientiert. Sie profilierte sich nicht nur als internationale Formation, sondern war auch international zusammengesetzt und operierte sehr international.

Wichtig ist hier – wenn man von Kunst und Literatur spricht – selbstverständlich auch, dass es formal-ästhetisch und poetologisch z.B. im Konstruktivismus offensichtliche grenzüberschreitende Verwandtschaften gab, dass z.B. eine geometrische Abstraktion nicht nur in der niederländischen Zeitschrift *De Stijl*, im Werk von Piet Mondriaan und Theo van Doesburg zu finden war, sondern auch von der Pariser Gruppe *Cercle et Carré* vertreten wurde, und ebenso von den russischen Suprematisten Malewitsch, Lissitzky und Tatlin, von der ungarischen Zeitschrift *Ma*, von Lajos Kassák, Laszlo Moholy-Nagy, Naum Gabo, von deutschen Künstlern wie Hausmann, Schwitters und Richter wie ebenfalls von der polnischen Zeitschrift *Blok*.

Nur als Zwischenbemerkung: Kurios ist in diesem Zusammenhang, dass nach dem üblichen Schema, demzufolge Expressionismus primär deutsch, Kubismus im Grunde französisch und Futurismus in erster Linie italienisch bzw. russisch gewesen sein soll (was nur sehr begrenzt stimmt, darüber gleich mehr), der Konstruktivismus in manchen niederländischen Publikationen als holländischer, quasi-nationaler Beitrag zur internationalen

Avantgarde aufgeführt wird,[6] dass man in manchen Veröffentlichungen zur polnischen Avantgarde denselben Anspruch antrifft, allerdings dann Konstruktivismus als polnischen Beitrag ...,[7] obwohl, wenn man das Nationale einmal beiseite lässt, am gesamteuropäischen Charakter des Konstruktivismus eigentlich kein Zweifel besteht.

2. Die konstruktivistische Avantgarde manifestiert sich in den zwanziger Jahren ostentativ als dezidiert internationaler Gruppenzusammenhang, indem z.B. konstruktivistische Zeitschriften sich in ihren Titeln ausdrücklich als internationale Zeitschriften präsentierten, wie die niederländische *internationale revue i10* und die in Den Haag veröffentliche Zeitschrift *Transition*. *An International Workshop for Orphic Creation*, die polnische *Revue internationale d'avangarde Blok*, die serbische *Internacionalna revija Zenit*, die Bukarester *Revista de Arta Constructivista Internationala Punct*, die in Brünn veröffentlichten *Pásmo. Revue internationale moderne* und *Fronta, internationaler Almanach der Aktivität der Gegenwart*, die in Paris erscheinenden *Documents internationaux de l'Esprit Nouveau*, der in Potsdam veröffentliche, von Carl Einstein und Paul Westheim edierte *Europa Almanach* sowie die in Berlin veröffentlichten Zeitschriften *Broom. An International Art Magazine of the Arts* und *Der Sturm*. Letztere Zeitschrift profilierte sich Anfang der zwanziger Jahre als Organ einer „Internationalen Vereinigung der Expressionisten, Kubisten und Futuristen e.V.".

Diese ostentative Internationalität war nicht nur Aushängeschild, sondern korrespondierte durchaus mit einer internationalen Zusammensetzung der Mitarbeiter und der präsentierten Werke. In der Zeitschrift *Blok* findet man beispielsweise neben den regelmäßigen Beiträgern und Redakteuren aus Polen

- Deutsche wie Mies van der Rohe, Willi Baumeister, Erich Mendelsohn, Kurt Schwitters und Herwarth Walden,
- Russen wie Malewitsch, El Lissitzky und Jessenin,
- Niederländer wie Theo van Doesburg, Piet Meller,

[6] Vgl. Fontijn, Jan: Het constructivisme. In: Historische Avantgarde. Hrsg. von Ferd Drijkoningen u. Jan Fontijn. Amsterdam 1991, S. 213-271, hier S. 213.
[7] Der Mensch in den Dingen. Programmtexte und Gedichte der Krakauer Avantgarde. Hrsg. v. Heinrich Olschowsky. Leipzig 1986, S. 6.

> J.J.P Oud und Cornelis van Eesteren, Rietveld, Schröder,
> Van Ravesteijn, Van der Vlugt,
> - Franzosen wie Marcoussis, Gleizes, Léger, Braque,
>   Beauduin, André Lurçat,
> - Italiener wie Marinetti,
> - Serben wie Ljubomir Mičić,
> - Tschechen wie Halaš,
> - Rumänen wie Marcel Ianco, Ion Vinea und
>   Mattis Teutsch, wobei der letzte auch zu den
> - Ungarn zählen könnte, mit André Gaspar, Lajos Kassák,
>   Laszlo Moholy-Nagy,
> - Belgier wie Georges Linze und Victor Servranckx,
>   Henri van de Velde, Baugniet und Victor Bourgeois,
> - einen Engländer, Rob. Mallet Stevens,
> - und den Armenier Gan. Guevrekian.

Interessant ist bei den Zeitschriften überdies, dass sie untereinander eng verbunden waren, nicht nur weil man in ihnen immer wieder Mitarbeiter von Zeitschriften aus anderen Ländern antrifft, sondern auch weil sie immer wieder aufeinander als kongeniale, verwandte Zeitschriften hinweisen, die sich als lokale Formationen eines internationalen Konglomerats präsentieren. So findet man in ihnen immer wieder die Namen anderer Zeitschriften, mit denen ein Austausch besteht, Zeitschriften, die als 'empfangen', 'erhalten' präsentiert werden, aber auch Tafeln, die man unter anderem in *Ma*, *Manomètre*, *Noi* und *Het Overzicht* und *Blok* antrifft, in denen diese Zeitschriften quasi als internationale Einheit präsentiert werden.[8]

Wie diese Tafeln zeigen, war die polnische Avantgarde fest in diesem Netzwerk integriert, was sich bereits an den ausländischen Mitarbeitern der Zeitschrift *Blok* zeigte. Vergleichbar waren auch die polnische Gruppe *a.r.* und die Zeitschriften (und zugleich Gruppen) *Zwrotnica* und *Praesens* im internationalen, europäischen Netzwerk der konstruktivistischen Avantgarde eingebunden.

---

[8] Vgl. z.B. Noi. Rivista internazionale dei futuristi (1924) Nr. 6-9, Umschlag, Rückseite; sowie: Het Overzicht. Halfmaandeliks tijdschrift. Kunst, letteren, mensheid (1925) Nr. 22-24, Umschlag, Rückseite.

L'AURORA MENSILE FUTURISTA — DEL MOVIMENTO — FUTURISTA GIULIANO — Direttore: S. POCARINI — GORIZIA - Via Barsellini, 8

ENERGIE FUTURISTE RIVISTA Direttore: JABLOWSKY Redattore-capo: CARMELICH MENSILE TRIESTE - Via S. Zaccaria, 6/II

DER STURM RIVISTA MENSILE diretta da H. WALDEN Abbonamento a 12 numeri L. 86 BERLINO W. 9 = Potsdamerstrasse 134-a === ESPOSIZIONE PERMANENTE ===

ZWROTNICA — Jagiellońska 5 — KRAKÓW (Polonia)

G. □. RIVISTA COSTRUTTIVISTA — RADICALISTA — Direzione: H. RICHTER - M. V. D. ROHE - E. SCOHE - D. GABO - E. GRAEF BERLINO - FRIEDENAU - Escheustr 7

STAVBA RIVISTA INTERNAZIONALE = DI ARCHITETTURA = Redazione: C. TEIGE - F. CTRNACTY - G. FEUER-STEIN - J. JSRA - S. E. KOULA - L. KISCHA - O. S. STARY - O. TILY PRAGA - Kolkovna - 3

BULLETIN DE "L'EFFORT MODERNE,, Direttore: LEONC ROSENBERG 19, Rue de la Baume - PARIS (8) — 10 numeri all'anno, 16 pagine di testo, 28 riproduzioni Un numero, fr. 8,50 — Abbonamento Francia, fr. 85 — Estero, fr. 40

7 ARTS SETTIMANALE DI CRITICA Direzione: P. BOURGEOIS - V. BOURGE-OIS - G. MONIER - FLOUQUET - K. MAES BRUXELLES - Boulevard Leopold II, 271

BLOK RIVISTA D'ARTE D'AVANGUARDIA VARSAVIA V. Wspolna, N. 20 Redazione: Stazewski - Zannowerova - Miecyzla - Szczyka - Miller

"WIADOMOSCI LITERACHICH,, SETTIMANALE ARTISTICO Redattore: M. GRYOZEWSKI VARSAVIA - Zlota nr 8, m 5

LA VIE DES LETTRES ET DES ARTS Direttori: NICOLA BEAUDUIN e WILLIAM SPETH Abbonamento Frs. 30 PARIS - 20, Rue de Chartres-Neuilly Un numero Fr. 5

DESTIJL MENSILE ILLUSTRATA — COSTRUTTIVISTA — Direttore: THEO VAN DOESBURG L'AJA (Olanda) - Klimopstraat, 18 Redazione: Av. Schneider, 64 - Clamart, 5 - PARIS

MA MENSILE ILLUSTRATA DEL-L'ATTIVISMO ARTISTICO Direttore: L. KASSAK VIENNA - Amalienstrasse 26/11

MANOMETRE INDICA LA PRESSIONE DI TUTTI I MERIDIANI SUPERNAZIONALI Direzione: E. MALESPINE LIONE - 49, Cours Gambetta

DISK RIVISTA INTERNAZIONALE D'ARTE D'AVANGUARDIA Direzione: KREJCAR-SEIFERT-TEIGE PRAGA II - Cerna Ulice, 12a

DAS KUNSTBLATT Direttore: P. WESTHEIM BERLIN-STEGLITZ - Albrechtstr, 78-a

HET OVERZICHT MENSILE D'AVAN-GUARDIA Direzione: F. BERCKELAERS e J. PEETERS ANVERSA (Belgio) - Turnhoutschebaan, 105 ABBONAMENTO A 12 NUMERI LIRE 30

ZENIT RIVISTA INTERNAZIONALE ZENITISTA Direttore: L. MITZITCH BELGRADO 12, Rue de Birtchanine — Abbonamento a 12 numeri lire 30 —

CONTIMPORANUL Rivista quindicinale rumena d'arte e letteratura d'avanguardia Direttori: I. VINEA e M. JANCO BUCAREST - Str. Trinitatii, 29 ROMANIA

Abb. 1 *Noi. Rivista internazionale dei futuristi*, 1924, Nr. 6-9 (Rückseite des Umschlags).

TIJDSCHRIFTEN

BLOK	MAVO
Varsovie-Pologne, Wspolna 20-39	Tokio, Kamiochiai 186
BOUWKUNDE	MERZ
Antwerpen, Van Luppenstraat, 61	Hannover, Waldhauzenstrasse 5[11]
CONTIMPORANUL	PHILOSOPHIES
Bucarest-Romanio, str,Trianinatatii 29	Paris, rue de Douai 50
L'EFFORT MODERNE (Bulletin de)	DER QUERSCHNITT
Paris, rue de la Baume 19	Frankfort a|m. Schillerstrasse 15
L'ESPRIT NOUVEAU — Paris, rue du Cherche-Midi 3	LA ZONE (Pasmo) — BrnoJulianov (Tsjeko-Slowakije) Hrus.nabr. 10
INDEX (casa d'arte Bragaglia)	DER STURM
Roma, via Avignonesi 8	Berlin, Potsdammerstrasse, 134°
MA	ZENIT
Wien, Amalienstrasse 26	Belgrado-Serbia, rue de Birtchanine 12
MANOMÈTRE	LES FEUILLES LIBRES
Lyon, Cours Gambetta 49	Paris, Avenue Victor-Hugo 81
LA VIE DES LETTRES	HET GETIJ
Paris-Neuilly, rue de Chartres 20	Amsterdam, Laing's Nekstraat 43
7 ARTS	ANTHOLOGIE
Bruxelles, Boulevard Léopold II 271	Liège, rue Xhovémont 104

REVUES MODERNISTES

Abb. 2 *Het Overzicht. Halfmaandeliks tijdschrift. Kunst, letteren, mensheid*, 1925, Nr. 22-24 (Rückseite des Umschlags).

Neben den Zeitschriften, die im konstruktivistischen Netzwerk wohl als die wichtigsten Knotenpunkte anzusehen sind, müssen außerdem Ausstellungen, wiederum explizit als international präsentiert, sowie Kongresse und Konferenzen als organisatorische Momente genannt werden. Dabei sind insbesondere eine Ausstellung und eine Konferenz zu erwähnen, die – angeregt von der Künstlergruppe *Junges Rheinland* – vom 29. bis zum 31. Mai 1922 als „I. Internationale Kunstausstellung" der Gruppe *Junges Rheinland* und als „Internationaler Kongress fortschrittlicher Künstler" in Düsseldorf stattfanden, mit dem Ziel eine „Konstruktivistische Internationale" zu bilden. Erwähnenswert ist ebenfalls in Polen, in Łódź, die Gründung eines von der konstruktivistischen Gruppe *a.r.* 1931-32 initiierten Kunstmuseums mit einer permanenten Sammlung internationaler konstruktivistischer Kunst.

3. Was nun die Internationalität des konstruktivistischen Netzwerks betrifft, so sollte diese Internationalität nicht mit Internationalismus verwechselt werden. Vielmehr ist dieser Internationalismus nur ein Aspekt der avantgardistischen Internationalität, die mehrere Dimensionen besaß. Oft neigt man dazu, 'international' als Gegenüber von 'national' zu betrachten, insbesondere in der Gegenüberstellung von Nationalismus und Internationalismus. Indessen ging die avantgardistische Internationalität zwar über nationale Rahmen hinaus; sie schloss diese aber nicht per se aus.

Im Hinblick auf die Internationalität der historischen Avantgarde, der Avantgardebewegungen des frühen 20. Jahrhunderts und konkret bezogen auf die konstruktivistische Avantgarde lassen sich zumindest vier Ausformungen, vier Dimensionen avantgardistischer Internationalität benennen.

Zunächst gibt es eine – man könnte sagen – praktische, materielle Internationalität, die im Grunde das Produkt einer ersten Welle der Globalisierung in der zweiten Hälfte des 19. und im frühen 20. Jahrhundert war.[9] In dieser Periode lässt sich eine eingreifende Änderung der bisherigen Transport- und Kommunikationsformen beobachten. Wenn wir uns kurz in die Periode vor dem Internet, vor dem Erscheinen des *personal computer* begeben, so kann man sagen, dass fast alle Neuerungen im Transport- und

---

[9] Vgl. van Veelen, IJsbrand: Interview met John Gray. [DNW - rooksignalen uit de nieuwe wereld. De verovering van de wereld - eerste uitzending van vierluik over globalisering, uitgezonden op 12 november 2000 op Nederland 3]. In: http://www.vpro.nl/programma/dnw/download/verovering_van_de_wereld/ DNW_Gray [22.12.2001].

Kommunikationswesen, die weiter gingen als mündliches Gespräch und Brief, Pferd, Kutsche, Schlitten, Segelschiff und Treckschute in der zweiten Hälfte des 19. Jahrhunderts und den ersten Dekaden des 20. Jahrhunderts introduziert wurden. Eisenbahn, Straßenbahn, Automobil, Omnibus, Metro, Fahrrad, Motorrad, Dampfschiff, Luftschiff, Flugzeug, Telefon, Telegramm, Film, Photographie, Holzfaserpapier, neue Drucktechniken – all dies sorgte dafür, dass Kommunikation nicht nur unweit schneller verlaufen konnte, sondern auch Menschen und Güter in einem bisher ungekannten Tempo vom einen zum anderen Ort sich bewegen konnten und sich auch bewegten. In Europa, aber auch interkontinental, zeigte sich ein beschleunigter Prozess der wirtschaftlichen und kulturellen Vernetzung und Vereinheitlichung. Im kulturellen Bereich und quasi als Vorgeschichte der Avantgarde ist zum Beispiel das Herausbilden der mitteleuropäischen Boheme mit Zentren wie Berlin (Friedrichshagen), München (Schwabing), Wien, Prag, Künstlerkolonien wie Worpswede, Nidden, Ascona und des Reiseverkehrs zwischen ihnen undenkbar ohne neue Medien und Transportmittel, die auch den schnellen Austausch und Wechsel von Ideen, Konzepten und Werken erlaubten.[10]

Wichtig ist hier, quasi als Korrektur zur Vorgeschichte der konstruktivistischen Avantgarde, die sich Ende der zehner Jahre zu formieren beginnt, dass es in der Literatur heutzutage üblich geworden ist, die vorangehenden großen Avantgardeströmungen – Expressionismus, Kubismus und Futurismus – mit nationalen Prädikaten auszustatten, die sozusagen die Heimat dieser Ismen benennen sollen: deutscher Expressionismus, französischer Kubismus und italienischer/russischer Futurismus. Zwar heißt das nicht, das nicht auch z.B. von einem polnischen Expressionismus, Kubismus oder Futurismus gesprochen wird, allerdings wird doch Deutschland als Heimat des Expressionismus aufgefasst, der dabei dann oft als typisches Produkt der deutschen Kulturgeschichte gilt, sei es mit Exportqualität. Meines Erachtens ist auch diese Annahme Produkt eines durch nationale Scheuklappen verstellten Blickwinkels. Schon abgesehen davon, ob österreichische Schriftsteller oder Künstler wohl eigentlich als 'deutsche' verbucht werden können (was in der Geschichte des „deutschen" Expressionismus z.B. mit Trakl und Kokoschka passiert), zeigt beispielsweise die Zusammenstellung des Mitarbeiterkreises des *Blauen Reiters*, allgemein

---

[10] Vgl. Künstlerkolonien in Europa. Im Zeichen der Ebene und des Himmels. Hrsg. von Claus Pese. Nürnberg 2001.

als Zentrum eines süddeutschen Expressionismus verstanden (in der Konkurrenz zur norddeutschen *Brücke*), dass die Mehrheit der Mitarbeiter, wie Kandinsky, Jawlensky oder Werefkin, russischer Herkunft waren. Franz Marc – einer der wenigen Bayern – verstand sich in diesem Almanach nicht als Expressionist, sondern als 'Wilder', als *fauve*, als Fauvist, so wie er sich in seinem Kriegstagebuch in erster Linie als Kubist verstand.[11] Wenn man im *Sturm* oder in der *Aktion* inventarisiert, woher die Mitarbeiter und Beiträger stammen, so gilt in der Vorkriegszeit, dass nur eine Minderheit – etwa dreißig bis vierzig Prozent – deutsch war, im Sinne von: gebürtig im Deutschen Reich. Die Mehrheit der Mitarbeiter beider Zeitschriften kamen vor dem Weltkrieg aus anderen Ländern.

Was die Verwendung der Begriffe Expressionismus und Kubismus angeht, so kann man sehen, dass 'expressionistisch' in Deutschland – jedenfalls vor dem Ersten Weltkrieg – etwa das abdeckt, was in Frankreich 'kubistisch' (oder 'fauvistisch') genannt wird und umgekehrt. Auch in dieser Zeit war die Avantgarde weitaus internationaler als die übliche historiographische nationale Parzellierung glauben machen will. Im Hinblick auf die polnische Literatur ist hier festzuhalten (zugleich als Relativierung der Brauchbarkeit nationalstaatlicher Grenzen zur literaturhistorischen Parzellierung), dass diese Literatur faktisch in drei Staaten geschrieben wurde: im Deutschen und Russischen Reich sowie in der Doppelmonarchie (und darüber hinaus natürlich noch in Exilländern wie Frankreich und der Schweiz).

Dass Werke deutscher, polnischer, böhmischer, ungarischer, französischer, russischer, schweizer, schwedischer usw. Literaten und Künstler in schneller Abfolge unter anderem in der *Aktion* und im *Sturm* erscheinen konnten, dass die *Sturm*-Galerie Ausstellungen in ganz Europa veranstalten konnte – eben dies war selbstverständlich mit eine Konsequenz der ersten Globalisierungswelle des späten 19. Jahrhunderts und der von ihr ausgelösten Europäisierung auch im kulturellen Feld.

4. Die praktische Internationalität bildete die Grundlage, Folie und Voraussetzung für – vielleicht etwas vereinfacht – zwei weitere Formen der Internationalität in der Avantgarde. Zum einen – hier als zweite Form der Internationalität – einen Internationalismus, oder vielleicht sollte man eher sagen: einen Kosmopolitismus, der vor allem als Umarmung des Internati-

---

[11] Vgl. Der Blaue Reiter. Hrsg. von Wassily Kandinsky u. Franz Marc. München/Zürich 1984; sowie: Marc, Franz: Briefe, Aufzeichnungen und Aphorismen. 2 Bde. Berlin 1920.

onalen als Ausdruck des Modernen zu verstehen ist. Eine Internationalität, die vor allem Modernität signalisiert. Da die Moderne unwiederbringlich durch Internationalität gekennzeichnet wurde, bot eben ein internationaler Habitus die Möglichkeit zu zeigen, dass man auch selbst modern war.

Obwohl es vielleicht bereits auf einer höheren oder tieferen Ebene einen Widerspruch zwischen einem solchen Kosmopolitismus – einem Selbstverständnis als Weltbürger – und nationalistischen Konstrukten und Sentimenten gab, kann man in der Avantgarde sehen, dass offensichtlich für viele dieser Widerspruch kein Problem war. So war der italienische Futurismus zum einen dezidiert nationalistisch und chauvinistisch, zum anderen aber auch ausgesprochen kosmopolitisch, wie z.B. ein Manifest Marinettis von 1924, *Le Futurisme mondial*, zeigt, in dem fast die ganze Avantgarde unter dem Nenner Futurismus subsumiert wurde.[12] Vergleichbar gab *Der Sturm* sich zum einen ausgesprochen international und engagierten Walden und sein Kreis sich zum anderen im Ersten Weltkrieg intensiv für die deutsche Kriegspropaganda. Die *Sturm*-Räumlichkeiten an der Potsdamerstraße dienten während des Krieges auch als Sitz eines von Walden betriebenen inoffiziellen Nachrichtendienstes, der fürs Auswärtige Amt, die Oberste Heeresleitung und die Kriegsmarine Informationen sammelte und übersetzte und zugleich die „Deutschfreundlichkeit" im neutralen Ausland zu stärken suchte. Gleichzeitig wurden in den neutralen Nachbarländern – Holland, Dänemark, Schweden und der Schweiz – die ausdrücklich als 'international' affichierten *Sturm*-Ausstellungen von Walden veranstaltet, auf denen – auch im Krieg – Russen, Franzosen und Italiener gezeigt wurden.[13]

Der Kombination von Internationalität einerseits und national(istisch)em Denken andererseits begegnet man etwas später auch in der polnischen konstruktivistischen Avantgarde. So wurden 1936 von den Warschauer Gruppen *Praesens* und *U* Pläne und Vorschläge auf dem fünften „Internationalen Kongress moderner Architektur" (besser bekannt unter seinem französischen Kürzel C.I.A.M.) präsentiert, die auch in einem Sammelband zu finden sind, der 1937 von J.L. Martin, Ben Nicholson und Naum Gabo verlegt wurde: *Circle. International Survey of Constructive Art.*[14] Dieser Kongress

---

[12] Vgl. Marinetti et le Futurisme. Études, documents, iconographie. Hrsg. von Giovanni Lista. Lausanne 1977.

[13] Vgl. Winskell, Kate: The Art of Propaganda: Herwarth Walden and 'Der Sturm', 1914-1919. In: Art History (1995) Nr. 3, S. 315-344.

[14] Vgl. Circle. International Survey of Constructive Art. Hrsg. von J.L. Martin, Ben Nicholson u. Naum Gabo. London 1937.

des C.I.A.M. und diese Arbeitsvorschläge waren der Städteplanung und der Infrastruktur gewidmet. Dabei wurden von beiden polnischen Gruppen nicht nur Vorstellungen entwickelt, wie Warschau aus- und umgebaut werden sollte, sondern auch, wie Polen als Transferpunkt zwischen Ost und West, Nord und Süd zu verstehen sei, wobei es den beiden Gruppen darum ging, in ihren Plänen zu zeigen, wie Polen quasi als Mittelpunkt Europas optimalisiert werden sollte.[15] Wie solche Pläne zeigen, stand das Internationale als Paradigma des Modernen im Mittelpunkt der Überlegungen dieser konstruktivistischen Gruppen, die zugleich nationalistisch dachten, indem sie Polen als das eigentliche Zentrum Europas verstanden.

Interessant ist hier auch eine Weltkarte in der Zeitschrift *Blok*. So wie etwa zeitgleich die französische Zeitschrift *L'Esprit nouveau* eine Weltkarte präsentierte, die anzeigen sollte, wie sehr die Zeitschrift nicht nur in Europa, sondern weltweit Absatz fand, so gab es auch auf dem Titelblatt der zehnten Nummer der Zeitschrift *Blok* 1925 eine ähnliche Karte, wohl aus demselben Grund, und zwar als Nachweis, dass man Teil und Träger einer neuen, modernen mondialen Kultur war.[16]

Neben dieser Internationalität, die wohl in erster Linie Bekenntnis zur Moderne war, jedoch Nationalismus nicht ausschloss, gab es noch eine dritte Form, die ich als Internationalismus bezeichnen möchte. Dieser Internationalismus, den man ebenfalls in der sozialistischen Arbeiterbewegung finden konnte, war nicht nur als Bekenntnis zur Moderne, sondern auch als Ablehnung, als Gegenbewegung gegen Nationalismen jeder Art gemeint. Und gerade weil international nicht unbedingt automatisch antinational war, findet man hier bereits in der Avantgarde andere Begriffe, wie beispielsweise bei Kurt Schwitters, der die Bezeichnung 'übernational' verwendet.

Vor dem Hintergrund der damals schwelenden Konflikte mit nationalistischer Dimension (es war kurz nach dem litauisch-deutschen Konflikt um das Memelland, um die Stadt Memel bzw. Klaipeda), stellte Schwitters 1924 in einem kleinen Aufsatz mit dem Titel *Nationalitätsgefühl* dem partikularen Nationalitätsgefühl, das impliziere, „[f]ür einen Deutschen [sei] es eine Tugend, deutsches Nationalitätsgefühl zu haben und wäre es eine Sünde, für die französische Nation zu fühlen", ein „allgemeines Menschlichkeitsgefühl" gegenüber, das er zum einen als „allgemeines Natio-

---

[15] Ebd., S. 276-277.
[16] Vgl. Blok. Revue internationale d'avangarde Blok (1925) Nr. 10, Titelblatt.

nalitätsgefühl", zum anderen nicht als „Internationalität", sondern als „Übernationalität" verstanden wissen wollte:[17]

Wer übernational ist, hat kein Verständnis für Haß von Nationen untereinander. Soll ich für einen Teil der Menschen Liebe empfinden, so bleibt mir doch die Entscheidung, für welchen Teil. Damit der unselbständige Mensch weiß, wen er hassen und wen er lieben soll, liest er Zeitungen seiner Nation. Der selbständige aber sollte das Recht haben, sich die Gegenstände seines Hasses und seiner Liebe selbst auszusuchen, da es keinen logischen Grund gibt, der mich als Menschen in eine Gemeinschaft zwingt. Ich stamme aus Hannover. Ich kann sagen: „Mein Nationalitätsgefühl beschränkt sich auf Hannover-Stadt mit Ausschluß der Nachbarstadt Lingen. Oder auf die Waldhausenstraße, und zwar linke Seite, auf der ich wohne. Gegenüber wohnen meine Feinde. Ich stelle mein Maschinengewehr vor mein Haus und schieße jeden Passanten einfach tot." Sie sehen, bei aller Heiligkeit aus Gewohnheit und Übung sind doch die üblichen Begriffe des partikularen Nationalitätsgefühles und der partikularen Vaterlandsliebe ein wenig komisch, nicht zu verwechseln mit kosmisch.[18]

5. Geht es bei Schwitters nicht zuletzt um eine Absage an den Krieg, an Kriege, Bürgerkriege, die nationalistisch motiviert sind, so gibt es insbesondere im Konstruktivismus noch eine andere Form der Internationalität, sozusagen eine vierte Dimension avantgardistischer Internationalität, die mit dem Anspruch und Grundsatz verbunden war, dass der Konstruktivismus eine neue *universale* Kunst und Kultur nach *allgemeingültigen* Prinzipien herbeiführen würde. Eben diese Tendenz prägt einen Kommentar des polnischen Künstlers Henryk Berlewi anlässlich der vorhin genannten Konferenz in Düsseldorf im Jahr 1922, die zur Gründung einer konstruktivistischen Internationale hätte führen sollen:

Der Begriff des Fortschritts in der Kunst war bislang gänzlich relativ und gewöhnlich lokalen Bedingungen unterworfen. Diese Art des Partikularismus in der Kunst konnte keinen Sinn mehr ergeben. Kürzlich haben Künstler in einigen Ländern den Willen gezeigt, Barrieren abzureißen [und] zu einem universellen Austausch von Werten [zu kommen]. Es hat sich herausgestellt, dass die Internationalisierung der Kunst – Kunst, die der ganzen Menschheit gehört – eine unausweichliche Notwendigkeit geworden ist. [...] Ein weltweites Netzwerk von Zeitschriften ist in Erscheinung getre-

---

[17] Schwitters, Kurt: Das literarische Werk. Köln 1998. Bd. 5, S. 196-197.
[18] Ebd., S. 197-198.

ten, das für neue Ideen und neue Formen eintritt und diese propagiert [...]; der generell internationale Charakter der ganzen Bewegung [...] bestätigt den Anspruch, dass wir durch eine Periode der Transformierung der traditionellen Auffassungen über Kunst gehen.[19]

Obwohl der anvisierte Universalismus in den Bemerkungen Berlewis dominiert, lassen sich in seinen Worten auch Spuren der anderen drei Aspekte avantgardistischer Internationalität unterscheiden: der praktischen Internationalität, des Kosmopolitismus und des Internationalismus.

Jedenfalls zeigen Berlewis Bemerkungen, dass es neben dem Mit- und Gegeneinander auf nationaler Ebene im frühen 20. Jahrhundert noch eine Alternative gab, wenn auch nur ansatzweise. Eine Alternative, die auf der Ebene der polnisch-deutschen Beziehungen quasi personifiziert wird von Schwitters und Berlewi, die bewusst vom Nationalen wegkommen wollten, um auf einer anderen Ebene grenzüberschreitend zusammenzuarbeiten, nicht nur in einem bilateralen – deutsch-polnischen – Rahmen, sondern in einem inter-, über- oder mit einem Wort von Franz Pfemfert: anationalen Zusammenhang,[20] in dem die Grenzen des Nationalen bewusst überschritten, besser: bewusst negiert wurden.

---

[19] Berlewi, Henryk: The International Exhibition in Düsseldorf. In: Between Worlds. A Sourcebook of Central European Avant-Gardes, 1910-1930. Cambridge/London 2002, S. 397-399, hier S. 398-399 (meine Übersetzung aus dem Englischen, HvdB).

[20] Vgl. Bock, Hans Manfred: Antipatriotismus, Westeuropa und Weltrevolution in der expressionistischen Zeitschrift „Die Aktion" von 1911 bis 1932. In: Le Discours européen dans les revues allemandes (1918-1933). Der Europadiskurs in den deutschen Zeitschriften (1918-1933). Hrsg. von Michel Grunewald und Hans Manfred Bock. Bern/Berlin 1997, S. 197-232.

Kritischer Beobachter in der „toten Stadt"
Felix Scherret und sein Danziger Inflationsroman

Peter Oliver Loew

Romane über die deutsche Inflation gehören eher zur Seltenheit. Gewiß, in Werken von Heinrich Mann, Frank Thieß, Erik Reger oder Hans Fallada sind die Geldentwertung und die damit einhergehenden gesellschaftlichen Konsequenzen ein Thema, aber im Vergleich zu der Bedeutung, die der Inflation für die politische und soziale Entwicklung Deutschlands im 20. Jahrhunderts zugemessen wird, gibt es überraschend wenige „Inflationsromane".[1] Der einzige Roman, der tatsächlich diesen Beinamen trägt, ist Felix Scherrets *Der Dollar steigt. Inflationsroman aus einer alten Stadt* – einer von zwei Zeitromanen über die Danziger Wirtschaftsgeschichte der Zwischenkriegszeit, die wir besitzen.[2]

Felix Scherret ist heute ein Unbekannter, und auch zeit seines Lebens gelangte er nicht zu nennenswerter Popularität, weder durch seine journalistische Tätigkeit in Danzig noch durch seine Beziehungen zu Franz Jung; auch seine Romane hatten keinen Nachruhm.

I   Zur Biographie

Über die Biographie von Felix Scherret ist nur wenig bekannt. Er wurde 1895 in Praust (Pruszcz), wenige Kilometer südlich von Danzig, geboren. Er studierte Theaterwissenschaften, Philosophie, Musik- und Kunstgeschichte und versuchte sich auch als Schauspieler und Sänger, mußte

---

[1] Zum Themenkomplex „Literatur und Inflation" siehe Widdig, Bernd: Culture and Inflation in Weimar Germany. Berkeley u.a. 2001; Feldman, Gerald D.: Weimar Writers and the German Inflation. In: Fact and Fiction. German History and Literture 1848-1924. Hrsg. v. Gisela Brude-Firnau, Karin J. MacHardy. Tübingen 1990 [= Edition Orpheus, 2], S. 172-183. – Zu den bekanntesten Romanen, in denen die Inflation thematisiert wird, zählen: Hans Fallada: Der eiserne Gustav (1938); Frank Thieß: Der Leibhaftige (1924); Heinz Liepmann: Der Frieden brach aus (1930); Erich Maria Remarque: Der Schwarze Obelisk (1956); Felix Dörmann: Jazz (1925); Erik Reger: Union der festen Hand (1931).

[2] Der andere ist Hülsen, Hans von: Fortuna von Danzig. Berlin 1924. Zu Hülsen siehe ausführlich Loew, Peter Oliver: Hans von Hülsen – ein Schriftsteller zwischen Danzig und Rom. In: Studia Germanica Gedanensia (1998) Nr. 6, S. 81-92, hier v.a. S. 87-89.

aber wegen seines schwachen Herzens auf eine Bühnenkarriere verzichten.[3] Nach dem Ersten Weltkrieg ging er in seine Heimat zurück, in die neuentstandene Freie Stadt Danzig. Hier schloß er sich sozialistischen Kreisen an. Zu einiger Bekanntheit gelangte er als Redakteur der linksliberalen Wochenzeitung „Danziger Rundschau", die zwischen 1923 und 1926 erschien. Diese Zeitung war eines der interessantesten Danziger Presseerzeugnisse der Zwischenkriegszeit – kritisch, bissig und kulturinteressiert, versuchte sie, den zunehmenden nationalistischen Stimmungen im kleinen Staatswesen entgegenzuwirken.[4] Scherret arbeitete vom Anfang ihres Bestehens für die „Danziger Rundschau", zwischen dem 7. April 1924 und Februar 1925 war er alleinverantwortlicher Redakteur; Ende Mai 1925 beendete er seine Mitarbeit und ging nach Berlin, wo er bis 1932 als fester freier Mitarbeiter für den „Vorwärts" tätig war. In Danzig hinterließ er nur wenige Spuren.[5] Während des Dritten Reiches arbeitete er vor allem für den „Deutschen Feuilletondienst", von 1945 bis zu seinem Tod 1950 war er – unterbrochen von längeren Nervenkrankheiten[6] – Redakteur und Sprecher am (Ost-) Berliner Rundfunk. Er veröffentlichte drei Romane,

---

[3] Jung, Cläre: Paradiesvögel. Erinnerungen. Hamburg o.J. (um 1987), S. 144; vgl. auch das Gespräch zwischen Sieglinde und Fritz Mierau sowie Cläre Jung. In: Sinn und Form 30 (1978) 2, S. 251-269, vor allem S. 263. Diesen Hinweis verdanke ich wie viele andere Informationen Thomas Hilsheimer (Mainz).

[4] Die Geschichte der „Danziger Rundschau" ist bislang noch kaum aufgearbeitet worden. Als Überblick zur Danziger Zeitungslandschaft siehe: Loew, Peter Oliver: Die Danziger Presse im 19. und 20. Jahrhundert. In: Beiträge zur Geschichte Westpreußens (2002) Nr. 18, S. 97-115. Zur „Danziger Rundschau" (DR) außerdem Hinweise u.a. in: Lichtenstein, Erwin: Bericht an meine Familie. Ein Leben zwischen Danzig und Israel. Mit einem Nachwort von Günter Grass. Darmstadt 1985, S. 46-48. – Erster Chefredakteur der seit dem 3. September 1923 erscheinenden DR war Dr. Karl Eugen Müller, der zuvor in der Redaktion der liberalen Tageszeitung „Danziger Zeitung" tätig gewesen war. Müller verließ die Zeitung aber Ende März 1924. Mitarbeiter der Zeitung waren unter anderem: Erwin Lichtenstein (von Mitte 1925 bis zur Einstellung der Zeitung im März 1926 alleinverantwortlicher Redakteur) und Kurt Großmann. – Die Zeitung wurde anscheinend vor allem vom linksliberalen Bürgertum gelesen; die meisten der wenigen Geschäftsanzeigen stammen von Geschäften in jüdischem Besitz. Über die Auflagenhöhe ist nichts bekannt, sie kann jedoch nicht groß gewesen sein.

[5] 1927 besuchte er nochmals Danzig. Vgl. Danziger Volksstimme 18 (1927) Nr. 183 (8.6.).

[6] Brief von Cläre Jung an Franz Jung, Berlin, 31. Januar 1950. In: Jung, Franz: Der tolle Nikolaus. Frankfurt/Main 1981, S. 343; Brief von Cläre Jung an Franz Jung, Berlin, 19. November 1950. In: ebd., S. 344.

einige Erzählungen erschienen in Zeitungen,[7] weitere Werke sind ungedruckt.[8]

Von besonderer Bedeutung für Scherrets Leben war, daß ihn seine Frau Harriet verließ, um sich mit dem Schriftsteller Franz Jung zu verbinden. Scherret kontaktierte daraufhin Jungs Frau Cläre, sie bauten eine Freundschaft auf, „gegründet auf gemeinsame künstlerische Interessen",[9] und lebten fortan zusammen. Zeitweise zogen auch Franz Jung und Harriet zu ihnen, so daß Cläre Jung später schrieb: „Wir lebten und arbeiteten zusammen in einer unlöslichen Zusammenarbeit."[10] Zumindest zwischen den beiden Männern scheinen die Kontakte aber nicht sehr eng gewesen zu sein; jedenfalls äußert sich Jung in seiner Autobiographie *Der Weg nach unten* nur am Rande über den Danziger Journalisten.[11] Im Gegensatz zum umtriebigen und unruhigen Jung liebte Scherret „ein geruhsames Leben" ohne Erschütterungen und Gefahren.[12]

II   Scherret als Journalist in Danzig

Mehr wissen wir über Scherret durch seine journalistische Tätigkeit in Danzig. In der „Danziger Rundschau" lassen sich zahlreiche Artikel Scherrets nachweisen (teils unter den Kürzeln „F.S." und „Flix"), zudem viele Artikel, die unter anderem Namen erschienen, aufgrund stilistischer und thematischer Ähnlichkeiten aber wahrscheinlich ebenfalls von Scherret stammten. So veröffentlichte er mit großer Wahrscheinlichkeit auch als „Alfred Arna", vielleicht auch als „J. Shaiak" und „Ulrich Trübner".

Bereits in der ersten Ausgabe der „Rundschau" war Scherret mit einem Feuilleton über das Phänomen der Bar vertreten,[13] und das zeitkritische Feuilleton blieb eines seiner liebsten Genres. So schrieb er über „Politik und Phrase", über „Blasiertheit" oder über „Der Ritter vom Hakenkreuz",

---

[7] Meist anspruchslose Skizzen wie zum Beispiel: Alfred. In: Danziger Rundschau (fortan: DR) 2 (1924) Nr. 33 (18.8.).

[8] Neben „Der Dollar steigt" (1930) veröffentlichte Scherret den politischen Roman „Götter stürzen" (1932) und den Kriminalroman „Unruhe um Mendoza" (1942). Zu verschiedenen unveröffentlichten Werken siehe u.a. Jung, Cläre: Paradiesvögel (wie Anm. 3), passim.

[9] Ebd., S. 144.

[10] Ebd., S. 146.

[11] Jung, Franz: Der Weg nach unten. Aufzeichnungen aus einer großen Zeit. Neuwied u. Berlin-Spandau 1961, S. 416 f.

[12] Jung, Cläre: Paradiesvögel (wie Anm. 3), S. 187.

[13] Scherret, Felix: Die Bar. In: DR 1 (1923) Nr. 1 (3.8.).

wo er eine innere Verwandtschaft von Expressionismus, Jugendbewegung und Hitler-Bewegung feststellt.[14] Immer wieder besprach Scherret literarische Neuerscheinungen – von Hofmannsthal über Döblin bis Anatole France.

„Blaublümchengeseich" – Scherret über das Danziger Theater

Nicht selten sarkastisch äußerte sich Scherret als Kritiker des Danziger Theaters. Folgendermaßen kanzelte er einen *Tannhäuser* ab:

> *Die Aufführung war ein Fiasko, glich eher einer Probe [...]. Der Venusberg war ein einziges Unglück, das Ballett wirkte wie ein harmloser Reihentanz höherer Töchter, die sich an schönen Frühlingstagen im Freien mit kindlichen Spielen abgeben; nichts, aber auch rein gar nichts erinnerte an die sinnliche Wildheit der Musik. Diese Najaden benahmen sich wie anglikanische Betschwestern, die aus Versehen zuviel getrunken hatten, waren keine Begleiterinnen der Liebesgöttin. [...] Die Chöre sahen aus wie Liedertafeln auf dem Maskenball, und dann die Perücken und die Bärte!*[15]

Gounods *Margarethe* enthielt „schleimige Gefühlsduselei"[16] und Kienzels Operette *Im Tal der weißen Lämmer* war „Blaublümchengeseich".[17] Schuld am schlechten Zustand des Theaters trugen nach Scherret nicht so sehr das provinzielle Bürgertum, sondern der Intendant Hermann Merz und vor allem die Kulturpolitik der Stadt:

> *Man schleimt, seicht und schreibt unentwegt über die gefährdete deutsche Kultur in Danzig, man tremoliert gerührt mit der Stimme und wirft sich in seine Oberlehrerbrust, daß die Scharniergelenke knacken, aber man tut nichts. Es fehlt jegliche Initiative.*[18]

---

[14] DR 2 (1924) Nr. 29 (21.7.); 2 (1924) Nr. 34 (25.8.); 2 (1924) Nr. 46 (13.10.).
[15] DR 1 (1923) Nr. 6 (8.10.).
[16] DR 2 (1924) Nr. 4 (28.1.).
[17] DR 2 (1924) Nr. 9 (3.3.).
[18] Scherret, Felix: Theatergötter. In: DR 2 (1924) Nr. 19 (12.5.).

Scherret forderte mutigere Regiekonzepte und die Aufnahme fortschrittlicher Autoren wie Toller oder Brecht.[19] Meist fanden nur Gastspiele
seine Gnade[20] – oder die Aufführungen der Zoppoter Waldoper, die er
ganz euphorisch besprach.[21]

„Die tote Stadt" – Scherret als Kritiker der Danziger Provinzialität

Danzig war eine Stadt der Museen, nicht der Musen. Abseits der Haupt-
handelswege gelegen, umgeben von einem gemischtnationalen, bäuerlich
und kleinbäuerlich geprägten Umland, kannte es seit der Mitte des
19. Jahrhunderts nicht jene kulturelle Entwicklung wie andere, viel rascher
wachsende Städte. An Danzigs Provinzialität änderte sich auch in der
Zwischenkriegszeit nicht viel, als zu seinen wirtschaftlichen Problemen
noch die vorherrschend konservative Mentalität und der in weiten Kreisen
des Bildungsbürgertums sorgsam gepflegte Antipolonismus trat. Für einen
links denkenden, literarisch interessierten und kulturell offenen Menschen
wie Scherret muß diese Stimmung schwer zu ertragen gewesen sein. „Es ist
ein beschämendes Zeugnis, daß Danzig sich manchmal so benimmt, als ob
es das Lieblingskind von Papa Ludendorff oder von Hitler werden
möchte", schrieb er 1924. „Danzig ist ein autonomer Staat geworden und
bleibt nur noch ideell mit Deutschland verknüpft, hat durchaus andere
Pflichten als das Reich, muß sich politisch nach Osten orientieren."[22] Diese
Forderung zur Öffnung nach Osten, also nach Polen und vielleicht sogar
Rußland, kam in Danzig fast einem Vaterlandsverrat gleich; nur wenige
liberale Kaufleute und wenige Sozialisten waren bereit, wirtschaftliche
Erwägungen über die „Verteidigung des Deutschtums", wie man dies
damals nannte, zu stellen.

Und Scherret wurde noch deutlicher. In seinem – unter dem Pseudonym
Alfred Arna veröffentlichten – Artikel *Die Tote Stadt* schrieb er eine Woche
später verbittert: „Danzig hat nichts außer einer Vergangenheit, es ist die
tote Stadt, trotzdem es hin und wieder Leben inszenieren möchte."[23] Die
mental, kulturell und politisch retrospektive Stimmung in Danzig fand
kaum einen bissigeren Kritiker als Scherret. Wenig später prangerte er die
geistige Ödnis der Stadt noch deutlicher an:

---

[19] DR 2 (1924) Nr. 9 (3.3.).
[20] DR 2 (1924) Nr. 24 (16.6.) – über „Tristan und Isolde".
[21] Scherret, Felix: Vorschläge zur Waldoper. In: DR 2 (1924) Nr. 33 (18.8.).
[22] Scherret, Felix: Danzig und der Nationalismus. In: DR 2 (1924) Nr. 28 (14.7.).
[23] Arna, Alfred [= Felix Scherret]: Die Tote Stadt. In: DR 2 (1924) Nr. 29 (21.7.).

Jede Veränderung geht in Danzig nur langsam vor sich, ganz allmählich verschiebt sich die geistige Struktur. Man verläßt ungern eingefahrene Geleise, setzt zögernd und vorsichtig seine Füße auf unbekanntes Neuland; man sträubt sich gegen Neuerungen, fühlt sich bedrängt und geängstigt durch jede Umorientierung geistigen Lebens. Der Danziger steht ratlos davor und sucht nach abgebrauchten Schlagworten, um sich der gefährlichen Erscheinung zu erwehren, die ihn vielleicht zwingen könnte, sich umzustellen. Danzig hat kein inneres Verhältnis zu Kunst und Denken der Gegenwart, es lebt in längst überwundenen Anschauungen, es kultiviert nur eins: Die „Trägheit des Herzens".[24]

Dieser „Stadt der verkrampften Gehirne"[25], wie er an anderer Stelle schreibt, fehle einfach das Format. Es sei absurd, daß Danzig als Freie Stadt eine Bedeutung gewonnen habe, die es über das Niveau einer Provinzstadt heraushebe: „Danzig hätte bei Deutschland bleiben müssen, am besten natürlich bei einem kaiserlichen Deutschland, denn das war die Luft, in der man am lieblichsten herumplätschern konnte."[26]

Es ist kein Wunder, daß Scherret schon 1925 Danzig verließ, um nach Berlin zu gehen – wenn es im Deutschland der zwanziger Jahre eine Stadt gab, die keine Provinzialität ausstrahlte, so mußte es die Hauptstadt Preußens und Deutschlands sein.

III *Der Dollar steigt*

Der wirtschaftliche Hintergrund

Die einzige Zeit, in der Scherret Danzig mit Interesse und Aufmerksamkeit beobachtete, waren die Monate der Hyperinflation 1922 und 1923.[27] Danzig war von den Pariser Friedensmachern 1919 der Status einer Freien Stadt zugewiesen worden, die innenpolitisch weitgehend eigenständig, wirtschaftspolitisch dagegen stärker mit Polen verbunden sein sollte und der auch die Möglichkeit zugebilligt wurde, sich eine eigene Währung zuzule-

---

[24] Scherret, Felix: Zur Psychologie Danzigs. In: DR 2 (1924) Nr. 37 (12.9.).

[25] Arna, Alfred [= Felix Scherret]: Die Stadt der verkrampften Gehirne. In: DR 2 (1924) Nr. 54 (17.11.).

[26] Arna, Alfred [= Felix Scherret]: Die Entwicklung zur Großstadt. In: DR 3 (1925) Nr. 7 (16.2.).

[27] Zur Geschichte der deutschen Inflation immer noch grundlegend: Holtfrerich, Carl-Ludwig: Die deutsche Inflation 1914-1923: Ursachen u. Folgen in internationaler Perspektive. Berlin u. New York 1980.

gen.[28] Dennoch behielt die Freie Stadt die Deutsche Mark vorerst noch bei. Da es vom deutschen Zollgebiet zugleich getrennt war und hier keine Devisenbeschränkungen galten, wurde es während der Hyperinflation zu einem Mekka der ostmitteleuropäischen Geschäfts- und Finanzwelt. Scherret selbst schrieb darüber:

> *Einmal schien Danzig Großstadt werden zu wollen, damals, als der Dollar als unumschränkter Diktator angesehen wurde. In jener Zeit war Danzig so etwas wie eine Metropole des Ostens, entwickelte Nervosität und Geschäftshast, es hatte beinahe internationalen Anstrich bekommen. Aber bald darauf rollte das Leben in den alten Gleisen dahin, man war wieder still betriebsam und ließ den lieben Gott einen guten Mann sein, man war auf dem Niveau einer größeren Provinzstadt gelandet, also dort, wo man sich am wohlsten fühlte.[29]*

Auch die Zahlen spiegeln diese wirtschaftliche Belebung bis 1923 wider: Die Zahl der Banken und Sparkassen in Danzig stieg von 19 im Jahre 1919 auf 118 vier Jahre später, um bis 1926 wieder auf 53 zurückzugehen;[30] alleine im Jahre 1923 wurden 85 neue Geldinstitute angemeldet.[31] Die Zahl der Neuregistrierungen von Firmen wuchs von 214 im Jahre 1919 auf 969 drei Jahre darauf, um danach rasch zu sinken.[32]

Am 19. Oktober 1923 führte die Freie Stadt schließlich eine eigene Währung ein, den Gulden – früher übrigens als Deutschland seine neue Mark. Vorausgegangen waren Verhandlungen mit Deutschland und dem Völkerbund.[33] Felix Scherret kommentierte dies wenige Tage später in der Danziger Rundschau.[34] In der Retrospektive schienen die Inflationsjahre Danzigs

---

[28] Zur Wirtschaftsgeschichte der Freien Stadt Danzig siehe vor allem Hajduk, Bolesław: Gospodarka Gdańska w latach 1920-1945 [Die Wirtschaft von Danzig zwischen 1920 und 1945]. Gdańsk 1998, sowie ders.: Finanse, przemysł i rzemiosło (1920-1939) [Finanzen, Industrie und Handwerk (1920-1939)] und: Handel, port, żegluga i rybołówstwo (1920-1939) [Handel, Hafen, Schiffahrt und Fischfang (1920-1939)]. In: Historia Gdańska [Geschichte Danzigs]. Hrsg. v. Edmund Cieślak, Bd. IV/2. Sopot o.J. [1999], S. 119-203.

[29] Arna, Alfred [= Felix Scherret]: Die Entwicklung zur Großstadt. In: DR 3 (1925) Nr. 7 (16.2.).

[30] Hajduk: Finanse, przemysł i rzemiosło (wie Anm. 28), S. 123.

[31] Hajduk: Gospodarka Gdańska (wie Anm. 28), S. 63.

[32] Hajduk: Handel, port (wie Anm. 28), S. 158.

[33] Hajduk: Gospodarka Gdańska (wie Anm. 28), S. 48; ders.: Finanse, przemysł i rzemiosło (wie Anm. 28), S. 120.

[34] flix [= Felix Scherret]: Guldenimpressionen. In: DR 1 (1923) Nr. 10 (5.11.).

goldene Zeit zu sein – als Jahre, in denen die Stadt auch wirtschaftlich zu internationaler Bedeutung gekommen zu sein schien. Doch als die Wirtschaftslage der Stadt bald darauf wieder schlechter wurde, kommentierte dies Scherret lakonisch:

> *Die Inflationszeit änderte die Psysiognomie* [sic!]. *Ein neuer Rhythmus peitschte damals das Leben, riß alles in seinen Strudel, verwandelte die Bewohner vorübergehend in internationale Weltstädter. Danzig wurde zur Hochburg leidenschaftlicher Spekulation. Der Dollar besiegte die Trägheit, das Börsenspiel umkrallte die Menschen, machte sie zu Narren des Dollarkurses. Aber das alles war letztes Endes äußerlich, die Stabilisierung der Währung stabilisierte das Leben. Danzig gesundete zu der traditionellen Langenweile und Schläfrigkeit, seine wahre Physiognomie erschien wieder, das andere war Tünche gewesen, eine kurze Verirrung.*[35]

Und das ist auch mehr oder weniger der Inhalt von Felix Scherrets Roman *Der Dollar steigt*. Er erschien 1930 im Berliner Verlag „Der Bücherkreis", der den Sozialdemokraten nahestand, und muß eine relativ große Verbreitung erfahren haben, zumindest ist er heute in den Internetkatalogen der deutschsprachigen Antiquariate häufig anzutreffen.

Eine Handlung?
Die Geschichte ist rasch erzählt – oder auch weniger rasch, je nachdem, was man als den wichtigsten Plot ansieht. Auf der einen Ebene spielt sich das wirtschaftlich-gesellschaftliche Geschehen ab: Die immer rasender voranstürmende Inflation, die Spekulationsinteressen der Finanzwelt, der Valutahandel und das Interesse der führenden Danziger Kreise, die Inflation weiterpreschen zu lassen, bis schließlich durch den Druck der Straße nach einer Großdemonstration die wichtigsten Männer im kleinen Staat ein Einsehen haben und eine neue Währung einführen.

Viel länger würde die Darstellung der verschiedenen personalen Handlungsstränge währen: Eine Schmuggelgeschichte zwischen Polen und Danzig (es geht um Rauschgift), diverse Liebschaften und Eifersüchteleien, Aufstieg und Niedergang alter Stadtbürger und neuer Emporkömmlinge, Mord, Totschlag und Selbstmorde. Obwohl es mit Dr. Alfred Arp eine Figur gibt, der die Handlung folgt, tritt keine Person des Romans als handlungsführend hervor, ist keine besonders charakteristisch gezeichnet.

---

[35] Scherret, Felix: Zur Psychologie Danzigs. In: DR 2 (1924) Nr. 37 (12.9.).

Die Beschleunigung des Lebens

Einen zentralen Platz in Scherrets Roman nimmt die Schilderung der sozioökonomischen Umstände ein. Wir haben hier zum Beispiel interessante Stadtbeschreibungen, wie folgende, in der – recht lakonisch – die Umwälzung angedeutet wird, die Danzig in den Monaten der Hyperinflation erlebte:

Noch immer träumte in den engen Gassen der Stadt ein Stück Mittelalter, noch immer dachten die hohen Giebelhäuser, in denen jetzt Banken und Wechselstuben beheimatet waren, an ihre ruhmreiche, tausendjährige Vergangenheit. Aber ein neuer Rhythmus peitschte das Leben. Eine geruhsame, verschlafene Stadt war zum Schauplatz wilden Jobbertums, zur Hochburg der Spekulation, des Hazards am Roulette und an der Börse geworden.

Gestikulierende Gruppen bildeten sich auf den Bürgersteigen. Kurs, Hausse, Dollar waren ihre Schlagworte. Je näher Alfred dem Langen Markt kam, dem Sitz der Finanz, desto größer wurde das Gedränge, Die engen Straßen reichten für den Verkehr nicht mehr aus, und zwischen Luxusautos und Straßenbahnen schlängelten sich mit akrobatenhafter Geschicklichkeit die laufenden Boten, Maklergehilfen und Abwickler.

Die Läden brachten keine Preisauszeichnungen mehr. Viele öffneten nur auf ein oder zwei Stunden. Man rationierte sorgfältig, hielt mit der Ware zurück und wartete auf die ganz große, beglückende Hausse. [...] Den Inhabern lag nichts an einer Steigerung des Umsatzes [...], denn jeder nächste Tag versprach noch größeren Gewinn. (S. 64f.)

Die in diesem Abschnitt vorhandene Schnellebigkeit ist ein Signum der Zeit und des Romans. Schon der Beginn des Buches ist vielsagend – eine rasende Autofahrt durchs nördliche Polen in Richtung Danzig. Alles eilt, sieht nach vorne, läßt das Alte hinter sich. „Ihr Alten taugt nur noch zum Sterben" (S. 19), ruft einer der Krisengewinner einem maroden Patrizier zu. „Leben, Austoben, Genießen, das war die Parole dieser Jungen" (S. 135), denkt sich ein anderer hundert Seiten später. Diese Beschleunigung des Lebens läßt kaum jemanden gleichgültig. So gesteht sich Dr. Alfred Arp, der eigentlich als Gelehrter hatte leben wollen, an einer Stelle ein: „Die Spekulation hatte von ihm Besitz ergriffen, er brauchte Erregungen, er brauchte Spannungen und Sensationen, die von außen kamen. Es war ihm unmöglich geworden, das Leben eines satten Bürgers zu führen" (S. 200).

Diese Geschwindigkeit des Lebens macht sich auf weiteren Ebenen bemerkbar. Zum einen wird er am Dollarkurs deutlich: Von Seite 13 bis Seite 21 des Romans steigt er von 25.000 bis auf 50.000 Mark, auf Seite 120 liegt er schon bei 300.000 Mark, auf Seite 157 hat er „die Million überschritten", später steigt er „unentwegt": „Die Devisen [...] jagten nur noch in die Höhe" (S. 193). „Der Dollar steigt" – dieser aufgeregte Ruf, der durch Danzigs Gassen hallt, bezeichnet die ganze Stimmung, die Scherret darstellt. Sie drückt auch dem geselligen Leben ihren Stempel auf:

> *Alfred ging in das Café, das der Bank gegenüber lag. Es war überfüllt. An allen Tischen wurden Schlußscheine ausgestellt, Dollars, Polennoten und Pfunde gehandelt [...]. Niemand konnte sein eigenes Wort verstehen. Jeden Augenblick stürzten Gäste herein, die die neuesten Notierungen brüllten, und ein Freudengeheul oder einen Sturm der Entrüstung entfachten.*
> *Am wildesten benahmen sich die Frauen, die sich immer wieder in den Busen oder in die Strümpfe griffen und Papierbündelchen zum Vorschein brachten. Devisenmakler schwirrten herum [...]. (S. 76 f.)*

Tanz und Musik machen die Beschleunigung mit: „Eine freudige Erregung, ein unterdrücktes Fieber lagerte über den Menschen. [...] ‚Der Dollar steigt', quäkten die Saxophone, ‚Der Dollar steigt', knarrten die Lackschuhe, ‚Der Dollar steigt', klirrten die Gläser." (S. 37)

Getanzt wird Shimmy (S. 34), die Musik machen Saxophone (z.B. S. 29, 45, 132). Musik begleitet das Leben: „Eine Ohrfeige klatschte, die Saxophone schrien auf." (S. 133)

Moralische und soziale Verwerfungen

Die Inflation untergräbt die Moral. Dieses schon im zeitgenössischen Diskurs sehr vernehmliche Urteil über die Inflation ist auch ein zentrales Element in der Zeitkritik des Romans. Die erotischen Beziehungen liberalisieren sich stark (S. 25), die Auflösung alter Ehrenkodizes zwingt Ehrenmänner in den Selbstmord (S. 39), schließlich treibt sie die Menschen auch ins Glücksspiel und verzerrt sie zu Fratzen – wie in einer Szene im Kasino von Zoppot:

> *Mastschenk fraß seine Zigarre auf, der Speichel floß auf die Karten. Sahen es die anderen? [...] Es war, als ob die Inflation zum letzten Male mit der Kraft eines Sterbenden diese Glücksritter am Halse würgte und ihr Gehirn wie eine Zitrone*

ausquetschte. [...] Die Inflation gab ihr letztes, glänzendes Bankett; sie hohnlachte
über diese Marionetten, die jede Spur von Besinnung verloren hatten. (S. 230)

Doch bei aller Selbstvergessenheit gibt es immer noch Menschen, selbst
solche, die an der Inflation profitieren, die ausrufen: „Das Pack hat keine
Moral mehr" (S. 55), „Diese verdammte Inflation unterminiert jedes Gewissen!" (S. 67), „Ihre ganze Moral geriet ins Wanken" (S. 133).
   Die Inflation ist zwangsläufig auch eine Zeit gesellschaftlicher Verwer-
fungen. Auf der einen Seite ermöglicht sie schwindelerregende Karrieren.
Besonders charakteristisch ist jene des Juden S. Goldstiek. „Goldstiek war
ein hochgewachsener Herr mit vorsichtig tastenden Gesten", heißt es, der
keinen Menschen fest ansehen konnte, schwarze Augen und ein unstetes
Gesicht besaß (S. 42). Er war vor einigen Jahren in Danzig aufgetaucht,
hatte einen kleinen Devisenhandel aufgemacht. Nun geht es ihm besser,
und er verkündet:

Ich möcht' nämlich steigen, nicht nur wirtschaftlich, das hab' ich schon erreicht, son-
dern auch gesellschaftlich. Weil ich in Polen geboren bin, irgendwo in einem gottver-
dammten Nest, sieht man mich über die Achsel an. [...] Man haßt uns, die wir aus
dem Osten kommen [...]. Es lebt auch in uns die Sehnsucht nach dem Westen, nach
der großen Kultur. (S. 86-88)

Goldstiek will also in die arrivierte Danziger (wohl ebenfalls jüdische)
Familie Nathan einheiraten, stellt sich vor, reüssiert – wird aber von der
Wirklichkeit eingeholt und wegen Paßfälschung festgenommen.
   Ebenfalls himmelstürmend verläuft die Karriere des Bankiers Jablonski,
der zwei Jahre zuvor noch bescheidener Kolonialwarenhändler in Warschau gewesen war und nun im inflationären Danzig mit den Ton angibt.
Gleich nach der Einführung des Guldens löst er sein Geschäft in Danzig
auf, um anderweitig sein Glück zu suchen (S. 279).
   Diese Beispiele von Polen und Juden, die im Nachkriegsdanzig zu Geld
kamen, finden ihre Parallele in Julius Jewelowski, einem real existierenden
Bankier, der zu jener Zeit in Danzig nicht nur viel Einfluß hatte, sondern
auch für viel Aufsehen sorgte. Vielleicht ist *Der Dollar steigt* sogar ein wenig
ein Schlüsselroman aus dem Danzig der beginnenden 1920er Jahre?[36]

---

[36] Zu Jewelowski siehe Andrzejewski, Marek: Ludzie Wolnego Miasta Gdańska (1920-1939)
[Die Menschen der Freien Stadt Danzig (1920-1939)]. Gdańsk 1997, S. 52.

Neben den gewaltigen Karrieren gibt es im Danzig der Inflation aber auch gewaltige Armut. Scherret widmet der Beschreibung der Unterschichten in seinem Buch nur wenig Platz – etwa in der Schilderung des Haushalts eines Flickschusters (S. 55-60), einer Armenküche („Mittelstandsküche", S. 187) oder in einer anderen Szene, in der zwei alte Leute miteinander sprechen: „Das ist kein Leben mehr! Man geht mit der Tasche voll Geld auf den Markt und bekommt nichts dafür." (S. 173) Aber die Armut und das Proletariat sind für ihn – bzw. für seine handlungstragende Figur Alfred Arp – auch ein Grund zur Hoffnung. Bereits am Anfang seines Romans läßt er Arp darüber nachsinnen, wie der Inflation das Handwerk zu legen sei: „Aber wenn sich das Proletariat auf seine Macht besinnt, dann würde vielleicht der Unfug abgestellt werden." (S. 53) Gelegentlich durchbrechen Arbeiterdemonstrationen die Inflationshektik – Forderungen nach fester Währung und gerechten Löhnen machen die Runde (S. 98). Doch eine erste Großdemonstration kann den Senat noch nicht umstimmen. Zwar dringen die Werftarbeiter bis zum Volkstag und zum Senatsgebäude vor, wo „die Beherrscher der Konjunktur" (S. 146) tagen, zwar benehmen sich die großen Danziger Patrizier wie Angsthasen, zwar hampelt der Senatspräsident wie eine Marionette herum, aber auf Zuraten „eine[r] bekannte[n] Abgeordnete[n] der Arbeiterpartei" (wieder ein Schlüssel? Vielleicht Käthe Leu) zerstreuen sich die Demonstranten (S. 149). „Das Proletariat" jedenfalls wartet auf seine Zeit, geduldig und beherrscht, bis der Tag des Generalstreiks, der Großdemonstration herangekommen ist und ein Sozialist die versammelte Arbeitermenge zum Protestmarsch aufruft (S. 206f.). Dieser trifft genau in einem Moment in der Rechtstadt ein, in dem wieder einmal eine neue hektische Hausse herrscht – und in diesem Moment spätestens solidarisiert sich Scherret ganz offensichtlich mit dieser gesichtslosen Masse der Arbeiter:

> *Die Demonstranten [...] schritten mit der Sicherheit von Menschen, die wissen, was sie wollen und was sie erreichen können. [...] Es war ein unaufhaltsamer Marsch; der Marsch einem großen Ziele entgegen. Alle wußten es, die den Zug sahen. Es war keine Parteiangelegenheit, es war die Aktion aller Arbeitnehmer, es war der Ausdruck einer furchtbaren Verzweiflung und zugleich das Dokument eines unbeirrbaren Willens, bessere Lebensverhältnisse zu erzwingen. (S. 264)*

Unter dem Druck dieser Demonstration ringt sich der Senat zur Währungsreform durch – zumindest im Buch; in Wirklichkeit war der Entscheidungsprozeß vor der Einführung des Guldens viel komplizierter und langwieriger.

Ruhepunkte und Ironie

Im Danzig der Inflation gibt es nur wenige Ruhepunkte. Einer ist der Ratskeller: „Der Ratskeller war ein vornehmes Lokal geblieben. [...] Ein Hauch alten Patriziertums lag über Menschen und Dingen." (S. 83f.) Ein anderer ist das Theater (S. 150). Auch das Konstrukt „Heimat" bietet manch einem Halt – wie Hilde und Peter, die, kurz bevor sie mit geraubtem Geld das Weite suchen, auf dem Bischofsberg stehen

> [...] *und das Bild der Stadt mit den vielen Türmen, um die die warme Sommersonne spielte, in ihr Gedächtnis aufnahmen. [...] Als er* [Peter, P.O.L.] *gegangen war, schluchzte Hilde hemmungslos. [...] Jetzt glaubte sie plötzlich zu fühlen, was es heißt, eine Heimat aufgeben [...]. Nie mehr würde sie durch die engen Gassen gehen können.* (S. 166f.)

Die Tatsache, daß diese Bekundung zur Heimat einer Diebin in den Mund gelegt wird – auch wenn sie „nur" die Spekulationsgewinne ihres Arbeitgebers klaut –, desavouiert den Heimatgedanken. Scherret hatte sich ja schon in seinen Danziger Jahren sehr kritisch über die deutschnationalen Beteuerungen einer unerschütterlich kerndeutschen Heimat geäußert. Hierin wird Scherrets linke Einstellung nur ein weiteres Mal deutlich. Weniger klar ist seine Einstellung zu Polen. Polen spielen in dem Roman keine große Rolle, selbst wichtige Figuren wie der Bankier Jablonski tragen außer dem Namen keine weiteren polnischen Eigenschaften. Gut, es gibt – schon damals! – einen bestechlichen polnischen Zöllner (S. 13f.), und einige weniger sympathische Inflationsgewinnler tragen polnisch klingende Namen, aber selbst die Danziger Hochfinanz ist Polen gar nicht so böse gewogen. Als gerade die Werftarbeiterdemonstration droht, heißt es über eine Unterredung im Senat: „Einige Herren bedauerten, daß in der Stadt kein Militär lag. Besser noch polnische als überhaupt keine Soldaten." (S. 139)

Eine Eigenschaft des Romans sollte nicht verschwiegen werden – seine Ironie. Da flüstert der dicke Bankdirektor in lila Unterhosen Liebesschwüre (S. 102). Da werden Wirtschaftssubjekte personalisiert: „In einer Ecke hatten sich fünf Engrosfirmen niedergelassen und stabilisierten unter sich den nachbörslichen Dollarkurs." (S. 126). Und ein Pfarrer hält eine flammende

Leichenrede: „Er benutzte Hochzeiten, Kindtaufen und Begräbnisse, um sich auf Wahlreden zu trainieren, denn er wollte für die nationale Partei kandidieren." (S. 162)

Fazit

Mit seiner typologisierenden Sichtweise der Gesellschaft hat Scherret einen typischen Roman der späten Neuen Sachlichkeit geschrieben, mit einer Übertragung großstädtischer Lebensformen in die Provinz, was zwangsläufig zu einer ironischen Kommentierung provinzialer Lebenswelten führte.[37] Der Stil ist nüchtern, behandelt wird die Krise der großstädtischen Zivilisation, der Text ist kritisch, und die Schilderung individueller Schicksale dient im Grunde nur der Darstellung größerer Zusammenhänge.[38] Im Gegensatz zu anderen Inflationsromanen blickt Scherret in seinem Buch mit einiger Faszination auf die Zeit der großen Geldentwertung, die er als einen gewaltigen Impuls der Kreativität, aber auch der grenz- und tabuüberschreitenden Entfesselung interpretiert. Das Ende mit dem Sieg der vom Proletariat eingeforderten Vernunft und der Rückfall in vorinflationär-kleinbürgerliche Zeiten wirkt angesichts seiner vehementen Kritik der nachinflationären Provinzialität ein wenig aufgesetzt.

Neben der Zeitkritik bietet das Buch einen faszinierenden Einblick in ein wenig bekanntes Kapitel Danziger Geschichte. Die Schilderung der lebendigen Stadt zur Zeit der Inflation ist mehr als nur hübsche Genremalerei – es ist ein wichtiges Zeugnis des Alltagslebens und der Mentalitäten in der Freien Stadt Danzig. Gewiß muß der Quellenwert des Buches kritisch überprüft werden, aber zumindest ist die Stimmung der Stadt gut eingefangen, sind manche Personen gut charakterisiert. Womöglich könnte Scherrets Roman auch am Anfang einer intensiveren Beschäftigung mit der Danziger Inflation, ihren lokalen Auswirkungen und ihren internationalen Bezügen stehen.

---

[37] Grundlegend: Lindner, Martin: Leben in der Krise. Zeitromane der neuen Sachlichkeit und die intellektuelle Mentalität der klassischen Moderne. Stuttgart u. Weimar 1994.
[38] Vgl. ebd., S. 361 f.

Murx den Europäer!
Paul Scheerbart und Danzig

Mechthild Rausch

1.

In einer Festschrift zu Goethes 150. Geburtstag im Jahre 1899, herausgegeben von der „Lese- und Redehalle der deutschen Studenten in Prag", veröffentlichte Paul Scheerbart erstmals das Gedicht *Indianerlied*. Es lautet kurz und lapidar:

> *Murx den Europäer!*
> *Murx ihn!*
> *Murx ihn! Murx ihn!*
> *Murx ihn ab!* [1]

Scheerbart selbst hat diese Verse nicht kommentiert, aber wer sein Werk kennt, weiß, was er damit zum Ausdruck bringen wollte. Der Dichter hegte eine tiefe Verachtung für den Nationalismus und Militarismus der europäischen Staaten. Weil ihm Europa zu kriegerisch war und zu sehr auf die Vergangenheit fixiert, siedelte er seine Zukunftswelten in Amerika, Australien, am Südpol und auf den Fidji-Inseln an, oder gleich außerhalb der Erde, auf dem Mond oder einem anderen Planeten.

Vom Alter her gehört Scheerbart nicht in dem Zeitraum, der in diesem Band zur Diskussion steht. Der Autor wurde 1863 in Danzig geboren, starb 1915 in Berlin und gehört folglich zur Generation der Naturalisten und Neuromantiker. Seine Nachwirkung reicht aber über diese Epoche hinaus; man kann sogar sagen, daß er erst nach seinem Tod die größte Wertschätzung erreichte. Inwieweit man in seiner Heimatstadt davon Notiz nahm, werden wir später sehen.

---

[1] Scheerbart, Paul: Indianerlied. In: Goethe-Festschrift zum 150. Geburtstag des Dichters. Hrsg. von August Ströbel. Prag 1899, S. 76. Es handelt sich offenbar um eine Anspielung auf Goethes Spruchgedicht „Den Vereinigten Staaten" („Amerika, du hast es besser,/ Als unser Kontinent, das alte..."). Indem er die Worte einem amerikanischen Ureinwohner in den Mund legte, gab Scheerbart Goethes Amerika-Verehrung einen eigenen Dreh.

Die Künstler-, Schriftsteller- und Architektengruppen, die für Scheerbarts Nachruhm sorgten – Expressionisten, Dadaisten, Bauhäusler – verstanden sich als Avantgarde. Dieses Selbstverständnis beinhaltete einen radikalen Neuerungswillen, der auch Scheerbart von Anfang an beflügelt hatte. Ein weiteres Merkmal der Avantgarden der 20er und 30er Jahre war ihr Internationalismus bzw. „Übernationalismus", um den von Kurt Schwitters bevorzugten und besser zutreffenden Begriff[2] zu gebrauchen. Viele von ihnen arbeiteten in Gruppen Gleichgesinnter außerhalb ihres Heimatlandes – in Paris, Zürich, Berlin oder Weimar. Als „Übernationalisten" verabscheuten sie Nationalismus und Militarismus. Auch darin waren sie mit Scheerbart einig.

Dieser zog es allerdings vor, zuhause zubleiben, also innerhalb der deutschen Grenzen. Seine „Grenzüberschreitungen" fanden nur im Kopf statt und sie ereigneten sich auch nicht nur auf geographischem Gebiet, sondern ebenso auf künstlerischem. In seiner literarischen und zeichnerischen Produktion überwand Scheerbart die Grenzen zwischen den literarischen Gattungen, den einzelnen Künsten, Dichtung und Wissenschaft, Literatur und Publizistik. Er schrieb Gedichte, Erzählungen, Romane, Theaterstücke, betätigte sich als Zeichner und Illustrator seiner Bücher. Daneben verfaßte er zahlreiche Artikel und Glossen über Themen aus Politik, Religion, Physik und Astronomie, schließlich ein viel beachtetes Architektur-Manifest (*Glasarchitektur*, 1914) und ein nicht ganz ernst zu nehmendes *Erfindertagebuch* (*Das Perpetuum mobile*, 1910). Wolfgang Pehnt über Scheerbarts künstlerische Grenzüberschreitungen:

Er mischte die Gattungen, parodierte erschöpfte Literaturformen, wechselte unvermittelt zwischen der Tonlage kosmischer Aussichten und einem Alltagsjargon, der jedem Pathos ein rasches humoristisches Ende bereitete. Er zeigte völliges Desinteresse an konsequent entwickelten Handlungen oder psychologisch vertieften Charakteren und war ganz und gar nicht willens, zugunsten eines erzählerischen Plans auf einen einzigen seiner Einfälle zu verzichten. Zu dem entwicklungsgeschichtlichen Zeitpunkt, in dem Scheerbart auftrat [um 1890], lag in der Naivität dieses Verfahrens Progressivität. Scheerbarts Dichtung löste funktionslos gewordene Überlieferungen auf, und zwar nicht in analytischer Destruktion, sondern unter dem Druck von Bildern,

---

[2]   Schwitters, Kurt: Nationalitätsgefühl (1924). In: Das literarische Werk. Hrsg. von Friedhelm Lach. Bd. 5 Manifeste und kritische Prosa. Köln 1988, S. 197. Siehe dazu auch den Beitrag von Hubert van den Berg in diesem Band.

die er geschmackvoller Weise nicht als Visionen ausgab. Er bot den Professionals, was sie in ihrer Profession nicht ausreichend finden konnten, die Architekten noch weniger als die Schriftsteller. Das Amateurhafte war im Falle Scheerbarts ein anderes Wort für die an keinerlei Konventionen gebundene Phantasie.[3]

Die freie Entfaltung der Phantasie war in der Tat Scheerbarts oberste Maxime, genau genommen der einzige Programmpunkt seiner Ästhetik. 1892, in der Blütezeit des deutschen Naturalismus, gründete er den „Verlag der deutschen Phantasten" und veröffentlichte zwei programmatische Aufsätze zur *Ästhetik der Phantastik*. In Ermangelung weiterer Phantasten und finanzieller Mittel ging der Verlag bald wieder ein. Nur wenige Zeitgenossen nahmen das Unternehmen ernst. Viele hielten Scheerbarts astrale und architektonische Träumereien für Auswirkungen des häufig und oft unmäßig genossenen Alkohols. Als der Autor in späterer Zeit jahrelang an der Erfindung eines Perpetuum mobile arbeitete, mit dem er den Erdball in ein architektonisches Kunstwerk verwandeln wollte, zweifelten selbst manche Freunde an seiner geistigen Gesundheit. Ernst oder Scherz? Das fragt man sich des öfteren bei der Lektüre Scheerbartscher Texte. Die Antwort lautet: Sowohl als auch, weil der Autor die Grenze zwischen Ernst und Scherz negierte oder, besser gesagt, offen hielt. So richtig verstanden das erst die Dadaisten, die bekanntlich den Unsinn zum Kunstprinzip erhoben.

2.
Soviel in Kürze zum „Grenzüberschreiter" Scheerbart. Über diesen Punkt ließe sich noch manches sagen, doch breche ich hier ab, um auf mein eigentliches Thema zu kommen, auf „Paul Scheerbart und Danzig". Ich möchte meinen Beitrag in zwei Teile gliedern: im ersten werde ich das Verhältnis des Dichters zu seiner Heimatstadt behandeln, im zweiten die Rezeption seiner Werke durch seine Mitbürger.

Die Forschung hat Scheerbarts Beziehung zu Danzig lange Zeit ignoriert. Galt er doch als Phantast, und Phantasten haben mit der Realität angeblich nichts oder wenig zu tun. Er selbst hat diese Sicht auf sein Werk begünstigt, indem er biographische Auskünfte stets verweigerte. Sein künstlerisches Programm führte er auf Vorbilder in der Malerei und Literatur

---

[3] Pehnt, Wolfgang: Paul Scheerbart, ein Dichter der Architekten. In: Glasarchitektur. München 1971, S. 142.

zurück, namentlich auf Rabelais, Swift, Zinzendorf und Clemens Bretano. Diese Auskunft ist sicher nicht falsch, aber sie ist unvollständig. Die frühesten und stärksten Impulse für sein Weltbild und dessen literarische Verarbeitung bezog Scheerbart aus seiner Biographie.

Die Wurzeln seiner Phantastik reichen bis in die Kindheit zurück. Mit drei Jahren verlor er die Mutter, zehnjährig den Vater. Neun der zehn älteren Geschwister starben im Kindesalter. Der Junge wuchs allein bei seiner ältlichen Stiefmutter auf. Die Lebensumstände machten ihn zum Träumer und Eigenbrötler. Er verschlang religiöses Schrifttum, das seine leibliche Mutter, eine Pietistin, hinterlassen hatte.[4] Oder er streunte allein durch die Stadt, die sich ihm manchmal unversehens in eine Märchen-kulisse verwandelte. In dem Märchen *Weltglanz* (1903) erzählt er, wie ein kleiner Junge ein Schild an einem Wirtshaus mit der Aufschrift „Aufgang zur Sonne" für bare Münze nimmt und in einem Fiebertraum selbst zur Sonne aufsteigt.[5] Auch Scheerbarts spätere Weltraumexkursionen sind oft Himmelfahrten, d.h. postmortale Reisen in eine Region, die er zuerst aus Sehnsucht nach den verstorbenen Familienmitgliedern ansteuerte. Dieser Tatbestand wird in dem frühen Prosagedicht *Der astropsychologische Dithy-rambus*[6] aufgeschlüsselt. Darin rast ein Komet auf die „Muttersonne" zu, um sich erneut mit ihr zu vereinen.

In Scheerbarts erstem Roman, *Das Paradies, die Heimat der Kunst* (1889), ist die Auffahrt bereits erfolgt. Hier führt sie, wie der Titel sagt, in einen Künstlerhimmel. Dieser ist mit phantastischen Bauwerken aller Art ausgestattet, mit einer architectura caelestis, die schon vieles von dem vorwegnimmt, was Scheerbart in späteren Werken entfaltete. Die Akteure, die diesen Architekturpark bevölkern, sind aber keine reinen Erfindungen, sie sind vielmehr Famlienmitgliedern und Personen aus dem Danziger Freundeskreis nachgebildet. Ich bezeichnete das Buch deshalb auch als „phantastischen Heimatroman".[7]

Die Stadt als solche, das reale Danzig seiner Zeit, kommt in Scheerbarts Erstling noch nicht vor – vermutlich, weil das Werk vor Ort entstand und

---

4   Er berichtet darüber in der Erzählung „Wenn Knaben fromm sind". In: Hamburger Fremdenblatt Nr. 164, 16.7.1909.
5   Scheerbart: Der Aufgang zur Sonne. Hausmärchen. Mit Illustrationen von Horst Hussel. Leipzig und Weimar 1984, S. 7.
6   In: Amsler & Ruthardt's Wochenberichte 3 (1894/95), Nr. 8, S. 78.
7   Rausch, Mechthild: Von Danzig ins Weltall. Paul Scheerbarts Anfangsjahre 1863-1895. München 1997.

sein Autor zunächst einmal zu seiner alten Umwelt auf Distanz gehen wollte. Konkrete Bezüge zu Danzig finden sich erst in den späten Erzählungen, die allerdings meist in der Vergangenheit angesiedelt sind. So etwa in *Frau Hevelius*[8], einer Hommage an Danzigs berühmtesten Sterngucker, Johannes H[o]ewelke (1611-1687). Oder in der Erzählung *Der Franziskaner*[9], einem fiktiven Geschehen aus dem 16. Jahrhundert, in dem ein Mönch vor den Toren von Danzig, bei Schidlitz, eine rundum verglaste Kapelle erbauen läßt – einen Vorläufer der von Scheerbart propagierten Glasarchitektur. Der Mönch stammt übrigens aus dem Franziskanerkloster in der Alten Vorstadt, das nur wenige Schritte von Scheerbarts Elternhaus in der Fleischergasse entfernt lag und schon damals als Stadtmuseum diente.

Ganz andere Danziger Reminiszenzen enthält der Roman *Der Kaiser von Utopia* (1904). Es handelt sich um eine Bearbeitung des volkstümlichen „Schildbürger"-Stoffes, in der die Stadt Schilda Züge von Danzig trägt. Scheerbarts Schildbürger haben beobachtet, daß es den Menschen in der Residenz (sprich: in Berlin) weit besser geht als ihnen. In ihrer Einfalt erklären sie sich dies mit der Vielzahl militärischer Uniformen im Straßenbild. Also beschließen sie die Gründung eines „Allgemeinen Uniformvereins", offenbar eine satirische Anspielung auf die Umwandlung der alten Hansestadt in eine preußische Garnison. Scheerbarts Antimilitarismus geht sicher auch auf die Tatsache zurück, daß gegenüber dem Elternhaus die Wieben-Kaserne stand; sie lieferte ihm die nötigen Eindrücke für seine Militär-Satiren.

Als Chronisten seiner Heimatstadt kann man Scheerbart also nicht bezeichnen. Zwar bezog er sich, wie angedeutet, in Romanen und Erzählungen immer wieder auf den Ort seiner Herkunft, doch geschieht es stets in einer subjektiven, phantasiebetonten Weise. Nach seiner Abwanderung in den späten achtziger Jahren wurde Danzig für ihn zu einer Sehnsuchtskulisse, zu einem Topos der Erinnerung, den er jedoch meist verschleierte.

Nur in einem Fall schrieb er unverhüllt und unverblümt über seine Heimatstadt, dies allerdings nicht als Dichter, sondern als Lokalreporter beim „Danziger Courier". Als solcher fungierte er im Jahr 1890 einige Monate lang, kurz nach der Veröffentlichung seines ersten Romans.

---

[8]   In: Hamburger Fremdenblatt Nr. 134, 10.6.1911, S. 5.
[9]   In: Hamburger Fremdenblatt Nr. 172, 25.7.1911, S. 25.

Damals lebte er bereits in Berlin. Auch dort hatte er sich mit journalistischen Arbeiten über Wasser gehalten, in der Regel allerdings mit Kunstkritiken. Nach Danzig kam er, wie sich der Redakteur Wilhelm Freder (mit Schillers Worten) erinnerte, „der Not gehorchend, nicht dem eigenen Triebe"[10]; möglicherweise zog den angehenden Dichter auch seine Jugendliebe Rosa Gerlach in die Heimatstadt zurück.

Als Lokalreporter berichtete Scheerbart über alles, was sich vor Ort ereignete: über Mord und Totschlag, Gerichtsverhandlungen, Kommunalpolitik, Vereinswesen, kleinere kulturelle Ereignisse, Jahrmärkte, Volksbelustigungen etc. Es sind in der Regel kurze Artikel, manchmal nur wenige Zeilen, selten mehr als eine Seite lang, meist in trockenem Nachrichtenstil abgefaßt. Nach einigen Wochen ließ man ihm offenbar mehr Freiheit, sowohl in der Wahl seiner Themen als auch bei deren Formulierung. Jedenfalls zeichnen sich nun immer deutlicher seine persönlichen Vorlieben ab, über die er mit spürbarem Engagement berichtete. Nach einigen Monaten durfte er sogar zwei längere „Sonntagsplaudereien" verfassen, später auch einen Leitartikel.[11]

Sicher sollte man diese Texte nicht überbewerten. Es handelt sich größtenteils um relativ anspruchslose Gebrauchsprosa, die der schnellen Information dienen sollte. Dennoch sind die über 200 Beiträge auch insgesamt nicht ohne Reiz. Sie bilden eine Art Kurzzeitstudie des Danziger Alltagsgeschehens zwischen Mai und Dezember 1890. So betrachtet stört einen auch ihre relative Nüchternheit nicht, zumal sie Sentimentalität und Geschwätzigkeit verhindert. Für Scheerbart-Forscher sind die Artikel auch deshalb von Interesse, weil sie zeigen, wie sein Erzählstil durch die journalistische Praxis geprägt wurde.

Wolfgang Pehnt nennt Scheerbart zu Recht einen „Dichter der Architekten". Architekturphantasien dominieren in seinem Werk, selbst in den „astralen" Dichtungen, die den zweiten thematischen Schwerpunkt in Scheerbarts literarischem Schaffen bilden. Wie wir gesehen haben, war sein

---

[10] Wilhelm Freder: Reporter Scheerbart. Unbezeichneter Zeitungsausschnitt aus dem Nachlaß von Adolf Behne in der Berliner Staatsbibliothek PK. Vermutlich 1915 in der „Vossischen Zeitung" erschienen.

[11] Über Scheerbarts Beiträge für den „Danziger Courier" vgl. Rausch: Von Danzig ins Weltall (wie Anmerkung 7), S. 91-101. Das Buch enthält auch eine größere Auswahl aus den Lokalreportagen. Ferner Rausch: Der Phantast als Lokalreporter. In: 1000 Jahre Danzig in der deutschen Literatur. Studien und Beiträge. Hrsg. von Marek Jaroszewski. Studia Germanica Gedanensia (1998) Nr. 5, S. 107-120.

Interesse an der Baukunst schon in der Danziger Zeit voll ausgeprägt. Es liegt also nahe, nach biographischen Einflüssen zu suchen, und die lassen sich unschwer finden.

Da ist einmal die Tatsache, daß der Vater als Zimmermann im Baugewerbe tätig war und sein berufliches Interesse sicher an den Sohn weitergab. Von ihm und seinen Berufsgenossen, darunter auch Pauls Pate, könnte der junge Scheerbart den Stolz auf das historische Stadtbild übernommen haben. Aber auch das religiöse Schrifttum der Mutter hinterließ Spuren in seinen Architekturträumen – als solche kommt vor allem das himmlische Jerusalem in Betracht, die Stadt Gottes, wie sie in der Johannes-Apokalypse beschrieben wird.

Beides – das historische Stadtbild von Danzig und die biblische architectura caelestis – formten zu Beginn sein Bild von einer idealen Architektur. Das Zusammenwirken beider Faktoren zeigt sich am deutlichsten in dem erwähnten Leitartikel über die „Danziger Festungswälle"[12]. Es ging damals in der Stadt um die Beseitigung der historischen Wehranlagen. Während man im Senat die Schleifung der Wälle plante, trat Scheerbart mit Vehemenz für deren Beibehaltung ein. Er tat dies nicht, um alles beim Alten zu lassen, sondern in der Absicht, die Festungswälle in einen märchenhaften Landschaftsgarten umzuwandeln – mit Bergen, Tälern, Grotten, Kaskaden, Ruinen, Fontänen, Rosenhainen etc., in eine Kreuzung aus morgen- und abendländischer Gartenbaukunst, in ein städtisches Paradies. Durch derart umgestaltete Wallanlagen, so argumentiert er, werde Danzig zu einer „Idealstadt werden, von so berückendem Aussehen, daß unter allen Städten der Welt Danzig die interessanteste, schönste, reizvollste wäre."[13]

Wie erklärt sich diese Glorifizierung des historischen Danziger Stadtbildes? Die Bewunderung der baulichen Schönheit reicht als Erklärung nicht aus. Hier hilft wiederum der Blick in die Lebensgeschichte weiter. Aus autobiographischen Aussagen in mehreren Romanen der mittleren Schaffensperiode geht hervor, daß Scheerbart mit Danzig vor allem schmerzliche Erinnerungen verband: die erwähnten Todesfälle, die ärmliche Existenz mit der Stiefmutter, die schulischen Katastrophen, das Gefühl des Ausgestoßenseins, der Verlust der Jugendliebe, die einen anderen heiratete. Nach seiner endgültigen Abwanderung, Ende 1890, scheint der Autor kaum noch nach Danzig gekommen zu sein.

---

[12] Danziger Courier, 13.7.1890, S. 1, Sp.1-4.
[13] Ebd.

Was ihn letztlich am steinernen Danzig faszinierte, erfährt man in dem „Seelenroman" *Liwûna und Kaidôh* (1902). In diesem Werk schweift eine männliche Seele namens Kaidôh durch einen imaginären Raum. Sie möchte der schmerzlichen Vergangenheit entfliehen. Dabei sucht sie einerseits den Rausch, die Ekstase, andererseits einen Ruhepunkt. Diesen findet sie am Ende in einem architektonischen Gebilde, einem Architekturstern, mit dem sie sich vereinigt und selbst zu Stein wird.[14] Die Architektur, die Scheerbart vorschwebte, war in hohem Maß Lebensersatz und Todessymbol; insofern war sie mit der Grabbaukunst verwandt. Dies gilt selbst noch für die späten, in *Glasarchitektur* enthaltenen Bauphantasien, die auf Realisierbarkeit zielten. Das Glashaus, das der Architekt Bruno Taut nach Scheerbarts Ideen auf der Werkbundausstellung 1914 in Köln errichtete, erinnerte den Dichter selbst an ägyptische „Mameluckengräber"[15]. Die historische Stadtkulisse von Danzig, die Kaidôh ursprünglich umkreisen sollte,[16] besaß für Scheerbart nicht zuletzt die Bedeutung eines Friedhofs, einer Nekropole, in der seine verstorbenen Lieben, aber auch seine Leiden und Enttäuschungen ruhten.

3.

Wie verhielt sich nun die Heimatstadt zu ihrem frühzeitig abgewanderten Sohn? Um diese Frage korrekt beantworten zu können, müßte man u.a. den Danziger Blätterwald durchforsten, also sämtliche zwischen 1890 und 1945 erschienenen Danziger Zeitungen, die in den Magazinen der Biblioteka Gdańska lagern. Ich habe mich dieser Arbeit bisher nicht unterzogen, weil ich nichts Substantielles davon erwartete. In den wenigen mir bekannten Zeugnissen wird durchweg beklagt, daß Scheerbarts Schaffen zu seinen Lebzeiten in Danzig kaum zur Kenntnis genommen wurde. Von Lesungen, Aufführungen, Ehrungen seiner Person ist mir nichts bekannt. Kenner der Materie kann das nicht verwundern. Scheerbart genoß zeitlebens „nur" einen Insider-Ruhm, d.h. seine Bewunderer waren selbst Kulturproduzenten – Schriftsteller, bildende Künstler und Architekten wie Richard Dehmel, Erich Mühsam, Walter Benjamin, Alfred Kubin, Bruno Taut, um nur die bekanntesten Namen zu nennen. Unter gewöhnlichen Lesern fand Scheer-

---

[14] Vgl. Rausch: Versteinern und Verglasen. In: Der Architekt, (1996) Nr. 1, S. 19-21.

[15] Scheerbart, Glashäuser. In: Technische Monatshefte 4 (1914) Nr. 4, S. 106.

[16] Laut einer handschriftlichen Notiz zum Roman. Aus einem Konvolut mit Aufzeichnungen zu „Liwûna und Kaidôh" im Archiv des Insel-Verlags, Leipzig.

bart nur wenige Liebhaber und, wie den Briefwechseln mit seinen Verlegern zu entnehmen ist, entsprechend wenige Käufer für seine Bücher.[17]

Auch nach 1910, als Scheerbart im Zenit seines Ruhms stand und durch das Erscheinen seiner Texte in den expressionistischen Zeitschriften *Der Sturm* und *Die Aktion* eine größere Bekanntheit erreichte, fand das in Danzig offenbar kein Echo. Was sich in Avantgarde-Blättern im fernen Berlin abspielte, nahm man hier offensichtlich nicht zur Kenntnis.

Im Freistaat Danzig scheint sich das ein wenig geändert zu haben. 1921 brachten die „Danziger Neuesten Nachrichten" einen Nachdruck der *Frau Hevelius*. Wie aus einem Brief an den Berliner Schriftsteller Julius Hart hervorgeht, plante der Chefredakteur der Wochenschrift „Danziger Rundschau", Karl Eugen Müller, im Anschluß an Scheerbarts 60. Geburtstag (1923), mehrere Veranstaltungen mit Lesungen und Vorträgen.[18] Ob etwas daraus wurde, konnte ich bislang nicht klären, ebensowenig die Frage, ob der von Müller angekündigte Artikel von Stanisław Przybyszewski, einem alten Freund und Kollegen Scheerbarts, geschrieben und irgendwo gedruckt wurde.

Zu Scheerbarts zehntem Todestag, 1925, erschienen mehrere Artikel in Danziger Zeitungen und Zeitschriften. Adolf Behne würdigte den Dichter in den *Ostdeutschen Monatsheften.*[19] (Behne, ein Architekt und Kunstkritiker, war Mitarbeiter der Zeitschrift *Der Sturm* und des Bauhauses.) Anselm Ruest verfaßte eine lange (und schwer verständliche) Lobrede in der „Danziger Rundschau".[20] (Ruest, ehemaliger Herausgeber der expressionistischen Zeitschrift *Bücherei Maiandros,* war einer der engagiertesten Freunde Scheerbarts; 1913 schlug er den Dichter in seinem Blatt für den Friedensnobelpreis vor, wobei er Scheerbarts vielfach unter Beweis gestellten Pazifismus bzw. Antimilitarismus ins Feld führte. Der Appell fand aber in Stockholm kein Gehör.) In der „Danziger Zeitung" schrieb Will Schel-

---

[17] Siehe die Briefe an Max Bruns, Alfred Walter Heymel, Ernst Rowohlt, Georg Müller u.a. In: 70 Trillionen Weltgrüße. Eine Biographie in Briefen. Hrsg. von Mechthild Rausch. Berlin 1991.

[18] Brief an Julius Hart v. 4.12.1923 (Handschriften-Abteilung der Stadt- und Landesbibliothek Dortmund).

[19] Behne, Adolf: Paul Scheerbart. In: Ostdeutsche Monatshefte 6 (1925) Nr. 7, S. 735-737.

[20] Ruest, Anselm: Paul Scheerbart, zum 10. Todestag (15.10.1925). Eine Erinnerung für Lachverständige. In: Danziger Rundschau 3 (1925) Nr. 41.

ler, ein weiterer publizistischer Wegbegleiter des Dichters, über „Paul Scheerbarts architektonische Prophetie."[21]

Bereits 1924 hatte Wolfgang Federau in dem Buch „Danzigs Dichter und wir" Scheerbart als herausragenden Schriftsteller gewürdigt. „Ein eigenartigeres Talent", schreibt Federau, „ist auf dem Boden dieser Stadt kaum jemals gewachsen."[22] Es hat aber nicht den Anschein, als seien alle diese Würdigungen zu einem breiteren Publikum vorgedrungen – teils, weil sie zu anspruchsvoll waren, teils weil Scheerbarts Werk schon in Vergessenheit geraten war.

1929 trat der aus Elbing stammende Schriftsteller und Ethnologe Hellmut Draws-Tychsen auf den Plan. Um das Werk des verehrten Dichters erneut bekannt zu machen, gründete er in Berlin eine „Paul-Scheerbart-Gesellschaft", der u.a. Erich Mühsam, Bruno Taut, Herwarth Walden und Adolf Behne beitraten. Draws-Tychsen warb in der Folgezeit in Zeitungsartikeln und Rundfunksendungen für den bewunderten „Landsmann".[23] Mit finanziellen Zuwendungen gewann er das Vertrauen von Scheerbarts notleidender Witwe, die bis dato alle Versuche, den unveröffentlichten Nachlaß zu publizieren oder vergriffene Werke neu aufzulegen durch hohe Geldforderungen vereitelt hatte.[24] Draws-Tychsen gelang es, das Danziger Landesmuseum in Oliva zum Aufkauf eines Teils der nachgelassenen Zeichnungen und Manuskripte zu bewegen und beim Senat der Stadt eine Rente für Anna Scheerbart herauszuschlagen. Zum Dank ernannte diese ihn zum Nachlaßverwalter.

Anläßlich der Übergabe des Teilnachlasses fand im Oktober 1931 im Olivaer Schloß eine Ausstellung mit Handschriften und Zeichnungen Scheerbarts statt, ferner ein Festakt, bei dem der Museumsdirektor Erich Keyser und Draws-Tychsen sprachen. Zur Rede des Letzteren, abgedruckt in der ersten Sammelausgabe Scheerbartscher Werke nach dem Zweiten Weltkrieg,[25] sind einige kritische Anmerkungen nötig. Die Rede ist nicht nur fachlich unzureichend und voll falscher Fakten, sie enthält auch eine Reihe von ideologischen Peinlichkeiten. So wird der „nordisch-groteske

---

[21] Unbezeichneter und undatierter Zeitungsausschnitt aus dem Nachlaß von Adolf Behne in der Berliner Staatsbibliothek PK.

[22] Federau, Wolfgang: Danzigs Dichter und wir. Danzig 1924, S. 70.

[23] Draws-Tychsen, Hellmut: Rechenschaftsbericht eines literarischen Nachlaßpflegers. In: Rolli, Beatrice: Paul Scheerbarts weltgestaltende Phantasiekraft. Phil. Diss. Zürich 1984, S. 138 ff.

[24] Dies berichtet Anselm Ruest (wie Anmerkung 18).

[25] Dichterische Hauptwerke. Hrsg. von Else Harke. Stuttgart 1963, S. 9-16.

Lebensodem" und die „lichtklare nordische Führung" an Scheerbarts Werk gerühmt und positiv vom „slawisch-angekränkelten Wesen" so mancher Deutscher abgesetzt.[26]

Mit diesen Äußerungen wandelte Draws-Tychsen auf den Spuren des Wiener Literaturwissenschaftlers Josef Nadler, welcher die Dichtung auf stammesgeschichtlicher Grundlage erforschte, lange vor der Nazibarbarei. Draws-Tychsen war kein Nationalsozialist. Er war sogar ein Gegner des Regimes und als solcher im Zweiten Weltkrieg für einige Zeit im KZ Mauthausen interniert. Aber er huldigte nun einmal der völkischen bzw. rassistischen Betrachtungsweise und verbreitete sie auch nach 1945. Bei der Gedenkfeier zielte er mit diesen Bemerkungen sicher auch auf die, wie er schreibt, nationalsozialistische Gesinnung des Museumsdirektors, um etwas für den verehrten Dichter und seine bedürftige Witwe zu erreichen. Doch ließ er auch nach dem Zweiten Weltkrieg nicht von dem „nordischen Ge-mähre" (Arno Schmidt) ab.[27]

Die drei Danziger Zeitungen[28], die von dem Festakt berichteten (– den von Draws-Tychsen erwähnten „Staatsakt" gab es nur in dessen Phantasie), taten es mit dem Respekt, dem man einem verdienten Außenseiter zollt; auf das angeblich „Nordische" an Scheerbart ging niemand ein. Nach Draws-Tychsens Angaben wurde die Ausstellung von mehr als 15 000 Menschen besucht; die vom Rowohlt-Verlag aufgekauften Restbestände Scheerbartscher Bücher zur Gänze verkauft.[29] Die Behauptung, „der Stadt-teil Langfuhr benannte eine neue Straße mit dem Namen des Dichters",[30] konnte ich bislang nicht verifizieren.

Für eine Vereinnahmung Scheerbarts durch nationalistische oder natio-nalsozialistische Kreise, die man nach der Lektüre von Draws-Tychsens Rechenschaftsbericht befürchten konnte, gibt es keine Indizien. In Anbe-tracht des Scheerbartschen Werkes wäre sie auch schlecht vorstellbar, um nicht zu sagen: aberwitzig. Es kommt hinzu, daß die Künstler und Schrift-steller, die Scheerbarts späten Ruhm begründeten, aus dem Umkreis von Expressionismus und Dadaismus stammten, sich also zu Kunstrichtungen

---

[26] Draws-Tychsen (wie Anmerkung 23), S. 14.

[27] Schmidt, Arno: Seifenblasen und nordisches Gemähre. Eindrücke von einer neuen Scheerbart-Ausgabe. In: Die Zeit, 25.1.1963.

[28] Danziger Neueste Nachrichten Nr. 251, 26.10.1931; Danziger Volksstimme, 26.10.1931; Danziger Allgemeine Zeitung, 27.10.1931.

[29] Draws-Tychsen (wie Anmerkung 23), S. 154.

[30] Ebd.

bekannten, die in den dreißiger Jahren als „entartete Kunst" verfemt wurden. Schließlich sei noch erwähnt, daß ein großer Teil bekennender Scheerbart-Liebhaber – ich nenne nur Erich Mühsam, Salomo Friedlaender (Mynona), Herwarth Walden, Anselm Ruest, Albert Ehrenstein, Walter Benjamin, Gershom Scholem – deutsch-jüdischer Abstammung war. Auch dies immunisierte Scheerbarts Werk gegen eine nationalsozialistische Vereinnahmung.

Eine andere, ungleich sympathischere, „völkische" Vereinnahmung widerfuhr Scheerbart durch seinen Freund Stanisław Przybyszewski. Der polnische Autor lebte in den neunziger Jahren in Berlin und verkehrte u.a. im Friedrichshagener Dichterkreis. Dort wurde er, wie er in seinen Erinnerungen berichtet,[31] auch mit Paul Scheerbart bekannt: „Er [Scheerbart] hatte mir verraten, daß er in Danzig geboren und kaschubischer Abstammung sei; deshalb taufte ich ihn feierlich auf den Namen Paweł Szczerba."[32] Prybyszewski befaßt sich in dieser Stelle vor allem mit Scheerbarts Persönlichkeit – seiner Ironie, seinen enigmatischen Ausrufen, seiner Trunksucht. Auf die Dichtungen geht er nicht näher ein. Er begründet dies mit der Behauptung: „Sein Werk kann nur ein einziger Kritiker beurteilen – Adolf Nowaczyński."[33] Kurzum: Przybyszewski empfand Scheerbart als verwandte Seele, was er auf dessen kaschubische Wurzeln zurückführte.

Den kaschubischen Wurzeln bin ich in meinen biographischen Recherchen nachgegangen. In Scheerbarts Ahnenreihe fand ich tatsächlich eine Person mit slawisch klingendem Namen: Anna Schapkowski, die Urgroßmutter des Dichters, die wie die übrige väterliche Familie aus dem Danziger Umland stammte (die mütterliche Sippe stammte aus Altona bei Hamburg).[34] Entweder Scheerbart oder Przybyszewski machten die „polnische" Urgroßmutter offenbar auch unter den Friedrichshagenern publik, denn Bruno Wille läßt in seinem humoristischen Erinnerungsbuch *Das Gefängnis zum Preußischen Adler* entsprechende Bemerkungen fallen. Scheerbart tritt darin unter dem Namen Scharbock auf. Von diesem heißt es u.a. : „ ... mit seinem phantastischen und schwelgerischen Polackentum [verband er]

[31] Przybyszewski, Stanisław: Moi współcześni – Wśród obcych. Warschau 1926. Ich beziehe mich auf die deutsche Ausgabe: Erinnerungen an das literarische Berlin. Aus dem Polnischen übertragen von Klaus Staemmler. München 1965.

[32] Ebd., S. 116.

[33] Ebd.

[34] Rausch: Von Danzig ins Weltall (wie Anmerkung 7).

die tiefsinnige Schwärmerei des Deutschen."[35] Wie Scheerbart über die ihm nachgesagten polnischen Wesenszüge dachte, ist nicht bekannt. Bekannt ist sein Lob auf die polnische Höflichkeit. Er soll es im Gespräch mit der Verlegersgattin Margarete Bruns geäußert und hinzugefügt haben: „Möchten wir doch – wie gesagt, entschieden – etwas mehr Polen werden!"[36]

[35] Wille, Bruno: Das Gefängnis zum Preußischen Adler. Eine selbsterlebte Schildbürgerei. Jena 1914, S. 167.
[36] Bruns, Margarethe: Paul Scheerbart und sein Bär. In. Paul Scheerbart, Briefwechsel mit Max Bruns. Hrsg. von Leo Ikelaar. Frankfurt 1990, S. 131.

Przybyszewski in Danzig und Zoppot

Gabriela Matuszek

1. Przybyszewskis Danziger Freund, der jüdische Literat Saul Blum, schrieb 1936, drei Jahre vor Ausbruch des Zweiten Weltkrieges und der Entfesselung der monströsen Maschinerie des Holocaust: „Wie schade, dass Przybyszewski nicht mehr am Leben ist. Er hätte sicherlich Stellung bezogen gegen den Rassismus in Deutschland, dessen widerlicher Gestank sich bei unserem Nachbarn verbreitet."[1] Dieser Glaube an das Gewicht der Stimme des polnisch-deutschen Schriftstellers ist das größte Kompliment, welches einem Künstler postum zuteil werden konnte, der eines der elitärsten Kunstkonzepte geschaffen hatte. In diesen Worten schwingt auch die Überzeugung von der Multikulturalität und dem „Übernationalismus" des polnischen Schriftstellers mit. Beide werden zum Fundament eines Brückenbaus, der die Völker, ihre Kulturen und ihre je einzelnen schöpferischen Biographien verbindet und sie in das Universum des Humanen einfügt. Im Umkreis der „Danziger Episode" von Przybyszewskis Biographie enthüllt sich nämlich eine andere Komponente seiner Künstlerpersönlichkeit – das gesellschaftliche Engagement, das zu bleibenden Erfolgen auf dem Gebiet der konkreten materiellen Kultur geführt hat.

Als Stanisław Przybyszewski im Oktober 1920 nach Danzig (Gdańsk) kam, war er 52 Jahre alt und hatte seine großen literarischen Triumphe schon hinter sich. Von seinem Debüt in Deutschland (1892), das ihm die ersten Erfolge gebracht hatte, trennte ihn über ein Vierteljahrhundert. Seine stürmische und legendenumwobene Künstlerbiographie, die aus dem Ruf eines „Königs der Berliner Bohéme" rührte, brachte ihn über die Krakauer Episode als Führer der polnischen Modernisten, über Warschauer Theatererfolge, über ein kurzes Intermezzo in Thorn (Toruń) und den mehrjährigen Münchener Aufenthalt schließlich in das freie Polen, zuerst nach Posen (Poznań) und anschließend nach Danzig, das gerade dabei war, einen Grundstock an Polentum wiederaufzubauen. Der polnisch-deutsche Künstler fand sich in einem polnisch-deutschen Danzig wieder. Allerdings war er weder als begnadeter Botschafter der polnischen Kultur, noch als

[1] Blum, Saul: Moje wspomnienia o Stanisławie Przybyszewskim [Meine Erinnerungen an Stanisław Przybyszewski], Nowy Dziennik, 7.4.1936, S. 15.

ein großer Schriftsteller gekommen, der etwa von dauerhaftem Ruhm überstrahlt gewesen wäre. Der Künstler Przybyszewski gehörte schon zu einer anderen Epoche, sein Werk hatte einen deutlichen Abstand zum modernen Paradigma der Avantgarde-Literatur. Die Übersiedelung nach Danzig war von materiellen Gesichtspunkten bestimmt. Die Eisenbahndirektion hatte ihm eine Stelle angeboten, die ihm ein angemessenes Leben ermöglichte. Man kann also sagen, dass die Wahl Danzigs auf seiner Lebensbahn ein Zufall war. Aber gleichzeitig kann man darin die Verwirklichung einer bestimmten Konsequenz sehen – immerhin glaubte Przybyszewski selbst ja an die unabwendbare Erfüllung des dem Menschen vorbestimmten Schicksals. Danzig war die Etappe, die dem Künstler den vollendeten Ausdruck seines tiefen Bedürfnisses erlaubte, etwas für den Anderen und für das allgemeine Wohl zu tun. Mein Aufsatz wird also im Wesentlichen genau diese gesellschaftliche und nicht die literarische Aktivität des Schriftstellers behandeln; denn die gesellschaftliche Aktivität dominierte seinen Danziger Aufenthalt.

2. Zunächst ein paar Fakten. Przybyszewski erhielt im Oktober 1920 eine Stelle im Zentralbüro der Polnischen Eisenbahndirektion, das in dem Gebäude am Olivaer Tor 2-4 untergebracht war. Er arbeitete zusammen mit Marceli Laska und Witold Schneider, zwei anderen Beamten, in der ersten Etage im Zimmer 251, in einem Raum, der zur Bibliothek der Eisenbahndirektion gehörte. In Przybyszewskis Aufgabenbereich fiel die Übersetzung von in Deutsch verfassten Instruktionen, Drucksachen und Vorschriften ins Polnische sowie die tägliche Durchsicht der Presse, um Artikel über die Danziger Eisenbahndirektion herauszusuchen.[2] Władysław Przybyszewski zitiert den Schriftsteller, der sich seinerzeit gegenüber einem Lemberger Journalisten folgendermaßen geäußert hatte:

Ich bin dem polnischen Staat sehr dankbar, dass er mir eine honorige und sichere Erwerbsmöglichkeit gegeben hat. [...] Ich werde von den Kollegen sehr geschätzt, und

---

[2] Eine Reihe Informationen zum Thema von Przybyszewskis Danziger Tätigkeit habe ich dem Buch von Stanisław Helsztyński: Przybyszewski. Opowieść biograficzna [Przybyszewski. Eine biografische Erzählung]. Warschau (Warszawa) 1973, entnommen, sowie den Anmerkungen Helsztyńskis zur Edition von Przybyszewskis Briefen: Listy [Briefe]. Bd. 3, Breslau (Wrocław) 1954. Hauptinformationsquelle sind natürlich Przybyszewskis eigene Äußerungen (Briefe, Zeitungsartikel, Memoiren) sowie Texte von Personen, die mit Przybyszewski in diesem Umkreis verbunden waren.

weil ich Polnisch und Deutsch kann, bin ich, wie man sagt, gut verwendbar. Würde es Ihnen denn zum Beispiel gelingen, einen Ausdruck wie „Überheizmaschine" zu übersetzen? Mir gelingt sowas. Sehen Sie![3]

Trotz aller Genugtuung erweist sich die Arbeit im Büro für Przybyszewski als sehr anstrengend, nach acht Stunden hat er weder Zeit noch Kraft zu literarischer Tätigkeit. Im Übrigen sah er das von Anfang an. So schrieb er am 14. Oktober 1920 an seinen Posener Bekannten:

Seit zehn Tagen arbeite ich jetzt im Büro. Wenn ich mir mit dieser idiotischen Arbeit nicht den Aufenthalt in Polen erkaufen würde -, sie belastet mich über die Maßen und quält mich unsäglich. Vielleicht hat es auch sein Gutes: In diesen monströsen Bedingungen und Verhältnissen und in dieser unmöglichen Umgebung werde ich die letzten Reste an literarischen Anflügen los. Hier riecht nichts mehr nach Literatur.[4]

Die ersten Arbeitstage waren schwierig, dennoch teilte er Wilhelm Zielonka schon kurz vor den Weihnachtsfeiertagen mit: „Ich habe mich jetzt schon ganz akklimatisiert [...]. Die Büroarbeit ist ganz erträglich und man hat mir mein Gehalt seit 1. Oktober um 500 deutsche Mark erhöht, so dass ich gegenwärtig 2 000 Mark Monatsgehalt habe, bzw. 14 000 in polnischem Geld."[5]

Diese optimistische Feiertagsstimmung hielt allerdings nicht lange an, ein halbes Jahr später schreibt er an den in München lebenden Aleksander Guttry:

Aber diese intensive achtstündige Büroarbeit erschöpft mich so, dass ich mich zu keiner besonderen Arbeit für mich selbst mehr aufraffen kann. Diese Büroarbeit besteht hauptsächlich in der Schaffung einer technischen Sprache für Sachen, mit denen Polen nie zu tun gehabt hat, in der Übersetzung von verwickelten administrativ-ingenieurtechnischen Vorschriften, von Protokollen usw. Aber weil das Monatsgehalt bei dieser verrückten Teuerung eigentlich nur für das nackte Überleben

---

[3] Przybyszewski, Władysław: Społeczna działalność Stanisława Przybyszewskiego w Gdańsku [Przybyszewskis gesellschaftliche Tätigkeit in Danzig], Gazeta Warszawska, Nr. 31, 30.1.1934.

[4] Brief St. Przybyszewskis an Wacław Dziabaszewski in Posen, 14. Oktober. In: Listy (wie Anm. 2), S. 159.

[5] Brief an Wilhelm Zielonka in Posen, 21. Dezember 1920. In: Listy (wie Anm. 2), S. 174.

reicht [...] musste ich also über die Bürostunden hinaus noch eine Arbeit im hiesigen Kommissariat der Republik Polen annehmen, d.h. für polnische und deutsche Zeitschriften in Sachen Danzig Propaganda-Artikel schreiben usw., was ebenfalls in aller Regel viel Zeit beansprucht, so dass ich überhaupt an nichts anderes mehr denken kann.[6]

Die Danziger Stelle gab Przybyszewski keine ausreichende materielle Absicherung, eine zusätzliche Einnahmequelle und gleichzeitig die Verwirklichung der unterdrückten literarischen Ambitionen sollte die Herausgabe seiner „Gesammelten Werke" sein, um die er sich im Lemberger Verlagshaus „Lektor" von Stanisław Lewicki seit August 1921 bemühte, wobei er Verhandlungen über ein hohes Honorar führte, und zwar zahlbar in deutscher Mark.[7] Schließlich begannen die „Gesammelten Werke" ab 1923 in Lemberg (Lwów) zu erscheinen (bis 1929). Es gelang Przybyszewski während seiner Danziger Zeit nicht, interessante literarische Texte zu schreiben. Ihn beschäftigten Themen, die ziemlich weit vom Paradigma der seinerzeit modernen Nachkriegsliteratur entfernt waren: Hexenwesen, Okkultismus, Spiritismus und Esoterik. Er bereitete die Arbeit *Czarownica i czarna magia* (*Hexe und Schwarze Magie*) für den Druck vor, die ein Resultat seiner langjährigen Studien zur Geschichte der Schwarzen Magie, der Synagoge Satans und des Phänomens des Hexenwesens war. Die Publikation ließ sich dennoch nicht verwirklichen.[8] Dagegen erschien die Romanfassung dieses Themas im Druck, unter dem Titel *Il regno doloroso* (1924). Sie war während eines Urlaubs im österreichischen Kurort Fuschl

---

[6] Brief an Aleksander Guttry in München, 17. Mai 1921. In: Listy (wie Anm. 2), S. 178-179. Die Einschätzung seiner Arbeit änderte sich bis zu deren Ende nicht, wie sein Schreiben an Aleksander Guttry vom 23. Dezember 1923 belegt. (Vgl. oben, nächste Seite).

[7] Vgl. Brief an Stanisław Lewicki in Lemberg (Lwów), August 1921. In: Listy (wie Anm. 2), S. 189. Die Verhandlungen werden die Währung betreffen, in der das Honorar auszuzahlen war, sowie dessen Höhe (vgl. Anmerkung 1301 zu diesem Brief). Das Honorar erhielt Przybyszewski schließlich in polnischem Geld.

[8] Am 23. Februar 1923 schickte er an Lewicki einen Vertragsentwurf; im März 1921 schloss er einen Herausgebervertrag ab, der allerdings nie verwirklicht wurde; bis 1944 befand sich das Manuskript in der Bibliothek der Adelsfamilie Krasiński in Warschau und verbrannte während des Warschauer Aufstands 1944 (nach den Angaben von Helsztyński, Listy (wie Anm. 2), S. 161). Ebenso misslang der Versuch, Aleksander Guttry zu einer Übersetzung des Werks ins Deutsche und zur Herausgabe in Deutschland zu bewegen. Auch gelang es Przybyszewski nicht, einen weiteren dämonologischen Roman zu schreiben, „Energumenae", dessen Handlung sich um das vom Satan beherrschte Versailles zur Zeit Ludwigs XIV. drehen sollte.

verfasst und im Herbst in Zoppot fertiggestellt worden. (Die Roman spielt in der französischen Baskenprovinz Labourt zur Zeit eines Hexenprozesses, der 1610 von dem berühmten Inquisitor de Lancre abgehalten wurde.) Im Frühjahr 1924 entstand der erste Teil seiner Memoiren, die eigenartige intellektuelle Autobiographie *Moi współcześni. Wśród obcych. (Meine Zeitgenossen. Unter Fremden)*.

Die künstlerische Nachlese von Przybyszewskis Danziger Phase ist also nicht imponierend. Einer der Gründe dafür war zweifellos die Verwandlung des Künstlers in einen Beamten. Ende Dezember 1923 schrieb Przybyszewski an Aleksander Guttry:

Sie machen sich keinen Begriff, wie das „Büro" das Hirn doch erschöpft und aussaugt, wenn man nach fünf- oder sechsstündiger Arbeit an Übersetzungen unterschiedlichster Akten ins Polnische, Deutsche oder Französische nach Hause kommt, ist an nichts anderes mehr zu denken [...]. Während dieser geschlagenen vier Jahre, die ich im „Büro" verbracht habe, konnte ich buchstäblich nichts schreiben, mit Ausnahme eines Romans.[9]

Das künstlerische Schaffen bedarf der inneren Sammlung, der Inspiration, des ausgeruhten Kopfes und der besonderen Freiheit des Denkens. Przybyszewski hatte dergleichen Arbeitsbedingungen nicht. Vielleicht ging auch sein schöpferisches Potenzial zur Neige: alle seine Ideen waren schon in den früheren Texten enthalten, die darauf folgenden Werke waren gleichsam Wiederholungen einiger immer wiederkehrender Probleme, wie mannigfache Varianten neurasthenischer Expressionen von Liebe und Kunst, die u.a. in den Themen „Nackte Seele", Androgynie, Geschlecht, masochistische Melancholie, Anarcho-Satanismus usw. enthalten waren. Doch gab die Danziger Zeit dem modernistischen *poète maudit* auch die unerwartete Chance zu einer anderen Tätigkeit: dem gesellschaftlich-patriotischen Engagement. Und dieser Bereich seiner Aktivität erwies sich als äußerst fruchtbar und hinterließ deutliche und nachhaltige Spuren in der Danziger polnischen Kultur.

---

[9] Brief vom 23. Dezember 1923. In: Listy (wie Anm. 2), S. 356.

3. Przybyszewski, der Anhänger einer elitären Kunstkonzeption, schrieb 1899 in *Confiteor,* dem berühmtesten Manifest der polnischen Moderne:

> *Die Kunst hat keinerlei Ziel, sie ist das Ziel an sich, das Absolute, denn sie ist der Widerschein des Absoluten – der Seele.* [...]
> *Die Tendenzkunst, die Unterhaltungskunst, die belehrende, die patriotische Kunst, Kunst, die ein moralisches oder gesellschaftliches Ziel hat, hört auf, Kunst zu sein.*[10]

Der Kunst sprach er jedes gesellschaftliche Engagement ab; denn er sah in ihr den Ausdruck des kollektiven Unbewussten und stellte sie in den Rahmen einer metaphysischen Ordnung; den Künstler betrachtete er als Medium des Absoluten, als Magier, Propheten und Priester. Dieses ästhetisch-ontologische Fundament unterlag bei ihm nie einer wesentlichen Umgestaltung. Auch in der Danziger Phase seines Lebens – im Umkreis außergewöhnlicher gesellschaftlicher und patriotischer Aktivitäten – wehrte er sich gegen die Entschlüsselung seines Theaterstückes *Miasto* (*Die Stadt*) unter patriotischer Perspektive: „Patriotismus hat meines Erachtens nichts mit Kunst gemein, und ich habe, wie auch immer, die Kunst bewusst niemals verraten."[11] Im selben Jahr 1921 schrieb er an Jakub Geszwin: „Mit Überraschung sehe ich, dass die Gesellschaft den Anspruch erhebt, ich solle ihr dienen, und sich irgendwelcher Rechte an mir anmaßt. Dagegen werde ich mit allen Kräften kämpfen."[12]

Zu Beginn seines Aufenthaltes in Danzig enthielt sich Przybyszewski jeglichen gesellschaftlichen Engagements. Sein erster Vortrag vor in Danzig wohnenden Polen fand auf Wunsch der Eisenbahndirektion statt – wie sich einem Brief an Przybyszewskis Ehefrau Jadwiga entnehmen lässt[13] – , und zwar während einer am 10. Dezember 1920 auf dem Danziger Schießplatz organisierten Feier. Der Vortrag widmete sich dem Aufstand von 1830 und konfrontierte den Patriotismus der damaligen Polen mit dem Egoismus der

---

[10] Przybyszewski, Stanisław: Confiteor. In: Ders.: Kritische und essayistische Schriften. Hrsg. von Jörg Marx. Paderborn 1992, S. 207 (Das Manifest wurde in der Krakauer Zeitschrift „Życie" (1899) Nr. 1 veröffentlicht).

[11] Brief an Leon Ostrowski vom 19. September 1921. In: Listy (wie Anm. 2), S. 202.

[12] Brief an Jakub Geszwin vom 19. November 1921. In: Listy (wie Anm. 2), S. 204.

[13] In einem Brief vom 11. November 1920 schreibt Przybyszewski: „Ich habe ein paar agitatorische Artikel geschrieben, leider! Und ich werde gezwungen sein, auf ausdrücklichen Wunsch des Präses an den Novemberfeierlichkeiten teilzunehmen und am 4. Dezember die Festveranstaltung zu eröffnen." Listy (wie Anm. 2), S. 165. Seine Ansprache wurde im „Dziennik Gdański" vom 15. Dezember 1920 publiziert.

Gegenwart. Dieser erste Akt eines Engagements setzte eine Kette von Folgeaktivitäten in Gang, die nun schon bewusst und auf Przybyszewskis eigene Initiative gestartet wurden. Für den Kenner seiner Biographie hat diese Wendung zur Gesellschaft nichts Überraschendes, denn der Künder absoluter Wahrheiten, der Propagator einer „Kunst der nackten Seele" und Satans-„Jünger" Przybyszewski war als Mensch ungewöhnlich gütig und fähig, sich in menschliches Unglück und existenzielle Not einzufühlen. In seiner Biografie kann man viele Beispiele selbstloser Opferbereitschaft finden, die einzelne Menschenschicksale betrafen. In Danzig fand seine einfühlsame „Seele" die Möglichkeit, sich öffentlich auszudrücken.

Als Przybyszewski in Danzig einzog, ging es gerade um das polnische Gymnasium. Aus der Aufteilung ehemaligen deutschen Besitzes hatte die polnische Minderheit – die damals etwa 10% der Danziger Bevölkerung ausmachte – ein großes und solides Gebäude erhalten, verfügte aber nicht über die notwendigen Mittel für seinen Umbau. Przybyszewski engagierte sich ungewöhnlich aktiv bei der Schaffung eines Fonds zugunsten des polnischen Gymnasiums in Danzig und nutzte zu diesem Zweck die Jubiläumsfeiern, die Künstlerkreise aus Anlass seiner dreißigjährigen literarischen Tätigkeit veranstalteten. Lemberg begann mit den Feierlichkeiten im Oktober 1921, danach richteten Krakau, Lublin, Białystok, Wilna, Danzig, Zoppot (Sopot) und Bromberg (Bydgoszcz) Feierlichkeiten für Przybyszewski aus. Die Danziger polnische Kolonie veranstaltete eine feierliche Festversammlung am 17. Februar 1922 im Saal des Kaiserhofes. Es traten auf: der Präses des Jubiläumskomitees Dr. Panecki; mit Vorträgen die Warschauer Redakteure Bolesław Bourdon und Zdzisław Dębicki sowie Dr. Franciszek Kubacz. Gespielt wurde die letzte Szene des dritten Aktes des Theaterstückes *Śluby* (*Gelübde*).[14] Eine ähnliche Feier, wenn auch im kleineren Kreis, fand am folgenden Tag in Zoppot im Konferenzsaal des Hotels „Central" statt, Ansprachen hielten Dr. Litewski, der Ratsherr Dobrudzki, Direktor Marceli Szeffs, der Gesandte Kucner sowie Antoni Stylo, Przybyszewskis Freund noch aus den Tagen von Wągrowiec, der in Danzig die polnische Apotheke leitete.

---

[14] Vgl. Gazeta Gdańska, Nr. 40, 18.2.1922, Nr. 40. Bourdons Vortrag „Schutzherr des Aufstandes gegen die Lüge" wurde in der Literaturbeilage („Pomorze") der „Gazeta Gdańska" Nr. 7, 19.2.1922, veröffentlicht. Ebendiese Zeitung druckte in den Nummern 1-4 eine Przybyszewski gewidmete Studie von Bourdon unter dem Titel „Dichter der Seele".

Der Neurotiker und an einem Minderwertigkeitskomplex leidende Melancholiker Przybyszewski ertrug nur schwer die Jubiläumsfeierlichkeiten. In einem Brief an Kazimierz Lorentowicz beschwerte er sich im November 1921: „Geradezu arglistig bin ich in irgendwelche *Jubiläums*feierlichkeiten(!!!) verwickelt worden"[15], in einem anderen Brief erläuterte er:

Und wie könnte ich mich, der ich weiß, was ich unter anderen Bedingungen hätte schaffen können, an diesem „Jubiläum" freuen? Es ist mir Scham und Pein – ein ganz großes Glück, dass sich damit der Fond meines Namens in der Angelegenheit von so unerhörter Bedeutung für Polen verbindet, wie es das polnische Gymnasium in Danzig ist – sonst würde ich mich in einem Mauseloch verkriechen.[16]

Aber dieses Minderwertigkeitsgefühl hatte seine Kehrseite im Größenwahn, wie das allgemein im Falle von neurotischen Persönlichkeiten zu beobachten ist, die von ambivalenten Gefühlen zerrissen werden. Przybyszewski engagierte sich in der Frage des polnischen Gymnasiums auch ein wenig aus Hochmut, denn er glaubte an die Einrichtung eines Fonds mit seinem Namen. Er propagierte die Idee eines polnischen Gymnasiums auf den Seiten der Regionalzeitungen „Dziennik Gdański" und „Gazeta Gdańska". Przybyszewski schrieb lange Artikel, entwarf Bittbriefe an Spender, suchte nach Beispielen aus der Vergangenheit und bediente sich findiger Argumente. Schon die Überschriften seiner Artikel sprechen für sich: *Der allerschönste Traum des Jubilaten; Ein Traum; Ein Traum geht in Erfüllung; Die polnische Spendenbereitschaft für das Gymnasium in Danzig; Solange noch der Sonne Zeit; Es wird Frühling; Hell und dunkel; Tantum ergo (Soviel also).*[17] Unter Nutzung der eigenen saisonalen (d.h. auf dem Jubiläum beruhenden) Popularität veröffentlichte er in ganz Polen eine gewaltige Anzahl von Aufrufen, Artikeln und Offenen Briefen, führte Stücke auf, bildete Komitees, organisierte Versammlungen und sammelte Spenden sogar bei den Feiern, die für ihn organisiert worden waren. Er wandte sich an polnische Buchhändler, Verleger, Schriftsteller und Wissenschaftler und bat sie um Buchgeschenke für die Bibliothek des polnischen Gymnasiums (unter anderen an Prof. Tadeusz Sinko, an Gubrynowicz, Boy-Żeleński und an

---

[15] Der Brief stammt vom 8. November 1921. In: Listy (wie Anm. 2), S. 195.
[16] Brief an Jan Pietrzycki vom 2. Februar 1922. In: Listy (wie Anm. 2), S. 219.
[17] Diese und andere Artikel publizierte Przybyszewski in den Zeitungen „Gazeta Gdańska" und „Dziennik Gdański" in den Jahren 1920-22.

Adolf Nowaczyński, den er den „geistigen Vater des polnischen Danzig"[18] nennt). Przybyszewskis Aktion, die über sechs Monate hin mit großem emotionalen Engagement und gewaltigem Enthusiasmus durchgeführt wurde, brachte die erhofften Ergebnisse: das Gymnasium wurde am 13. Mai 1922 feierlich eröffnet. Später fand ein Halbrelief mit Przybyszewskis Büste von Alfons Karny dort seinen Ehrenplatz; es wurde 1939 durch die Nazis zerstört.[19]

Aber Przybyszewski befasste sich nicht nur mit der Errichtung des polnischen Gymnasiums. Er versuchte Druck auf die öffentliche Meinung der Hauptstadt auszuüben (u.a. sandte er eine Proklamation an die Zeitung „Rzeczpospolita", die allerdings nicht veröffentlicht wurde), und als es nicht gelang, Warschau in – nach seiner Ansicht – ausreichendem Maße an den Danziger Problemen zu interessieren, wollte er die Angelegenheit in eigene Hände nehmen: „Warschau jammert und heult um Danzig – um Polens Goldenes Tor – aber wenn es etwas zu tun gilt, dann gibt es Warschau nicht," schrieb er in einem Brief an Adolf Nowaczyński. Und weiter:

Hier gibt es den Verein „Der Falke" – es wäre doch eine lächerliche Kleinigkeit, ihm zwei Morgen Land für einen Sportplatz zu schenken – aber woher denn! Die Engländer haben in Danzig ihren eigenen Sportplatz, doch das „polnische" Danzig muss bei den Deutschen betteln gehen. Die Danziger Polen haben keinen Versammlungsraum – sie drängen sich in irgendwelchen scheußlichen Kellern und Schuppen – es gibt keinen Saal, in dem ein Konzert oder eine Theateraufführung stattfinden könnte, aber was geht das Warschau an!

Im Generalkommissariat gibt es keinen Pfennig für Kulturpropaganda [...], und wir bemühen uns, den Deutschen mit einem kläglichen kleinen Amateurtheater zu imponieren, dessen sich das allerarmseligste Krähwinkel schämen müsste.

Hohn und Spott über das alberne Geheule, dass Danzig eine wichtiger polnischer Vorposten sei! Danzig könnte es sein, wenn Warschau helfen würde [...] He, he – wir beide, wir werden zu Zweit das polnische Danzig retten.[20]

---

[18] Vgl. Przybyszewski: Do księgarzy i pisarzy o książki dla Gdańska [An Buchhändler und Schriftsteller wegen Büchern für Danzig]. In: Listy (wie Anm. 2), S. 234.

[19] Informationen zu diesem Thema gibt ein mit „Zdz. W." gezeichneter Artikel „Przybyszewski kolejarzem w Gdańsku?" [Przybyszewski als Eisenbahner in Danzig?], Wieczór Wybrzeża, 1957, Nr. 119, S. 4.

[20] Brief an Adolf Nowaczyński vom 12. April 1922. In: Listy (wie Anm. 2), S. 235-237.

Diese „Rettung" bestand in den Bemühungen um einen Sportplatz für den Sportverein „Der Falke", der Schaffung eines Studentenheimes für die Studierenden des Danziger Polytechnikums (vom Direktor der Danziger Werft erhielt Przybyszewski das Versprechen auf Überlassung von ein paar Dutzend Feldbetten) und schließlich in der Aufnahme des ambitionierten Planes, in Danzig ein „Polnisches Haus" zu gründen: „Ich habe das Gymnasium geschaffen, aber das ist eine Kleinigkeit" – schrieb Przybyszewski in einem Brief an Tadeusz Boy-Żeleński, um für eine großzügige Spende zu danken – „jetzt werde ich nicht ruhen und rasten, bis ich 'Ons Huys', 'Unser Haus' in Danzig geschaffen habe".[21]

Przybyszewski wollte ein Zentrum für die Danziger Polen, ganz in der Nähe der Eisenbahndirektion, im Gebäude der ehemaligen Kaserne etablieren, die aus preußischem Besitz an Polen gekommen war. Er gründete ein Stiftungskomitee, dessen konstituierende Versammlung am 16. Juni 1922 stattfand. Im Danziger „Polnischen Haus" sollten unter anderem Konferenz- und Konzertsäle, ein Theater und eine Bibliothek untergebracht werden. (Przybyszewski besaß schon Tausend Bücher, die ihm unter Vermittlung des Lemberger Druckhauses „Lektor" anlässlich seines Jubiläums gespendet worden waren). Przybyszewski wandte sich um Unterstützung bei der Gründung des „Polnischen Hauses" an ganz verschiedene Persönlichkeiten, darunter auch an den Dichter Julian Tuwim, in dem Bestreben, für sein Vorhaben die begüterten Kreise in Lodsch (Łódź) zu gewinnen. Und dieser Offene Brief an Julian Tuwim, der jüdischer Herkunft war, verursachte einen Sturm der Entrüstung unter den Anhängern der Partei der Nationaldemokraten. Erst zwei Jahre später, schon nach Przybyszewskis Abreise, wurde das „Polnische Haus" eröffnet.[22]

Der polnisch-deutsche Schriftsteller mit seinen philosemitischen Neigungen bekam wegen seiner Aktivität für ein polnisches Danzig ganz verschiedene Unannehmlichkeiten. In Polen traf ihn eine Kampagne in der nationalen Presse, die deutschen Behörden verfügten, dass er München innerhalb von sechs Stunden zu verlassen habe. In München hatte Przybyszewski Urlaub machen und u.a. in der Bibliothek mit Hilfe von lateinischen Akten aus dem 15. bis 17. Jahrhundert Studien treiben wollen,

---

[21] Brief an Tadeusz Boy-Żeleński vom 25. April 1922. In: Listy (wie Anm. 2), S. 240.

[22] Der Gedanke, ein „Polnisches Haus" einzurichten, beschäftigte Przybyszewski schon seit 1912, als er in Amsterdam das riesige Gewerkschaftshaus mit der Aufschrift 'Ons Huys' gesehen hatte. Zuerst versuchte er diese Idee in Posen zu verwirklichen. Nach der Übersiedlung nach Danzig kam er auf dieses Projekt zurück.

die für den Abschluss der Arbeit *Czarownica i czarna magia* (*Hexe und Schwarze Magie*) notwendig waren. Przybyszewski war an Danzig ganz unterschiedlich interessiert. Viele Jahre nach Przybyszewskis Tod veröffentlichte der Priester Dr. Kamil Kantak einen unbekannten Artikel des Schriftstellers, den dieser noch zu Zeiten der Redaktion im „Dziennik Gdański" verfasst hatte. Darin rezensiert er Kantaks *Stadtführer*, der für polnische Zuzügler nach Danzig bestimmt war, und äußert den Wunsch nach einem polnischen *Illustrierten Führer durch Danzig*.[23] Ein Botschafter Danzigs blieb Przybyszewski auch nach seiner Versetzung nach Warschau. In dem 1928 bereits nach Przybyszewskis Tod herausgegebenen Sammelband *Danzig. Vergangenheit und Gegenwart* erschien sein Artikel *Über das Polentum in Danzig. Ein paar Erinnerungen,* in dem er schreibt: „Mit herzlicher Liebe schaue ich auf die Opferbereitschaft des polnischen Danzig. [...] Fahrt hin und seht mit eigenen Augen, was das polnische Danzig im Verlaufe von einem Jahrzehnt geschaffen hat."[24]

4. Przybyszewski arbeitete zwar in Danzig, wohnte aber mit seiner Ehefrau Jadwiga in Zoppot, zunächst, ab dem 5. Oktober 1920 in der Großen Unterführungsstraße 1, und später in der Charlottenstraße 14 (von Mai 1921 bis November 1924). Er war glücklich, dass er in der Nähe des Meeres wohnen konnte, das immer seine große Liebe gewesen war. Er ging gern auf der Uferpromenade in Zoppot spazieren, schaute nach dem Kurhaus, in dem 1920 ein Spielkasino eingerichtet worden war (obwohl er selbst nicht spielte, weil er dafür nicht die Mittel hatte, wohl aber vielleicht die Leidenschaft). Er knüpfte zwar Kontakte zum Danziger Intellektuellen-Milieu – zu seinem Bekanntenkreis gehörten unter anderen Teofil Kuhn, Kazimierz Lenartowicz, Stanisław Dobrucki, Władysław Kaźmierski und Antoni Stylo, und auch fernere Bekannte, wie Dr. Franciszek Kubacz, Dr. Panecki von der *Macierz Szkolna*, dem polnischen Schulverein, oder der

---

[23] Vgl. Kantak, Kamil: Nieznany artykuł Stanisława Przybyszewskiego z czasów jego pobytu w Gdańsku [Ein unbekannter Artikel von Stanisław Przybyszewski aus der Zeit seines Aufenthaltes in Danzig]. In: Rocznik Gdański 1933/34.

[24] Przybyszewski, Stanisław: O polskości w Gdańsku. Garść wspomnień [Über das Polentum in Danzig. Ein paar Erinnerungen]. In: Gdańsk. Przeszłość i teraźniejszość [Danzig. Vergangenheit und Gegenwart]. Hrsg. von Stanisław Kutrzeba. Lwów, Warszawa, Kraków 1928, S. 479; der Text von Przybyszewski wurde abgedruckt als „Zakończenie" [Abschluss].

bekannte Danziger Unternehmer Czyżewski – aber er litt unter dem Mangel an tieferen intellektuellen Verbindungen und fühlte sich etwas vereinsamt. Er träumte davon, dass seine uneheliche Tochter Stanisława nach Danzig übersiedeln würde. 1923 zog sie zusammen mit ihrem Ehemann, dem Maler und Grafiker Jan Panieński, der eine Tätigkeit im polnischen Gymnasium angenommen hatte, in eine Baracke neben dem Gelände des Gymnasiums.[25] Vater und Tochter trafen sich im Geheimen, ohne Przybyszewskis Ehefrau, so gaben ihm also auch diese Kontakte keine volle intellektuelle und emotionale Befriedigung.

Eine interessante Freundschaft verband ihn dagegen mit dem jungen deutschen Literaten jüdischer Herkunft Erich Ruschkewitz, der Przybyszewski häufig in seiner Wohnung besuchte. Dort hatten sie lange Gespräche zu Themen wie Literatur, Kunst, Meer, Leben und Liebe. Der junge Schriftsteller verdankte Przybyszewski die Hinführung zur polnischen Literatur, die er vorher nicht kannte. Ruschkewitz gibt in seinen nach Przybyszewskis Tod verfassten Erinnerungen die ungewöhnliche, nahezu dämonische Atmosphäre dieser wöchentlichen Treffen in der Charlottenstraße wieder:

Immer war weiche Dunkelheit in seinem Zimmer, was mir nur willkommen war, da mich auf diese Art nichts von ihm ablenkte und ich mich völlig auf ihn konzentrieren konnte. Aus naher Entfernung rauschte das Meer. Langes Schweigen stand zuweilen mit beklemmender Starrheit im Raum. Nur das Rauschen und Brausen des Meeres. Plötzlich stand der Dichter auf: unklar war seine gebückte Gestalt zu erkennen. Nahezu greisenhaften Schrittes ging er ans Fenster, blieb dort eine Weile stehen und sprach, mit dem Blick auf das Meer, unverständliche Worte vor sich hin. Dann wandte er sich um. „Besitzen Sie mein ‚Epipsychidion?‘ “ fragte seine heisere Stimme in der Sprache, deren Schönheit er einst meisterte wie nur noch Nietzsche.[26]

Das nächste Mal brachte der vom Meister faszinierte Adept der Literatur diese Prosadichtung mit. Przybyszewski bat ihn, den Abschnitt vorzulesen, der dem Meer gewidmet war. Ruschkewitz schreibt: „Währenddessen ging

[25] Darüber schreibt Kolińska, Krystyna: Przybyszewski nad morzem [Przybyszewski am Meer]. In: Topos (1998) Nr. 1-2.

[26] Ruschkewitz, Erich: Stunden mit Przybyszewski, In: Über Stanislaw Przybyszewski. Rezensionen – Erinnerungen – Porträts – Studien (1892 – 1995). Rezeptionsdokumente aus 100 Jahren. Hrsg. von Gabriela Matuszek, Paderborn 1995, S. 159-160. Das Original ist abgedruckt in: Pologne Littèraire (1928) Nr 20.

Przybyszewski rastlos auf und ab, auf und ab, ohne eine Silbe zu sprechen. Zu solchen Zeiten hatte er etwas Unheimliches, Dämonisches."[27]

„Der geniale Pole", so nannte August Strindberg den jungen Autor der *Totenmesse* in den Zeiten seiner Berliner Triumphe. Bis an sein Lebensende bewahrte er sich dieses Dämonische – wie gerade zitiert –, mit dem er seine Umgebung faszinierte. Przybyszewski war nämlich in seinem Inneren in ganz andere Räume des menschlichen Universums vertieft. Die Außenwelt hielt er für akzidentiell, ihn interessierte ausschließlich die geistige Sphäre, die Transzendenz als Dimension der Wirklichkeit. In der Danziger Zeit wuchs dieses Bedürfnis nach Geistigkeit noch stärker, er vertiefte sich erneut in die jüdische Mystik und begann die Kabbala zu studieren. In der Kleinbahn von Zoppot nach Danzig lernte er den Rabbiner Abraham Chene kennen, einen prominenten Schriftsteller und Gelehrten, der nach seiner Flucht aus dem russischen Novožilikov in Danzig das Rabbinat für die Ostjuden übernommen hatte. Das Zusammentreffen mit ihm behandelte Przybyszewski als Zeichen der Vorsehung.[28] Rabbi Abraham Chene empfahl Przybyszewski den Danziger Schulleiter Saul Blum, unter dessen Anleitung er die Bibel und den Talmud studieren sollte. Blum und Przybyszewski trafen sich wiederholt in Przybyszewskis Zoppoter Wohnung oder in der Eisenbahndirektion, vertieften sich in die Originalversion der Bibel (Przybyszewski konnte Hebräisch) und lasen das *Buch der Propheten* und die *Psalmen*. Saul Blum erinnert sich, dass Przybyszewski schon eine gute judaistische Vorbildung hatte, er kannte ganz gut die *Kabbala*, und seine mystische Persönlichkeit war dem Geist des Judentums nahe.[29] Meister und Schüler (die Rollen wechselten) diskutierten auch ein von Blum geplantes Werk, das sich dem Leben von Rabbi Akiba Eiger widmen sollte und redeten ausgiebig über den Golem, über Rabbi Judah Loew, den Maharal, und dessen Prager Grab.[30] Ihre Freundschaft hielt bis zu Przybyszewskis Tod im Jahre 1927.[31]

---

[27] Ebd., S. 160.

[28] Brief an Wanda und Jerzy Hulewicz in Kościanki vom 22. Juni 1923. In: Listy (wie Anm. 2), S. 339.

[29] Vgl. Blum (wie Anmerkung 1).

[30] Blum veröffentlichte 1939 das Werk „Gedolei Izrael. Chajei Hagaon Rabeim Rabi Akiba Eiger" mit dem Untertitel „Seine Zeit, sein Leben, seine Taten sowie seine Bedeutung für Generationen, im Augenblick seines Todes, 13. Tischri (September) des Jahres 5599 (1839)". Das Buch erschien in der Warschauer Buchhandlung Achiewer. Blum veröffentlichte 1939 auch das Buch „Galut ugula" [Die Befreiung aus der Diaspora], das u.a. die Geschichte des Golem erzählt, eines künstlichen Geschöpfes aus Lehm, das

In Przybyszewskis Haus waren verschiedene Persönlichkeiten aus der Künstlerwelt zu Gast, die insbesondere neue Unternehmungen vorhatten. Zu ihnen gehörte unter anderem die Komponistin Maria Majchrzakówna. Sie war Anfang 1924 nach Danzig mit der Absicht gekommen, ein polnisches Konservatorium zu gründen. Wie sich Dr. Kantak erinnert, waren die Treffen bei Przybyszewski zum Tee außergewöhnlich interessant, und „die Spannweite der Gespräche war groß".[32] Bei Przybyszewski gingen Vertreter unterschiedlicher Nationalität ein und aus: Polen, Deutsche und Juden; denn Przybyszewski hielt sich in seinem ganzen Leben für einen „guten Europäer" und hatte die ungewöhnliche Gabe, einen patriotischen Standpunkt mit Kosmopolitismus zu verbinden. Er hatte ebenso die Gabe, verschiedene Brücken zu bauen, in der Berliner Zeit – zwischen Polen, Skandinavien und Deutschland, in der Danziger Zeit, indem er sich um die Integration Danzigs in das übrige Polen mühte[33] und indem er mit Künstlern jüdischer Herkunft Freundschaft schloss, letzteres im Übrigen während seines ganzen Lebens. Er war das Beispiel eines Künstlers, der ganz verschiedene Grenzen überschritt: in der Kunst, in der Kultur und im Alltag.

5. Przybyszewskis vierjähriger Aufenthalt in Danzig, der in Hinsicht auf gesellschaftliche Aktivität und Pioniergeist so ungewöhnlich fruchtbar war, hinterließ keine deutlichen literarischen Spuren: Przybyszewski schrieb kein Danzig gewidmetes Werk. Ebenso fehlen in seinen Briefen Hinweise, die seine Faszination der örtlichen Gegebenheiten bezeugen würden, insbesondere des Meeres, das seine große Liebe war. Aber hinter dem Fehlen verbirgt sich eine tiefe Anmutung, die keines deutlichen Ausdruckes

---

angeblich im 16. Jahrhundert in Prag geschaffen und mit Hilfe von Gottes Namen verlebendigt worden war.

[31] Als er 1923 an Lungenentzündung erkrankte und in sich nicht die Kraft fühlte, ins Büro zurückzukehren, denkt er daran, Danzig zu verlassen. 1924 versucht er, sich in Zakopane oder in Thorn (Toruń) niederzulassen, April 1924 bekommt er ein Appartement im Warschauer Königsschloss und eine Anstellung in der Kanzlei des Präsidenten der Republik. Er starb 1927 während eines Besuches auf dem Gut der Familie Znaniecki in Jaronty.

[32] Kantak (wie Anmerkung 23), S. 449.

[33] An der Danziger Sache bemühte sich Przybyszewski, Künstler und Intellekutelle in ganz Polen zu interessieren. Er nutzte zu diesem Zweck die Veröffentlichung Offener Briefe in der Presse, aber vor allem persönliche Kontakte. Zum Beispiel hielt auf Przybyszewskis Initiative Jan Pietrzycki im Frühjahr 1922 eine Vortragsreihe im polnischen Schulverein zur polnischen Literatur. Ähnliche Initiativen von ihm gab es außergewöhnlich viele.

bedurfte. Sie tritt allerdings bei einer aufmerksamen Lektüre des seinerzeit verfassten ersten Teiles der Memoiren *Moi współcześni. Wśród obcych. (Meine Zeitgenossen. Unter Fremden)* zutage, wo Przybyszewski schon in den ersten Abschnitten seiner intellektuellen Biographie eine seiner fundamentalen Überzeugungen enthüllt, von der seine schöpferische Kraft bewegt wurde:

Und so begann ich schöpferisch zu erleben – [...] das Meer!
Ich erinnere mich:
Ich war sechzehn – war auf einer kleinen Bahnstation ausgestiegen – und hörte das ferne Rauschen des Meeres. Kaum war ich aus dem Wagen gestiegen, wandte ich mich auf die Seite, die mir plausibel schien, in den dichten, dunklen Wald.
Ich weiß nicht, wie lange ich ging, aber immer näher und näher kam die ewige Melodie des Meeres, ich beschleunigte den Schritt, danach begann ich zu laufen, um am Ende besinnungslos zu rennen, bis ich schließlich fiel, ohne Atem, überwältigt von der über alle Schönheiten schrecklichen Schönheit: von der herrlichen Schönheit des tobenden Meeres, das in einer verzweifelten Sehnsuchtsorgie raste, um dieses elende Land, diese Brutstätte von Hässlichkeit, Not und Verbrechen in seine abgründigen Tiefen hinunterzuspülen.
Damals schloss ich mit dem Meer einen Bund [...].
Als ich zehn Jahre später „Am Meer" [...] schrieb, hatte ich beständig die Ostsee vor Augen, den zu einer furchtbaren und unaussprechlichen Macht gesteigerten Ozean.[34]

Aller Wahrscheinlichkeit nach steckt in dieser Notiz mehr literarische Phantasie als glaubhafte Wahrheit (Przybyszewski war in seiner Jugend vermutlich nie am Meer). Wesentlich ist etwas anderes, und zwar, dass dies Schlüsselerlebnis nicht am spanischen Ufer des Mittelmeeres und nicht an den norwegischen Fjorden angesiedelt ist, die tatsächlich die inspirierende Kraft zu seiner Prosadichtung gewesen sind, sondern an die polnische Ostseeküste verlegt wird. An der Ostsee, in der Gegend von Orłowo und Jastrzębia Góra, wird dann das letzte Theaterstück von Przybyszewski spielen, *Mściciel (Der Rächer)*, das erst 1926 in Warschau geschrieben worden ist.

---

[34] Przybyszewski, St.: Moi współcześni. Wśród obcych. [Meine Erinnerungen. Unter Fremden]. Warschau 1926, S. 29-30. Leider ist dieser Abschnitt (wie auch eine Reihe anderer) in der Übersetzung von R. Matwin-Buschmann (Ferne komm ich her... Erinnerungen an Berlin und Krakau. Leipzig u. Weimar 1985) nicht enthalten. Die Übersetzung stützt sich auf eine gekürzte polnische Ausgabe aus dem Jahre 1959.

Przybyszewski hat immer betont, dass das Wichtige und stark Erlebte in den Tiefenschichten der Psyche verborgen wird. Man darf also annehmen, dass auch der Aufenthalt in Danzig eine solche Erfahrung gewesen ist.

Aus dem Polnischen von Ulrich Steltner

Robespierres Verwandte.
Stanisława Przybyszewskas deutschsprachige Lektüren

Marion Brandt

Die Schriftstellerin und Dramatikerin Stanisława Przybyszewska lebte von 1923 bis zu ihrem Tod im Jahr 1935 in Danzig und schuf hier ihr literarisches Werk, von dem das 1929 entstandene Stück *Sache Danton* am bekanntesten ist. Es wurde in den 70er Jahren mit großem Erfolg an verschiedenen polnischen Theatern aufgeführt, in mehrere Sprachen übersetzt und Vorlage des *Danton*-Films von Andrzej Wajda aus dem Jahr 1982. Die deutsche Erstaufführung fand 1994 an der Berliner Volksbühne in der Regie von Frank Castorf statt.

Nach Danzig war Stanisława Przybyszewska indirekt durch ihren Vater gekommen. Er hatte ihrem Mann, dem Maler Jan Panieński, eine Stelle als Lehrer am Polnischen Gymnasium vermittelt. Auch nach dessen frühem Tod im Jahr 1925 blieb sie in dieser Stadt, wo sie zurückgezogen, einsam, krank und in großer finanzieller Not lebte. Sie widmete sich ganz dem Schreiben, das ihr jedoch kein finanzielles Auskommen ermöglichte. Das Angebot, Danzig zu verlassen und zu ihrer Tante nach Warschau zu ziehen, nahm Przybyszewska trotz ihrer unhaltbaren Situation nicht an. Dafür gab es mehrere Gründe. Einer lag darin, daß sie sich in Polen fremd fühlte. Einen großen Teil ihrer Kindheit und Jugend hatte sie außerhalb des Landes verlebt. Ihre Mutter, die Malerin Aniela Pajakówna, hatte 1907 mit ihrer fünfjährigen unehelichen Tochter Lwów (Lemberg) verlassen und war, nach einer Reise durch Deutschland und einem halbjährigen Aufenthalt in der Schweiz, nach Paris gegangen. Als sie 1912 an der Schwindsucht starb, wurde Stanisława von Verwandten in Wien aufgenommen. 1916 kehrte sie mit ihrer Tante nach Polen zurück. Sie besuchte bis 1919 ein Lehrerinnenseminar in Krakau, wo sie auch ihr Abitur ablegte, und fuhr danach zu ihrem Vater Stanisław Przybyszewski nach Poznań.

Stanisława Przybyszewska las polnische, französische, deutsche und englische Literatur im Original und verfaßte ihre Werke und Tagebücher in polnischer, deutscher und französischer Sprache. Ihre deutschen Sprachkenntnisse bewegen sich auf beinahe muttersprachlichem Niveau, ähnlich wird es mit dem Französischen, vielleicht auch mit dem Englischen gewesen sein. Ihre literarischen Vorbilder suchte sie ebenfalls in diesen Kulturen. Zu ihnen zählen George Bernanos, über dessen Erfolgsroman *Die Sonne Satans* (1926) sie immer wieder schreibt, George Bernard Shaw und H. G. Wells. Die deutschsprachige Literatur nahm in ihrer Bibliothek nicht die erste Stelle, aber einen wichtigen Platz ein. Einige ihrer frühen Werke, die nicht erhalten blieben, schrieb sie in deutsch[1] und ab 1929, nach der Fertigstellung ihres Danton-Stückes, über dessen Aufnahme sie zunehmend enttäuscht war, verfaßte sie fast alle ihre Texte nur noch auf deutsch, denn sie wollte jetzt in Deutschland publizieren.

Um die Bedeutung der deutschsprachigen Lektüren für Przybyszewska umreißen zu können, möchte ich zunächst ihr ästhetisches Programm skizzieren, das sie 1928/1929 in unveröffentlichten Essays und bruchstückhaft in einigen Briefen dargelegt hat.[2] Sie unterscheidet danach zwischen einer mittleren und eine höheren Ebene literarischen Schaffens. „Die grundlegenden Merkmale der höheren Ebene" seien „Objektivität in der Behandlung und allseitige – grundlegende – Erfassung des Gegenstandes".[3] Dieser Stufe des Schaffens entsprechen die Prosa und das Drama. Auf der mittleren Ebene behandle der Autor den Gegenstand subjektiv, d.h. „lyrisch" und metaphorisch und erfasse ihn nur in Einzelheiten. Die höhere Art des Schaffens bezeichnet Przybyszewska als „mental". Sie sei durch Universalismus gekennzeichnet, d.h. die Individualität des Autors sei ebenso wie seine Zugehörigkeit zu sozialen, nationalen, künstlerischen und politischen Gruppen und sein Geschlecht aufgehoben und habe für das Werk keine Bedeutung. Vertreter dieser Art künstlerischer Produktion seien George B. Shaw, H. G. Wells, Joseph Conrad, Jakob Wassermann, Margaret Kennedy und S. Lewis. Das Schaffen auf der mittleren Ebene, von Przybyszewska das „psychische" genannt, sei hingegen an individuelle Eigenheiten und Zugehörigkeiten gebunden. Als Beispiele führt sie August Strindberg, Stanisław Przybyszewski und Marcel Proust an.

Daß diese Einteilung schematisch wirkt, dessen ist sich Przybyszewska bewußt. So schreibt sie an ihren Briefpartner, es gäbe viel mehr Arten des

---

[1] So im Brief an Iwa Bennet vom 19.2.1928. Archiwum PAN Poznań, P.III-52, Nr. 47.

[2] In den Essays „Kobieca twierdza na lodzie" [Weibliche Hochburg auf dem Eis] und „Vita nuova" sowie im Brief an Wacław Dziabaszewski v. 11.10.1928. In: Stanisława Przybyszewska: Listy [Briefe], 3 Bde. Gdańsk 1978, 1983, 1985, Bd. 1, S. 200f.

[3] Ebd., S. 200.

Schaffens, sie müsse jedoch, um das Wesentliche zu erklären, diese Vereinfachung vornehmen. Tadeusz Lewandowski, der sich eingehend mit dem Werk Przybszewskas beschäftigt hat, bezeichnet diese Programmatik als „antimodernistisch". Sie stelle einen Gegenentwurf zu dem ästhetischen Manifest dar, das Stanisław Przybyszewski am Ende des 19. Jahrhunderts in der Zeitschrift *Życie* veröffentlicht hatte. Przybyszewska sei in ihren Überlegungen durch die Publikationen der damals bekannten Literaturkritiker Karol Irzykowski und Tadeusz Boy-Żeleński, die sie sehr verehrte, bestärkt worden, und stehe dem Universalismus des Dichters und Kritikers Jan Nepomuc Miller nahe.[4] Dies sind wichtige Parallelen und wohl auch Bezugnahmen; dennoch ist die Qualifizierung dieser ästhetischen Vorstellungen als „anitmodernistisch" einseitig. Przybyszewska lernte 1920 in Poznań die expressionistischen Künstler der Zeitschrift *Zdrój* kennen und prägte ihre ästhetischen Vorstellungen deutlich unter dem Einfluß dieser Begegnung aus. So wie für die Posener Expressionisten und wie für den späten Przybyszewski, der mit ihnen eine Zeitlang zusammenarbeitete, waren auch für sie die mystischen Schriften von Juliusz Słowacki (die Poeme *Geist-König* und *Genesis aus dem Geist*) von großer Bedeutung. In deren Zentrum steht der sich in der Natur- und Menschheitsgeschichte immer wieder neu inkarnierende, erstarrte Formen fortwährend zerstörende Geist. Parallelen zum Begriff des „Geistes", den Jerzy Hulewicz, ein Programmatiker des Posener Expressionismus, aber auch Przybyszewski in einem mystischen Verständnis der Materie gegenüberstellen, finden sich in Przybyszewskas Auffassung des „Mentalen". Darunter kann die Verbindung einer Erkenntnis von geradezu wissenschaftlicher Exaktheit mit einer metaphysischen Kraft, der „Mentalkraft", verstanden werden.[5] Dieses Mentale steht nicht dem Leben gegenüber, sondern bedeutet dessen Intensivierung. Gegenübergestellt wird es hingegen der Natur, die von Przybyszewska als ein furchtbares Gefängnis wahrgenommenen wird.[6] Der Mensch kann sich aus seiner Abhängigkeit

---

[4] Lewandowski, Tomasz: Wstęp. In: ebd., S. XXIVf. An die Stelle der Individualität stellt Miller jedoch einen Kult der Masse und der Arbeit, der sich bei Przybyszewska nicht findet.

[5] An Iwa Bennet, 19.2.1928 (wie Anm. 1).

[6] Einige Zitate seien als Belege angeführt: „Denn unsere Verworfenheit ist die der ganzen organischen Welt: die Natur läßt nur die Liebe zu sich selbst zu; alles außerhalb unser zwingt sie uns zu hassen. Um uns über ihre schändlichen Gesetze zu erheben, mußte man also ein Gegengewicht für diesen Hauptzug unserer Seele schaffen; und das hat erst Christus getan, darauf hat Er die Kirche aufgebaut." (an Iwa Bennet, 10.7.1928, wie

von der Natur/Materie befreien, indem er zum Mentalen strebt, d.h. auch, zu einer Entgrenzung seines Ich. Diese Vorstellungen stehen sowohl dem Posener, als auch dem deutschen Expressionismus sehr nahe.[7] Die Verbindung von Wissenschaft und Metaphysik, die Przybyszewskas Schaffen prägt, wurde gerade von ihrem späterem Mann, dem Maler Jan Panieński als ein Merkmal der neuen Kunst hervorgehoben.[8] Przybyszewskas Ästhetik stellt demnach eher eine Mischung aus Elementen der Moderne und der Vormoderne dar.

Welche Position nehmen ihre deutschsprachige Lektüren in diesem ästhetischen Programm ein und welche Bedeutung hatten diese für ihr Werk?

Eine für ihr Schaffen entscheidende Lektüre war die von Georg Büchners Stück *Dantons Tod* im Jahr 1924. In ihren Briefen schreibt Przybyszewska immer wieder, daß Büchner sie zu ihren Revolutionstexten inspiriert habe. Sein Einfluß auf ihr Werk ist tatsächlich nicht zu übersehen und wurde bereits untersucht.[9] So wählt sie für ihr Dantonstück denselben historischen Ausschnitt wie Büchner, der zugleich einer der entscheidenden Momente der Revolution ist: die Verhaftung, Anklage und den Tod George Dantons. Der Monolog Robespierres in der Nachtszene, den sie in einer Besprechung des Stücks von Büchner besonders hervorhebt,[10] wurde vermutlich zur Keimzelle ihres Robespierre-Romans *Die letzten Nächte des*

Anm. 1); „Mit einer Art Entsetzen überblicke ich die Welt von meinem Sehwinkel aus – diese arme Erde, unter der absoluten Allmacht einer Natur, die nicht nur menschlich dumm zu sein scheint und direkt ekelerregend vergeuderisch, sondern auch grausam, und zwar auf eine ebenfalls rein menschliche, stumpfe und endlos boshafte Art." (an Iwa Bennet, 20.12.1927, wie Anm. 1) Die Erde sei fast nur unter Qualen und Opfern bewohnbar.

[7] Zum Begriff des „Geistes" im deutschen Expressionismus siehe Anz, Thomas: Literatur des Expressionismus. Stuttgart 2002, S. 60-65; dort auch weiterführende Literatur.

[8] Der Expressionismus und die moderne Naturwissenschaft würden einen ähnlichen Weg gehen, denn sie verneinen die Existenz der Materie als etwas „reales". In der Kunst werde Psychisches durch „Kraftlinien" (Wellen, Strömungen) ausgedrückt. Das überschreite, so Panieński, möglicherweise bereits die Grenze zur Wissenschaft. Panienski: Ekspresjonizm a nauki przyrodnicze [Expressionismus und Naturwissenschaft]. In: Ratajczak, Józef: Krzyk i Ekstaza. Antologia polskiego ekspresjonizmu [Schrei und Ekstase. Anthologie des polnischen Expressionismus]. Poznań 1987, S. 229-233.

[9] Zum Vergleich mit Büchner sowie mit dem Danton-Stück von Romain Rolland, das Przybyszewska ebenfalls sehr gut kannte und zu dem sie ihr eigenes Stück in Beziehung setzte, siehe Sauerland, Karol: Przybyszewskas Dantondrama. Mit Blick auf Georg Büchner und Romain Rolland. Acta Universitatis Nicolai Copernici, Fil. Germ. (1993) Nr. 28, S. 11-32.

[10] Przybyszewska, Listy (wie Anm. 2), Bd. 1, S. 190 (an Wacław Dziabaszewski, 19.10.1928).

Ventôse von 1927. Ihr erstes Stück zur Französischen Revolution, *Thermidor*, schrieb Przybyszewska ein Jahr nach der Lektüre von *Dantons Tod* 1925 auf deutsch. Von ihrer Begeisterung für Büchners Stück zeugt auch ihre Übersetzung, die leider nicht erhalten blieb.

Trotz dieser entscheidenden Inspiration und bleibenden Wertschätzung nimmt Przybyszewskas Kritik an Büchner jedoch mit der eigenen Arbeit am Danton-Stoff mehr und mehr zu. Sie richtet sich zum Teil gegen Büchners Interpretation der Hauptfiguren, die Przybyszewska als einseitig bezeichnet. Büchner sei mit den historischen Quellen, denen sie selber sehr genau folge, willkürlich umgegangen. Ihren Hauptvorwurf richtet sie jedoch gegen die literarische Gestaltung. Büchners Stück sei ein „kindliches Konglomerat",[11] „loses Zeug",[12] ein „barbarisches Chaos".[13] Es enthalte „einige wirklich grandiose Szenen", sei „ein wirklich geniales Drama, aber nicht das Werk eines Genies."[14] Als „unerträglich" empfindet Przybyszewska viele der Metaphern, und daß die Dialoge oft nur aus solchen Metaphern bestehen. Als Beispiel dafür führt sie an: „Ich werde mich in die Zitadelle der Vernunft zurückziehen, ich werde mit der Kanone der Wahrheit hervorbrechen und meine Feinde zermalmen."[15] Diese Kritik an den Metaphern zeigt, daß Przybyszewska in Büchner einen Vertreter des mittleren, lyrischen Schaffens sah. Ihre Vorwürfe gipfeln in der Feststellung, es fehle dem Drama „jegliche Konstruktion und Komposition".[16] Die Möglichkeiten der nicht-klassischen Dramenform hat Przybyszewska entweder nicht gekannt (es gibt in ihrer Korrespondenz keine Reflexion oder Diskussion dieses Problems) oder verworfen. Sie hat für ihr Stück *Sache Danton*, wie sie in einem Brief schreibt, die „erzklassische Kompositionsmethode bewußt gewählt".[17] Mit Stolz spricht sie von der „first class"-Komposition ihres Stückes. Obwohl *Sache Danton* eine Reihe von formalen Innovationen enthält – vor allem die Simultanszenen, in denen mehrere Dialoge gleichzeitig gespielt werden sollen, und Massenszenen, die vermutlich durch den zeitgenössischen Film angeregt wurden – folgt das Stück

---

[11] Ebd., Bd. 3, S. 119 (an Iwa Bennet, 6.6.1928).
[12] An Iwa Bennet, 19.2.1929 (wie Anm. 1).
[13] Przybyszewska, Listy (wie Anm. 2), Bd. 1, S. 614 (an Helena Barlińska, 24.7.1929).
[14] Ebd.
[15] An Iwa Bennet, 19.2.1929 (wie Anm. 1).
[16] Przybyszewska, Listy (wie Anm. 2), Bd. 1, S. 614 (an Helena Barlińska, 24.7.1929)
[17] Ebd., S. 346 (an Wacław Dziabaszewski, 8.1.1929).

in der Zentrierung der Handlung und des Figurenensembles um den zentralen Konflikt herum[18] tatsächlich streng dem klassischen Dramenmuster. Es ist fast exakt symmetrisch aufgebaut. Die Perspektiven und Handlungen der Gegenspieler Robespierre und Danton werden durch szenischen Wechsel und das fast gleichzeitige Auslaufen beider Perspektiven in den letzten Szenen durchgängig parallel geführt.

Przybyszewskas Orientierung am klassischen Drama wird ebenfalls in ihren Überlegungen zur Wahl des Stoffes und zum Tragischen deutlich. So muß nach ihrer Auffassung im Stück ein universaler Konflikt heroischen Charakters gestaltet werden. Individuelle Konflikte seien zu klein, um tragisch wirken zu können. Es dürften keine durchschnittlichen Menschen dargestellt werden; man müsse sie, ihr „Kaliber", erhöhen,[19] was Przybyszewska in ihrem Stück auch tut. Büchner wirft sie gerade dies vor, daß er lediglich den individuellen Konflikt zwischen Robespierre und Danton gestaltet habe, d.h. nicht den universalen Konflikt, auf den sie sich selber konzentriere. Beschäftigt mit ihrer eigenen Interpretation der Revolution war Przybyszewska offenbar nicht in der Lage, den zentralen, ja durchaus überindividuellen Konflikt in Büchners Drama wahrzunehmen.

Sucht man in ihren Äußerungen nach möglichen deutschsprachigen Einflüssen auf ihre Dramentheorie, dann stößt man auf die Repräsentanten der deutschen Klassik – Friedrich Schiller und Johann Wolfgang von Goethe. Auch sie traten, nach ihrer Abwendung vom Individualismus des Sturm und Drang, für eine Kunst ein, die dem Universalen verpflichtet war. Über Büchner hätte Goethe, wenn er sein Werk noch kennengelernt hätte, wohl in einigen Punkten ähnlich wie Przybyszewska geurteilt.

Przybyszewska kannte beide Autoren und las ihre Werke bereits sehr früh und mit Hingabe. So erinnert sie sich in ihren Briefen, daß sie sich als

---

[18] Wie bewußt Przybyszewska ihr Stück um den zentralen Konflikt herum aufbaute, zeigt ihr Kommentar zur Figurengestaltung und zum Figurenensemble: Die Deutlichkeit, das Ausgeprägtsein der Figuren hänge von ihrer Bedeutung für den Konflikt ab; sie sind wie in Kreisen um das Konfliktpaar, die Figuren des ersten Planes, angeordnet. Auf dem zweiten Plan befinden sich die „Komparsen": Saint-Just, Camille Demoulins, die Mitglieder des Wohlfahrtsausschusses und Dantons Freunde. Danach folgen nur noch zwei kleine Gruppen: „Role epizodyczne artykułowane" (Rollen mit episodischen Äußerungen: die Richter des Revolutionstribunals Herman und Fouquier) und als viertes am äußersten Rand „Role monosylabiczne" (einsilbige Rollen, Figuren mit nur ein oder zwei Äußerungen: Panis, Merlin). Przybyszewska, Listy (wie Anm. 2), Bd. 1, S. 531-539 (an Helena Barlińska, 16.-28.4.1929).

[19] Ebd., S. 539 u. 561.

Neunjährige, nach Corneille und Shakespeare, für Schiller begeistert habe.[20] Zehn Jahre später las sie in Krakau den *Wilhelm Meister* und 1921 belegte sie eine *Faust*-Vorlesung an der Universität in Poznań. Mehrmals erwähnt sie in ihren Briefen, daß sie als 12jährige in Schillers *Wallenstein* und in Goethes *Egmont* verliebt gewesen sei, daß beide Stücke sie in ähnlicher Weise mit sich fortrissen wie später *Dantons Tod*.[21] Im Alter von 14 Jahren schrieb sie sogar eine Interpretation des *Egmont*.[22]

Es liegt also nahe, danach zu fragen, ob Goethes Egmont und Schillers Wallenstein mit dem Robespierre von Przybyszewska etwas gemeinsames haben. Die Antwort fällt bejahend aus: Alle drei sind außergewöhnliche Menschen, die an die Grenzen ihres Handelns, aber auch ihrer Wahrnehmung stoßen und dadurch tragisch untergehen. Bei Egmont ist es das jeglicher Sorge und Voraussicht entbehrende Vertrauen in das Leben, das ihm eine besondere, rational nicht erklärbare Aura und Größe verleiht. Es ist der Grund für die Liebe, mit der ihn das Volk umgibt, mit der ihm Klärchen begegnet, es treibt ihn aber auch Alba, dem neuen Statthalter Philipps II., blind in die Arme, der ihn hinrichten läßt. Schillers Wallenstein scheitert ebenfalls an äußeren und inneren Grenzen. Sein Vorhaben, als Oberbefehlshaber des habsburgischen Heeres im Dreißigjährigen Krieg auf eigene Faust Frieden zu schließen und sich dabei zugleich eine Machtposition zu sichern, wird durch die realen Machtverhältnisse, durch den Kaiser und ihm ergebene oder käufliche Offiziere vereitelt. Die inneren Grenzen sind durch Wallensteins Zögern vor der Tat und durch seine Wahrnehmung markiert: er vermag die Zeichen der Gefahr vor seiner Ermordung nicht zu erkennen.

Ganz ähnlich stößt Robespierre an die Grenzen seines Handelns und seiner Wahrnehmung. Er denkt über die Zukunft der Revolution nach und sieht, daß sie mit der Institutionalisierung des Terrors verloren, an ihre Grenze geraten ist. Dennoch folgt er dem einmal eingeschlagenen Weg. In der Figur des Robespierre gestaltet Przybyszewska ihr Ideal der genialen, unter dem Zwang der schöpferischen Kraft handelnden Persönlichkeit. Die Grenzen, an die Robespierre stößt, sind diejenigen, die sie dem Genie gezogen sieht und im Kommentar zu *Sache Danton* mit der Tragik des Genies verbindet. Dessen „innere Tragik" beruhe darauf, daß die menschlichen

---

[20] Ebd., Bd. 2, S. 486 (an Stanisław Helsztyński, 15.8.1933).

[21] Ebd., S. 614 (an Helena Barlińska, 24.7.1929).

[22] Ebd., S. 35 (an Helena Barlińska, Februar 1921).

Institutionen – also auch die revolutionären Machtorgane – nicht an die übermenschlichen Forderungen der schöpferischen Kraft heranreichen, unter deren Zwang das Genie handle. Die „äußere Tragik" des Genies bestehe darin, daß der „Evolutionszwang sich gegen die menschliche Natur richtet", daß die schöpferische Kraft für den einzelnen und seine Kräfte zu stark sei.[23]

Doch es ist nicht Robespierre, der in dem Stück untergeht, sondern sein Gegner Danton, nach dem auch das Drama benannt ist. In dessen Tod, so könnte man dies deuten, spiegelt sich Robespierres tragisches Scheitern, und damit auch das Scheitern der Revolution. Dantons Tod markiert die Grenze, an welche die Revolution stößt. Dieser Untertext, der aus der Struktur des Dramas entsteht, läuft dem wörtlichen Text Robespierres zuwider, der lautet: Die Revolution scheitere an Danton.

Bei ihrer Interpretation des *Egmont* muß Przybyszewska auf den Begriff des „Dämonischen" gestoßen sein, den Goethe in *Dichtung und Wahrheit* im Zusammenhang mit dem Stück erwähnt, ihn dabei auf Egmont und Alba beziehend. Goethe faßt damit eine der Vernunft nicht zugängliche Macht, die durch einen Menschen wirken kann. Es gäbe dämonische Persönlichkeiten, von denen „eine ungeheure Kraft ausgehe" und die eine „unglaubliche Gewalt über alle Geschöpfe, ja sogar über die Elemente" und über die Masse ausüben können.[24] Goethe selbst sah sich nicht als eine solche Persönlichkeit, meinte aber, er sei dem Dämonischen unterworfen.

Przybyszewska erwähnt den Begriff des Dämonischen nicht in ihren Schriften, doch sie glaubte an die Existenz einer metaphysischen Kraft und deren Einfluß auf den Menschen. Diese Kraft bezeichnet sie, wie bereits erwähnt, als „Mentalkraft" oder auch, im Falle des schöpferischen Menschen, als „schöpferische Kraft". Sie fühlte sich selbst unter dem Einfluß dieser schöpferischen Kraft stehen, mit der sie rang wie Jakob mit dem Engel. In einem Brief an Helena Barlińska schreibt sie:

[...] *die schöpferische Kraft, die durch mich wirkt,* [...] *äußert sich immer reiner und freier unter Mitwirkung* meiner *Macht,* meiner *Arbeit,* meines *Talentes – doch in*

---

[23] Przybyszewska, Stanisława: Samowywiad [Selbstinterview]. In: Przybyszewska, Listy (wie Anm. 2), Bd. 2, S. 559.

[24] Goethe, Johann Wolfgang von: Aus meinem Leben. Dichtung und Wahrheit. Vierter Teil, 20. Buch. In: Ders.: Werke. Bd. 10. Autobiographische Schriften II, S. 177. Siehe auch Conrady, Carl Otto: Goethe. Leben und Werk, Bd. 1. Königstein /Ts. 1984, S. 482-484.

dem Maße, wie sich ihr Instrument vervollkommnet (nicht sie!), offenbart sich mir immer deutlicher ihr Abgetrenntsein von mir, ihre freie Vitalität, das Verhältnis der Proportion zwischen ihr und mir. Mit einem Wort: ich spalte mich immer tiefer. Die Tatsache, daß diese Kraft mich als Leitung auswählte, schmeichelt mir, macht mich glücklich und quält mich – das letzte deshalb, weil ihre Forderungen meine physischen und psychischen Kräfte übersteigen, und was noch schlimmer ist, mein Talent, meine Ausbildung und das Entwicklungsniveau der europäischen Sprachen. An sie selbst wende ich mich mit Bewunderung und Verehrung.[25]

Przybyszewska sah sich also, wie auch andere Autoren der Moderne, um es mit den Worten Helmuth Kiesels zu sagen, „einer (wodurch auch immer bewirkten) Instrumentalisierung oder Medialisierung ausgesetzt".[26] Für sie war dieser Art des künstlerischen Schaffens jedoch ein tragisches Moment eingeschrieben, und zwar genau jenes, das sie in ihrem Kommentar zu *Sache Danton* als die „innere Tragik" des Genies beschreibt: daß der einzelne der Forderung der schöpferischen Kraft nicht gerecht werden kann und dadurch scheitern muß. Dieses Scheitern hat für sie zweierlei Gesichter, das von Danton, dem „Renegaten der Berufung" und das von Robespierre: Er folgt der Berufung um jeden Preis, auch um den des Lebens.

Vermutlich hat Przybyszewska für ihre *Egmont*-Interpretation Schillers Rezension des Stückes gelesen, in der es heißt, das Drama habe der Darstellung „außerordentlicher Handlungen und Situationen", „Leidenschaften" oder „Charaktere" zu dienen.[27] Für ihr Drama wählt sie einen solchen „außerordentlichen", „großen" Stoff, wohl den am stärksten dramatischen Stoff, den sie finden konnte. Robespierre, Egmont und Wallenstein sind nicht nur außergewöhnliche Charaktere, sondern ihre Geschichten sind Teile großen historischen Geschehens, in dem sie als treibende Kraft wirken: Egmont im Unabhängigkeitskampf der Niederlande gegen Philipp II., Wallenstein im Dreißigjährigen Krieg, Robespierre in der Französischen Revolution. Alle drei verfolgen große Ziele und stre-

---

[25] Przybyszewska, Listy (wie Anm. 2) Bd. 1, S. 656 (an Helena Barlińska, 16.-28.4.1929).

[26] Er führt Benn, Döblin, Lasker-Schüler und Nietzsche als Beispiele an. Kiesel, Helmuth: Geschichte der literarischen Moderne. Sprache, Ästhetik, Dichtung im zwanzigsten Jahrhundert. München 2004, S. 132.

[27] Schiller, Friedrich: Über Egmont. Trauerspiel von Goethe. In: Ders.: Werke und Briefe in 12 Bänden. Hrsg. von Otto Dann u.a. Bd. 8. Theoretische Schriften. Hrsg. von Rolf-Peter Janz, Frankfurt/Main 1992, S. 926-937, hier S. 926.

ben nach hohen Idealen. Egmont und Robespierre nach dem der Freiheit, Wallenstein nach Frieden. Alle drei verbindet die Auflehnung gegen das Bestehende, und alle drei scheitern bei dem Versuch, ihr Ideen in die Tat umzusetzen.

Przybyszewska hat mit dem Stoff der Französischen Revolution jedoch nicht nur für ein einzelnes Stück eine – wie Schiller es forderte – außerordentliche (historische) Situation gewählt, sondern sie hat den größten Teil ihres Werkes dem Thema der Revolution gewidmet. Dieser historische Moment war für sie nicht nur der Rahmen, in dem großes Handeln großer Charaktere möglich ist. Sie sah eine Revolution als notwendig an, sah in ihr einen Weg, sich aus der Abhängigkeit von der Natur hin zum Mentalen zu befreien.[28]

Neben den Parallelen in der Auffassung des Dramatischen, in der Wahl des Stoffes, der Helden und ihrer Konflikte, finden sich zwischen Przybyszewskas Stück und den Dramen von Goethe und Schiller einige strukturelle bzw. gestalterische Ähnlichkeiten. So beginnt Przybyszewska *Sache Danton* mit einer Straßenszene, die in die politische Situation einführt und Danton und Robespierre zunächst indirekt, aus der Sicht der Pariser Bevölkerung vorstellt. Diese treten selber erst in den nächsten Aufzügen des ersten Aktes auf. Ganz ähnlich arbeitet Schiller im *Wallenstein*-Drama, dessen erster Teil mit dem Titel *Wallensteins Lager* die Situation und die Hauptfigur aus den Perspektiven verschiedener Angehöriger des Heeres zeigt. Wallenstein tritt erst viel später auf. Auch Goethe läßt Egmont zunächst gespiegelt durch verschiedene Wahrnehmungen und erst danach selber auftreten.

Eine andere Parallele betrifft die Schwerpunktsetzung im Drama. Eine Kritik an der zentralen Szene, dem Gespräch zwischen Danton und Robespierre, versuchte Przybyszewska u.a. durch eine mögliche Desorientierung zu erklären, der Leser ihres Stücks unterliegen können, denn die Schwerpunktsetzung an dieser Stelle des Dramas sei sehr selten. Die zentrale Szene, also das Gespräch zwischen Danton und Robespierre, befindet sich nicht im dritten Akt, dem kompositorischen Zentrum des Fünfakters (dort befindet sich die Rede Robespierres im Nationalkonvent), sondern bereits

---

[28] Zum Begriff der Revolution siehe Brandt, Marion: Zum Revolutionsbegriff von Stanisława Przybyszewska. In: Danzig und der Ostseeraum. Sprache, Literatur, Publizistik. Hrsg. von Holger Böning, Hans Wolf Jäger, Andrzej Kątny und Marian Szczodrowski. Bremen 2005, S. 209-228.

in der Mitte des 2. Aktes. Eine ähnliche Versetzung, wenn auch in anderer Richtung, hat Goethe im *Egmont* vorgenommen. Der kompositorische Schwerpunkt seines Dramas liegt auf dem Gespräch zwischen Egmont und Klärchen, das man als den Höhepunkt der inneren Handlung bezeichnen könnte. Der Schwerpunkt der äußeren, der dramatischen Handlung, nämlich das Gespräch zwischen Alba und Egmont, liegt – versetzt – erst im vierten Akt.[29]

Wallenstein und *Sache Danton* enthalten zudem eine wichtige Parallele im Aufbau der Handlung und in der Konfliktentfaltung. Sowohl Wallenstein als auch Robespierre zögern zunächst vor der Tat, die sie zum Verbrechen führt. Wallenstein zögert, Kontakt mit dem militärischen Gegner aufzunehmen, und dann, das Bündnis mit ihm zu schließen. Erst die Gegner, aber auch die Freunde, treiben ihn in eine ausweglose Situation, in der ihm nichts anderes übrigbleibt als zu handeln, tatsächlich zum Verräter am Kaiser und zum politischen Verbrecher zu werden. Ähnlich begründet Przybyszewska Robespierres Handeln. Dieser ist zunächst gegen die Verhaftung und Anklage Dantons, die im Wohlfahrtsausschuß verlangt wird. Die Pläne zur Errichtung der Diktatur, die Danton vor Robespierre ausbreitet, lassen ihm dann jedoch keine andere Wahl, als der Verhaftung zuzustimmen. Es gibt zwar einen wichtigen Unterschied im Handeln beider Figuren: Wallenstein ist Urheber seiner verbrecherischen Gedanken und dann der Tat, während Robespierre nicht als Erfinder oder Autor des revolutionären Terrors angesehen werden kann. Dennoch ist die Parallele bedeutsam, denn sowohl Robespierre, als auch Wallenstein werden durch ihr Zögern, ein zentrales Moment in der Konfliktführung, unschuldig schuldig. So können beide machiavellistisch handeln und reden und dennoch als in ihrem „Wesen" rein dargestellt werden. Erst das macht sie trotz der Verbrechen, die sie in der Geschichte begangen haben, im Drama zu tragischen Figuren.

Zwischen 1929 und 1934 schrieb Stanisława Przybyszewska mehrere Briefe an Thomas Mann, von denen vor allem die letzten erschütternde Hilferufe sind. Vermutlich hat Mann keinen dieser Briefe erhalten, einige wurden auch nicht abgeschickt. Przybyszewska wandte sich an Mann als an einen Schriftsteller, dem sie sich nahe fühlte. Den Konflikt zwischen Geist/

---

[29] Einige Techniken Goethes – die Überhöhung des realen Egmonts und die Raffung größerer Zeitabschnitte in der Dramenhandlung – hat Przybyszewska ebenfalls angewandt.

Kunst und Leben, den er in seinem Frühwerk gestaltet hatte, erfuhr sie selbst in äußerster Schärfe. Ihre Wendung an Thomas Mann begründete sie mit dem Satz: „Ihnen allein kann ein Leben wie das meine – diese Entwicklungslinie, diese Bedürfnisse und voraussichtlichen Ziele wohlbekannt sein."[30] In einem ihrer letzten Briefe schreibt sie: „Erbarmen Sie sich: lassen Sie mich nicht den Menschen ausgeliefert werden."[31] Przybyszewska erwartete von Thomas Mann Rettung vor dem Leben, ein Aufgehobenwerden in die Literatur.

Welche Werke sie von ihm kannte, ist schwer zu sagen. Ganz sicher waren es die frühen Texte, möglicherweise kannte sie auch den *Zauberberg*, obwohl sie in ihren Briefen über den Roman nur anhand einer Rezension urteilt. Einmal bezieht sie sich auf *Tod in Venedig*. Am 28. Juli 1934 schreibt sie an Mann: „Gott segne Sie für jenes Kapitel, das mit dem spielenden Kind am Meerufer beginnt. Ich las heute früh diese Seiten, und was dort vom Leiden gesagt wird, kräftigte mich in der Stunde meiner Not."[32] Aschenbachs Leiden und Tragik läßt sich aus Przybyszewskas Perspektive als ein Versagen vor der Herausforderung der schöpferischen Kraft, die auf Aschenbach über die Schönheit Tadzios wirkt, interpretieren. Die Schwäche des Körpers, das körperliche Begehren, verhindert deren Vergeistigung im künstlerischen Schaffen. Przybyszewska könnte also in Aschenbach das gefunden haben, was sie als die innere Tragik des Genies ansah.

Im Anschluß an die bewundernden Wort über den *Tod in Venedig* formuliert sie aber auch eine Kritik am „Meister": Thomas Mann irre, wenn er die Sünde unterschätze und wenn er die Heiligen nicht gebührend achte. Vermutlich bezieht sie sich hier auf die „Sünde" der Homoerotik, und auf das Bild des Hl. Sebastian, der in der Novelle zu einer Allegorie für Aschenbachs Existenz wird. Im Unterschied zu Thomas Mann sah Przybyszewska die Künstlerproblematik in einem religiösen Kontext. Dies zeigt u.a. eine 1931/1932 begonnene und nicht beendete deutschsprachige Erzählung von ihr, die deutliche Spuren des Mannschen Werkes trägt. Sie wird in den Manuskripten mit *Spuk* und *Die Besessene* überschrieben.[33]

---

[30] Przybyszewska: Briefe (wie Anm. 2) Bd. 2, S. 409 (9.12.1932).

[31] Ebd., S. 538 (27.10.1934).

[32] Ebd., S. 531 (28.7.1934).

[33] Das Manuskript der nicht beendeten Erzählung sowie Notizen über ihren geplanten Fortgang befinden sich im Nachlaß von Stanisława Przybyszewska im Archiv der Polnischen Akademie der Wissenschaften in Poznań. Im folgenden werden die Seiten der Zitate im

Im Zentrum dieses Textes steht die Begegnung zweier Frauen, von denen die eine Musikerin ist und die andere von deren Spiel angezogen wird. Die Begegnung zwischen beiden wird aus Sicht der letzteren rückblickend erzählt. Diese hat erfahren, daß die Musikerin – Laurence – gestorben ist, und fragt sich, ob sie zu dem Tod beigetragen hat. Andererseits fühlt sie sich durch Laurence und deren Spiel von einer Sehnsucht nach dem Tode angesteckt. Sie weiß, daß sie sich „an den Tod verraten" hat und bittet: „Herr – gib mir die Todesfurcht wieder!", „Behüte mich, und sei es durch das ärgste Leiden, – vor dem Einverständnis mit meiner Zerstörung." (S. 2)

Die Musik wird in dieser Erzählung ganz wie bei Thomas Mann im *Tristan* oder auch in den *Buddenbrooks* mit Krankheit und Tod assoziiert. In ihren Notizen zu der Erzählung bezeichnet Przybyszewska sie als „anti-Denken" und „Todessprache". Die Musikerin, die an der Schwindsucht leidet, begreift ihre Krankheit als „Bedingung der Kunst". Die Musik ist „Maß ihres Ablaufs".[34]

Das Musikstück, das in der Erzählung gespielt wird, das Impromptu Op. 66 von Fryderyk Chopin, wird mit der Krankheit verknüpft:

> *Das Werk kam mir unvollendet vor: mit dem giftigen Schlamm des Fiebers vermischt und getrübt, aber von ihm herbeigelockt, stürzt sich durch ein längst verbrauchtes, nicht mehr intaktes Stimmorgan der heftigste Strom der Inspiration, den es je erleben sollte. Der Mann war nicht mehr imstande, den Realisationsprozeß gehörig durchzuführen. Er kann das Faulende vom Kristall nicht mehr trennen, wirft beides zusammen hin – und die Verbindung lebt. Außerhalb seines Wollens.* (S. 13)

Die Mauer, welche die Erzählerin gegen die Krankheit errichtet hatte, bricht durch das Erlebnis dieser Musik zusammen. Zuvor hatte sie sich als „immun" beschrieben, in einem Zusatz: „immun – gegen Liebe und Mutterschaft" (S. 7). Fast schon übertrieben deutlich wirkt diese Selbstdarstellung. Um zu Höchstleistungen zu gelangen, stählte sie ihren Körper durch Sport und gesunde Ernährung. Ihr grauste vor der in den Alpen möglichen Begegnung mit Tuberkulose-Kranken. Als Kehrseite dieser Angst erweist sich schließlich ihre eigene frühere Schwäche, die unterdrückte Faszination für die Krankheit, die sie zu der Musikerin treibt – wie zu einem Spiegel ihres verdrängten Ich.

Text angegeben. Przybyszewska, Stanisława: Spuk (Die Besessene), Archiwum PAN Poznań, P.III-52, Nr. 19.

[34] Plan und Skizzen zu „Spuk", ebd., S. 50.

Im Unterschied zu Thomas Mann psychologisiert Przybyszewska das Verhältnis Kunst-Krankheit und verknüpft es mit der Problematik der Identität: Für die Erzählerin geht die Ansteckung durch die Krankheit mit einer Auflösung ihres Ich oder, anders gesagt, mit dem Verlust der Kontrolle über sich selbst einher. Ihrer Immunisierung lag das Bestreben zugrunde, Produzentin ihrer selbst zu sein. Sie versuchte sich aus einer Situation der „Unkenntlichkeit" zu befreien, die sie so beschrieb:

Ich gehöre zur zahlreichen 4. Reihe der internationalen Popularität. – Meine Technik ist synthetisch, wie es das in der Vorzeit (Vor-Kriegs-Zeit) weder gab noch geben konnte; ich kann alles im Bereich jener Kunstformen, deren Medium der Menschenkörper ist. Ich kann in diesen Dingen sowohl diszipliniertes Maschinenteil sein, als auch operativ. [...] Es muß unser (unbekannt und unkenntlich) Hunderte geben, wenn nicht Tausende. (S. 9)

Aus der Tatsache, daß sie und ihre tatsächlichen Fähigkeiten nie erkannt, geschweige denn gebraucht werden, zog sie den Schluß, sich selber zu produzieren:

Mein Instrument ist so vervollkommnet, so göttlich [unsichere Lesart, M.B.], daß ich vor mir selbst eine Art gottesfürchtiger Scheu empfinde: die Verantwortung ...! – Aber es ist nicht aere perennius, o keineswegs; es steht mir etwa 30 Jahre zur Verfügung ... und wenn nun kein Mensch darauf spielen kann – ? / Meine Pflicht ist klar: ich selbst muß darauf spielen lernen. Ich selbst muß mir mein Werk, mein Ensemble, meine Einzelrolle und -rollen schaffen. (S. 6)

Hierin lag die Entscheidung der Erzählerin für die völlig rationale und gesunde Lebensführung begründet.

In den beiden Frauenfiguren stellt Przybyszewska also zwei verschiedene Schaffens-Konzeptionen gegenüber: eine rationale, kontrollierte und eine der Hingabe und des Erlebens. Wie aus ihren Notizen hervorgeht, sollte dieser Unterschied auch im Gespräch zwischen den Frauen thematisiert werden. Danach sollte Laurence „[ü]ber die scheinbare Deutlichkeit der Musik" sprechen. Sie sei „deutlich, aber unübersetzbar. Man kann nicht *wissen*, was sie bedeutet. – Parallele: Dinge, die zu erforschen man besonders versucht wird; die man erfahren kann – aber nie wissen."[35]

---

[35] Ebd.

Darüber hinaus wird mit den beiden Frauenfiguren ein weiterer Gegensatz konstruiert. Den Höhepunkt und Abschluß des Violinenspiels von Laurence beschreibt die Erzählerin mit folgendem Bild:

> *Ein beängstigendes Wunder war im Gange: die Stimme* [der Violine, M.B.] *fing an menschlich zu werden. – Dem teuflischen Scheinwesen war es gelungen, einer irdischen Seele den Wunsch zu entlocken. – Das genügte. Ein winziger, flüchtiger Funke wirklicher Energie – und schon hat sich das Unwirkliche den Entwurf eines Menschenleibs erschaffen, schon hat es Kraft genug, den leisen Wunsch zum Verlangen anzufachen – dann zur Begier –; es saugt ihn auf, diesen Strom des Lebens – und sein Leib wird mit jedem Pulsschlag echter, wird zu organischer Materie. Schon ist die Stimme da, schon ist die Strahlung des Fleisches zu fühlen; schon präzisiert sich, von unserem Wunsche nach diesem Fleisch ins Leben beschworen, das Geschlecht. – Nun trifft uns bereits der erste Wellenschlag des geschlechtlichen Magnetismus; und von da an sind wir verloren.*
>
> *Meine Tränen waren ganz versiegt, mein Gesicht erstarrt, geronnen in düsterer Hingerissenheit* [...] *– Der Gesang wogte jetzt wie ein Meer ... wie Blut. Schon war die Stimme des Opfers vernehmbar, verzücktes Flehen; die des Namenlosen, an diesem weiblichen Aufschrei völlig männlich geworden, gab in vollkommenem Einklang das entscheidende Ja. Meer und Land, Berge und weitgebreitete Felder und die* [nicht entziffertes Wort, M.B.] *alles war enthalten in diesem einen Doppelklang, diesem absoluten Ja. – Der Himmel, die warme Erde bebt, wie sie sich aufeinander stürzen ... diese* Zwei*: der Mensch, verhext von einem Anthiklosen aus seiner eigenen Tiefe; und dieses von ihm selbst in Todsünde geschaffene Leben von seinem Leben, Ich nach Ich begehrend und gegen Ich gekehrt. – Aus jenem letzten, nicht mehr zu übertreffenden Hochklang ist herauszuahnen, was nun folgen muß: das erlogene Scheinfleisch zerstäubt zwischen den greifenden Händen; und das lebendige, zum einen tödlichen Schritt verleitet, stürzt* allein *die grimmige* [unsichere Lesart, M.B.] *Felswand hinab auf kalten steinernen Boden.* (S. 24f.)

Die Musikerin überschreitet in ihrem Spiel die Grenze zwischen Leben und Tod. Sie wird zum Instrument der Musik, dieses hingegen wird lebendig, indem es ihr Leben in sich aufnimmt. Beide Frauen töten also ihr Leben: Während die Erzählerin es instrumentalisiert und völlige Kontrolle darüber anstrebt, opfert es die Künstlerin der Musik, dem vollkommenen Einklang mit ihr.

Przybyszewska führt beide durch die Frauen repräsentierten Schaffensweisen, die der Opposition des apollinischen und dionysischen Schaffens, der klassiszistischen und modernen Ästhetik zugeordnet werden können, an ihre Grenzen. Es existiert aber auch keine Alternative zu ihnen, denn das Leben als eine „unkenntliche" Darstellerin unter Hunderten oder Tausenden kann diese Alternative nicht sein. Trotz ihrer literarischen Schwächen beeindruckt und bewegt die Erzählung durch die intellektuelle Kraft und Illusionslosigkeit dieser Analyse.

Dieser Text zeigt nicht nur, daß Przybyszewska die Künstlerproblematik in einen metaphysischen Kontext stellt, sondern daß darin auch Vorstellungen von Hölle und Verdammung einen zentralen Platz einnehmen. So wird in dem oben zitieren Ausschnitt das Instrument als „teuflisches Scheinwesen" bezeichnet und das beschriebene Geschehen kann auf die Weise interpretiert werden, daß die Spielende ihre Seele dem Teufel verschreibt. Auch am Ende des Chopin-Stücks ist von der Hölle, später sogar vom Höllensturm die Rede, in den der Komponist geraten sei. Die Ansteckung mit der Krankheit, mit der Sehnsucht zum Tode, kann als ein Teufelspakt verstanden werden. Beim Hören des Chopin-Stücks erscheint der Erzählerin ein ihr zulächelndes, dann entzückt strahlendes Antlitz, und sie hört „geraunte Verheißungen, die keine Erdensprache ausdrücken, kein waches Hirn begreifen kann. Allmacht, Allwissenheit, Allgegenwart werden mir angeboten ... *vorgeschlagen.*" (S. 13) Es gelingt ihr, sich von dieser Erscheinung befreien. Dennoch fühlt sie sich, wie bereits zu Anfang erwähnt, durch die Begegnung mit Laurence, nach der sie den Ort fluchtartig verlassen hat, in Gefahr. Sie fühlt sich im „Stillstand", im „No Mans Land" und betet, wie bereits zitiert, zu Gott, daß er sie vor dem „Einverständnis mit meiner Zerstörung" rette (S. 1f.). Satan ist hier also mit Destruktion, deutlicher noch, mit Tod, assoziiert, auch wenn das Bündnis mit ihm die künstlerische Produktivität zu steigern vermag.

Das Problem des Satanismus im Werk von Przybyszewska harrt noch einer eingehenden vergleichenden Untersuchung.[36] Hier sei nur darauf verwiesen, daß Przybyszewska das künstlerische Schaffen mit solchen Vorstellungen verknüpft. Es unterscheidet sie von Thomas Mann, daß für sie die Künstlerexistenz immer auch einer Existenz zwischen Verdammung und Erlösung ist. Das Werk, in dem Thomas Mann die Problematik des

---

[36] Przybyszewska-Forscher haben mehrmals auf den Satanismus in ihrer Prosa aufmerksam gemacht. Przybyszewska ist hier vermutlich nicht nur von Przybyszewski, evtl. auch von Miciński, und von Bernanos beeinflußt. Interessant ist in diesem Zusammenhang auch ihr Interesse an Goethes „Faust".

modernen Künstlers mit einem literarischen Motiv verknüpft, das einen religiösen Kontext nahelegt, den *Doktor Faustus*, hat Przybyszewska nicht mehr kennengelernt. Sie hätte in diesem Roman einiges gefunden, das ihr nahe war. Allerdings fehlt ihren Texten die Mannsche Distanz; man muß sie sich etwa so vorstellen, als würde nicht Serenus Zeitblom, sondern Adrian Leverkühn selber die Geschichte seines Teufelspaktes erzählen.

Zum Exil deutscher Intellektueller in Polen

Marek Andrzejewski

Polen war nicht das Hauptziel des Exils aus dem Dritten Reich, aus der Freien Stadt Danzig, aus Österreich und später aus der Tschechoslowakei. Mehr noch als andere Länder sahen die Emigranten diesen Staat als vorübergehendes Asyl an und man wird wahrheitsgemäß konstatieren müssen, dass Polen als Exilland für die meisten Emigranten häufig nur Übergangscharakter hatte.

Auch unter den deutschsprachigen Emigranten in Polen gab es bekannte Namen. Für die meisten aber, wie z.b. für Wenzel Jaksch, Peter Maslowski, Erich Ollenhauer, Herbert Wehner und Otto Wels war der Aufenthalt im polnischen Staat nur von kurzer Dauer und damit von geringerer Bedeutung. Nicht selten, wie beim ehemaligen deutschen Kanzler Philipp Scheidemann, spielten frühere persönliche Kontakte mit den Polen[1] eine wohl entscheidende Rolle.

Die meisten Flüchtlinge hielten sich in den größten polnischen Städten auf, und was ihre soziale Herkunft angeht, so gehörten sie zur Mittelschicht oder zum Arbeitermilieu; die Intellektuellen im weiteren Sinne dieses Wortes blieben in der Minderheit. Die Gesamtzahl der aus politischen und rassistischen Gründen verfolgten deutschsprachigen Emigranten umfasste wahrscheinlich mindestens zehntausend Personen, teilweise aus jüdischen armen Familien, doch ist diese Zahl eher eine Schätzung. Hier sei auch betont, dass unter diesen Flüchtlingen überwiegend Transitäre zu finden waren.

Die Tatsache, dass Polen keines der wichtigen dauerhaften Exilländer war, ist zum Teil auch die Erklärung dafür, warum es bisher leider keine umfangreiche Studie über das deutschsprachige Exil in Polen gibt. Außerdem war die Exilforschung unter den deutschen und polnischen Historikern und Germanisten lange Zeit schwach vertreten. Seit Anfang der achtziger Jahre gibt es gewisse Bemühungen, dieses fast vergessene Kapitel

---

[1] Jabłoński, Tadeusz: Młodość mego pokolenia [Die Jugend meiner Generation]. Warszawa 1977, S. 354-355.

der Exilgeschichte zum Forschungsgegenstand zu machen.[2] Die Neuerscheinungen der Jahre 1990-2005 haben diese Situation in deutlichem Maße verbessert,[3] obgleich weiterhin außer dem Buch über die Geschichte der deutschsprachigen Emigration in Polen von 1933 bis 1939 vermutlich die Biographie Hermann Rauschnings[4] eines der wichtigsten Desiderate der Exilforschung ist. Als eine bedeutende Ergänzung zum Thema Exil in Polen sind noch einige Beiträge anzuführen.[5] Nur am Rande sei vermerkt, dass ein Blick in die polnische Schulbuchliteratur verdeutlicht, wie wenig

[2] Siehe vor allem: Heumos, Peter: Die Emigration aus der Tschechoslowakei nach Westeuropa und dem Nahen Osten 1938-1945. Politisch-soziale Struktur, Organisation und Asylbedingungen der tschechischen, jüdischen, deutschen und slowakischen Flüchtlinge während des Nationalsozialismus. Darstellung und Dokumentation. München 1989; Lacina, Evelyn: Emigration 1933-1945. Sozialhistorische Darstellung der deutschsprachigen Emigration und einiger ihrer Asylländer aufgrund ausgewählter zeitgenössischer Selbstzeugnisse. Bamberg 1982.

[3] Andrzejewski, Marek: Opposition und Widerstand in Danzig 1933 bis 1939. Bonn 1994; Zur deutschsprachigen Emigration in Polen 1933 bis 1939. In: Exilforschung. Ein Internationales Jahrbuch (2000) Bd. 18, Exile im 20. Jahrhundert. Hrsg. von Claus-Dieter Krohn, Erwin Rotermund, Lutz Winckler und Wulf Koepke. München 2000; Nordblom, Pia: Für Glaube und Volkstum. Die Katholische Wochenzeitung „Der Deutsche in Polen" (1934-1939) in der Auseinandersetzung mit dem Nationalsozialismus. Paderborn 2000; Stichwort „Polen". In: Handbuch der deutschsprachigen Emigration 1933-1945. Hrsg. von Claus-Dieter Krohn, Patrick von zur Mühlen und Lutz Winckler. Darmstadt 1998; Blachetta-Madajczyk, Petra: Klassenkampf der Nation? Deutsche Sozialdemokratie in Polen 1918-1939. Düsseldorf 1997; Szczerbiński, Henryk: Niemieckie organizacje socjalistyczne w drugiej Rzeczypospolitej [Deutsche sozialistische Organisationen in der Zweiten Republik]. Warszawa 1986.

[4] Vgl. Hermann Rauschning. Materialien und Beiträge zu einer politischen Biographie. Hrsg. von Jürgen Hensel und Pia Nordblom. Warschau 2002; Andrzejewski, Marek: O potrzebie naukowej biografii Hermanna Rauschninga [Über die Notwendigkeit einer wissenschaftlichen Biographie Hermann Rauschnings]. In: Dzieje Najnowsze (2003) Nr. 2, S. 165-176.

[5] Kaszyński, Stefan: Csokors polnische Odyssee. In: Eine schwierige Heimkehr. Österreichische Literatur im Exil 1938-1945. Hrsg. von Johann Holzner, Sigurd Paul Scheichl und Wolfgang Wiesmüller. Innsbruck 1991; Sieradzka, Danuta: Johann Kowoll. Działacz niemieckiego ruchu robotniczego na Śląsku. In: Z Pola Walki (1987) Nr. 4; Dies.: Współpraca niemieckich socjalistów województwa śląskiego z SPD w latach trzydziestych [Die Zusammenarbeit deutscher Sozialisten der schlesischen Wojewodschaft mit der SPD in den dreißiger Jahren]. In: Przegląd Zachodni (1988) Nr. 4; Meissner, Lucjan: Die Deutschen Sozialisten Mittelpolens im Kampf gegen den Nationalsozialismus 1933-1939. Ein Beitrag zur Geschichte des antifaschistischen Polendeutschtums. In: Studien zur Sprache, Kultur und Zeitgeschichte (1992) Nr. 6; Andrzejewski, Marek: Emigracja polityczna obywateli Wolnego Miasta Gdańska do Szwecji [Die Emigration von Bürgern der Freien Stadt Danzig nach Schweden]. In: Komunikaty Instytutu Bałtyckiego (1979) Nr. 30.

ein durchschnittlicher Pole über das deutschsprachige Exil und den Widerstand gegen das Dritte Reich weiß. Die polnische Geschichtsvermittlung baute in ihrer offensiven Konstruktion lange Zeit auf klassische Feindbilder auf und begnügte sich mit einseitigen Stereotypen bei der Darstellung der Deutschen.

Bei einem ersten Blick auf die Landkarte könnte man vermuten, dass gerade Polen für die deutschsprachigen Emigranten hätte naheliegen müssen. Die deutsch-polnische Grenze zählte 1937 nicht weniger als 1912 km und war relativ leicht passierbar. Trotzdem war Polen für die meisten Emigranten kein beliebtes Ziel und lag, so paradox es scheint, an der Peripherie der Auswanderungswege. Bei den Flüchtlingen erfreuten sich aus verschiedenen Gründen in der Mehrheit die westlichen Staaten größerer Beliebtheit; Polen war nicht selten eine *Terra incognita* und man hatte Angst, ins Ungewisse zu fahren. Die wirtschaftliche Situation, das Lebensniveau und die hohe Arbeitslosigkeit, dies alles könnte eher abschreckend auf die Flüchtlinge gewirkt haben. Nur wenige von ihnen sprachen Polnisch, was ihnen eine Integration in das polnischsprachige Milieu sehr erleichtert hätte. Vergessen wir dabei nicht, dass es sich hier ganz klar um Intellektuelle handelte, die im Gegensatz zur deutschen oder französischen die polnische Kultur nicht für besonders attraktiv hielten.

Doch gab es noch einen weiteren wichtigen Aspekt, der auf das Bild Polens als Exilland einen großen Einfluss ausgeübt hat. Die Lage der Emigranten muss stets im Zusammenhang mit der Entwicklung der deutschpolnischen Beziehungen betrachtet werden. Nicht ohne Grund hegte Warschau Befürchtungen, dass Berlin, übrigens auch Moskau, nur auf eine passende Gelegenheit warten, Gebietsansprüche zu verwirklichen. Zwar wurde am 26. Januar 1934 eine deutsch-polnische Nichtangriffserklärung unterzeichnet, aber der Spielraum der polnischen Außenpolitik war nicht groß und ihr Steuermann, Józef Beck, wollte die offiziell gute Nachbarschaft mit dem Dritten Reich fast um jeden Preis erhalten.

Die Unterstützung der deutschsprachigen Hitlergegner stand im Widerspruch zur politischen Konzeption Warschaus, zur damaligen polnischen Staatsräson. Es muss hier allerdings berücksichtigt werden, dass nach der auf zehn Jahre abgeschlossenen Nichtangriffserklärung und nach dem deutsch-polnischen Presseprotokoll (vom 24. Februar 1934) vor allem auf den polnischen Bühnen „reichsdeutsche Künstler" auftreten konnten. Hinzugefügt sei jedoch, dass die österreichischen Künstler, auch wenn sie aus dem Dritten Reich geflohen waren, anders behandelt wurden. Auf diese

Weise konnte der berühmte Dirigent Bruno Walter vor polnischen Musikliebhabern auftreten.[6] Leider betraf dies nicht außerhalb des Dritten Reiches herausgegebene Bücher. In dieser Hinsicht spielte die Exilliteratur eine immer geringere Rolle. Nach einigen Jahren hat sich jedoch die Situation verbessert. „Es sah so aus", wie der gute Kenner der Materie, Bogusław Drewniak, schreibt,

> als ob die Verleger in Polen, bei einer seit 1938 stillschweigend, schrittweise eintretenden Einwilligung der polnischen Behörden, die Vorbehalte des NS-Regimes vollständig ignoriert hätten. Gewiss war es auch eine Antwort auf die zunehmende antipolnische Propaganda im Reich.[7]

Es ist schwer, das Polen der dreißiger Jahre als ein für Emigranten offenes Land zu bezeichnen. Man darf freilich die Augen nicht davor verschließen, dass für viele Polen Deutschfeindlichkeit charakteristisch war. Gleichzeitig waren auch die meisten Deutschen, und das betrifft teilweise auch die Emigranten, den Polen gegenüber damals sehr kritisch eingestellt, was einerseits mit den negativen Stereotypen von Polen, andererseits mit dem Gefühl, dass die deutsch-polnische Grenze aus deutscher Sicht ungerecht sei, zusammenhängt.

Es wäre eine Übertreibung festzustellen, dass das Schicksal der deutschsprachigen Emigranten für die meisten Polen von Interesse war. Dieses Bild hat aber auch eine andere Seite. In Warschau wurde das Polnische Komitee zur Hilfe der von den Nazis unterdrückten Intellektuellen gegründet. Wir sind leider über diesbezügliche Einzelheiten unzulänglich unterrichtet. Es ist jedoch bekannt, dass die Gründung dieses Komitees einen spontanen Charakter hatte. Ihm gehörten Politiker, Ökonomen und andere Vertreter der polnischen Elite an. Bei dieser Gelegenheit muss der Name Mieczysław Michałowicz erwähnt werden, der eine große Aktivität für die Sache der deutschsprachigen Intellektuellen entfaltete. Dank seiner Energie und seinem persönlichen Engagement erhielt das Komitee von vielen Ver-

---

[6] Drewniak, Bogusław: Exiltheater in Polen. In: Handbuch des deutschsprachigen Exiltheaters 1933-1945. Hrsg. von Frithjof Trapp, Werner Mittenzwei, Hennning Ritschbieter, Hansjörg Schneider, Bd. 1. Verfolgung und Exil deutschsprachiger Theaterkünstler. München 1999, S. 246.

[7] Drewniak, Bogusław: Polen und Deutschland 1919-1939. Wege und Irrwege kultureller Zusammenarbeit. Düsseldorf 1999, S. 111.

tretern der polnischen Kultur und Wissenschaft Gelder für seine Tätigkeit.[8] Wie Tadeusz Jabłoński, der an Hilfsaktionen für die Emigranten aus dem Dritten Reich, Österreich, der Tschechoslowakei und Danzig beteiligt war, schrieb, „musste man wegen der stets drohenden Infiltration von Gestapo-Agenten vorsichtig sein".[9] Das erklärt teilweise, warum die Quellen über diese Aktivität so spärlich sind.

Zu den Künstlern, die trotz der „unsicheren politischen Verhältnisse"[10] nach Polen emigrierten, gehörte der Schauspieler Alexander Granach, der schon 1933 Deutschland verließ und zwei Jahre mit dem Jüdischen Künstlertheater verbunden war. Er spielte in dem Stück von Friedrich Wolf „Professor Mamlock", das mit über 300 Vorstellungen und Gastspielen in fast 70 Städten einen außerordentlichen Erfolg hatte. Ebenfalls 1933 emigrierte die Solotänzerin der Städtischen Oper Berlin, Ruth Abramowitsch, nach Polen. Nach Polen flüchteten bekannte Schauspieler, Musiker, Künstler und Wissenschaftler wie z.B. Erwin Geschonnek, Erich Franz, Hermann und Jankel Adler, Martin Blaszko, Heinz Danziger, Max Frankel, Harry Frisch, Israel Getzler, Ernest Jawetz, Stanislaw Kubicki, Lotte Loebinger, Walther Maas, Wilhelm Ortstein, Emil Steinberger, Hans Tombrock, Karl Guttmann, Gustav Wohl, Wolfgang Yourgrau, Walter Grün sowie Carl Meinhard. Der Musikforscher Julian von Pulikowski wurde in Warschau Direktor der Musiksammlung der Nationalbibliothek.[11] Die Künstler aus Deutschland und dann aus Österreich brachten zweifellos etwas frischen Wind in das lokale Kulturleben, wie beispielsweise Karl Guttmann, der von 1936 bis 1938 Schauspieler und Regisseur am Stadttheater in Bielitz war,[12] oder Mark Katz (Kurt Katsch), der im Krakauer jüdischen Theater als Regisseur und Pädagoge tätig war. Es ist wenig bekannt, dass

---

[8] Jabłoński, Tadeusz: Mieczysław Michałowicz. Życie i praca. Warszawa 1979, S. 81-82. In: ders.: Młodość mego pokolenia (wie Anm. 1), S. 355.

[9] Andrzejewski, Marek; Hubert Rinklake: „Man muß doch informiert sein, um leben zu können". Erich Brost. Danziger Redakteur, Mann des Widerstandes, Verleger und Chefredakteur der „Westdeutschen Allgemeinen Zeitung". Bonn 1997, S. 108.

[10] Stompor, Stephan: Künstler im Exil. Künstler im Exil in Oper, Konzert, Operette, Tanztheater, Schauspiel, Kabarett, Rundfunk, Film, Musik- und Theaterwissenschaft sowie Ausbildung in 62 Ländern, Bd. 1. Frankfurt/Main 1994, S. 360.

[11] Ebd., S. 360-361; Drewniak, Exiltheater in Polen (wie Anm. 6), S. 245-249.

[12] Handbuch des deutschsprachigen Exiltheaters 1933-1945. Hrsg. von Frithjof Trapp, Werner Mittenzwei, Henning Rischbieter, Hansjörg Schneider, Bd. 2. Biographisches Lexikon der Theaterkünstler. Teil 1. München 1999, S. 356.

1934 Erwin Piscator, ähnlich wie Leopold Jeßner, Pläne hatte, am jüdischen Theater in Polen mitzuwirken.[13]

Zwar wurde wie im Dritten Reich auch in Danzig „eine Mitwirkung der jüdischen Künstler in Theater und Konzert, in Rundfunk und Vortragssaal nicht erwünscht",[14] aber im Vergleich zu Deutschland gab es hier, trotz des NS-Regimes, bis 1937 mehr Freiheit. Die Ausschaltung der Personen mosaischen Glaubens aus dem deutschen Kulturleben zwang diese zur Gründung des Kulturbundes der Juden in Danzig. Er führte von 1933 bis 1938 zahlreiche Veranstaltungen durch, an denen von Zeit zu Zeit auch Künstler aus Deutschland und Österreich teilnahmen. So kamen u.a. Alexander Kipnis, Max Ehrlich und Dela Lipinska nach Danzig.[15]

Ein anderes Beispiel für einen gewissen Einfluss deutscher Emigranten auf das Kulturleben in Polen sind die Gastspiele bekannter Musiker in Warschau. So kamen Otto Klemperer, Paul Breisach, Bruno Walter, Hans Willhelm Steinberg, Hermann Scherchen, Erich Kleiber, Felix Weingartner, Walter Gynt, Kurt Katsch und andere zur Leitung von Konzerten in die polnische Hauptstadt.[16]

Der geringe Anteil der Intellektuellen unter den deutschsprachigen Emigranten ist bereits den Zeitgenossen aufgefallen. Auf diesen Stand der Dinge machten die diplomatischen Vertreter des Dritten Reiches in Polen aufmerksam. So informierte am 28. Februar 1934 der Deutsche Konsul in Krakau seinen Vorgesetzten in der polnischen Hauptstadt:

> *Der deutschen Gesandtschaft in Warschau beehre ich mich zu berichten, dass von einer Berufung deutscher Emigranten an Hochschulen, Krankenhäusern, Instituten und dergl. im Amtsbezirk des Deutschen Konsulats in Krakau bislang hier nichts bekannt geworden ist.*[17]

Ähnliche Berichte schickten im März desselben Jahres die deutschen Vertretungen in Thorn und Kattowitz an die Warschauer Botschaft.

---

[13] Drewniak, Exiltheater in Polen (wie Anm. 6), S. 245-246.
[14] Drewniak, Bogusław: Theater zwischen 1933 und 1939 in der Freien Stadt Danzig. In: Handbuch des deutschsprachigen Exiltheaters 1933-1945 (wie Anm. 12), Bd. 1, S. 251.
[15] Ebd., S. 251-258.
[16] Stompor, Künstler im Exil (wie Anm. 10), S. 359.
[17] Politisches Archiv des Auswärtigen Amtes in Berlin (PAAA), Deutsche Botschaft Warschau (DBW), Karton Nr. 200.

Gemäß den Informationen der offiziellen Vertretung Berlins in Warschau hatte Polen für die aus dem Dritten Reich emigrierten Intellektuellen keine große Bedeutung. Von den bekannteren Persönlichkeiten sollte im Juli 1933 nur Professor Zondek in einem Warschauer Krankenhaus eine Beschäftigung finden.[18] Aller Wahrscheinlichkeit nach war auch für ihn Polen nur ein erster Zufluchtsstaat.

Personen jüdischer Abstammung konnten auf das Verständnis von Seiten aller Polen sicher zählen. Von Zeit zu Zeit kam es aber zu bedauerlichen Exzessen, die von der Gestapo mit Genugtuung registriert wurden. So sollte der aus dem Dritten Reich emigrierte Professor Kasimir Fajans im Januar 1936 den Lehrstuhl für organische Chemie an der Universität Lemberg übernehmen, aber „durch Eingreifen nationalistischer Studenten soll dieses verhindert worden sein".[19] Auch einige Zeitungen nahmen gegenüber dem früher an der Universität München tätigen Professor eine ähnliche Haltung wie die antijüdisch eingestellte Lemberger Studentenschaft ein. Wenn man bedenkt, dass es zu lebhaften Demonstrationen gegen Kasimir Fajans kam, dann ist es für uns selbstverständlich, dass er sich bald für einen Lehrstuhl an der Universität Michigan entschied.

Die deutschen Diplomaten bemühten sich ständig darum, über die Größe und den Charakter der Emigrantenkolonie in Polen genau Bescheid zu wissen. Auf Grund der Analyse heute zugänglicher Quellen polnischer Provenienz kann man die Feststellung wagen, dass die polnischen Zentral- und Lokalbehörden der Frage der deutschsprachigen Flüchtlinge verhältnismäßig wenig Aufmerksamkeit widmeten. Vielleicht sind einige Archivalien verschont geblieben; es ist zu hoffen, dass sich in den Akten des ehemaligen Innenministeriums zum Thema des deutschsprachigen Exils in Polen noch manche Überraschungen befinden. Nicht zu übersehen ist allerdings die Tatsache, dass nicht alle die Emigranten betreffenden Daten in der Literatur präzise sind und ein Teil von ihnen noch genau überprüft werden muss. Dazu ein Beispiel: Im „Biographischen Handbuch der deutschsprachigen Emigration nach 1933" finden wir bei Karl Buhler kei-

---

[18] PAAA, DBW, Karton Nr. 64. Es ist fraglich, ob diese Information der Wahrheit entspricht. Siehe hier: International Biographical Dictionary of Central European Emigrés 1933-1945, Bd. 2. The Arts, Sciences and Literature. München 1999, S. 1282-1283.
[19] PAAA, DBW, Karton Nr. 200.

nen Hinweis auf seinen Aufenthalt in Polen.[20] In den Erinnerungen von Tadeusz Jabłoński ist aber von einem solchen Aufenthalt des ehemaligen Dozenten der Arbeiter-Turn- und Sport-Schule in Leipzig und von der Hilfe des Sohnes von Mieczysław Michałowicz, Jerzy, die Rede.[21]

Das Leben in Warschau und mehr noch das in der polnischen Provinz war in den dreißiger Jahren relativ billig und für monatlich ca. 50 Złoty ließ sich anständig leben. Zwar gibt es über die materielle Lage der Emigranten nur fragmentarische Angaben, aber auch bruchstückhafte und indirekte Quellen bestätigen die Meinung, dass die meisten Emigranten in Polen unter materieller Not litten. Die Mehrheit der Emigranten, die dort länger blieben, hatte Schwierigkeiten, beruflich Fuß zu fassen. Es gab in Polen zu wenige Arbeitsplätze für Einheimische und daher ist es kein Wunder, dass für die lokalen Behörden die meisten Emigranten eine unerwünschte Erscheinung auf dem Arbeitsmarkt waren. Die Republik Polen war ein armes Land, in dem insgesamt gesehen die Bedingungen für die deutschsprachigen Emigranten in mehrfacher Hinsicht wahrlich ungünstig waren.

Die deutschsprachigen Emigranten wurden nur selten in das polnische Fürsorgewesen aufgenommen, das im übrigen nicht so gut entwickelt war wie in Westeuropa. Nur wenige Hitlergegner waren Unterstützungsempfänger und das war in der Regel dank der Hilfe der polnischen Gewerkschaft oder von Verbänden möglich. Die Emigranten, die mit finanzieller Unterstützung rechnen konnten, waren oft Vertreter freier Berufe. Es ist zum Beispiel bezeichnend, dass der Journalist der sozialdemokratischen „Danziger Volksstimme" Erich Brost dank seiner früheren Kontakte regelmäßig fast drei Jahre nicht nur Geld bekam, sondern außerdem auch im Gästezimmer der Eisenbahngewerkschaft in Warschau wohnte. Es handelte sich hier um eine kleine Unterstützung, höchstwahrscheinlich in Höhe von 30 Złoty, so dass Erich Brost und seine Frau in bescheidenen materiellen Verhältnissen lebten.[22]

Einer der prominentesten deutschsprachigen Emigranten, die in Polen Zuflucht suchten, war zweifellos Franz Theodor Csokor. Er gehörte zu der kleinen Gruppe relativ privilegierter Exilanten, die in Polen ein Zuhause

---

[20] Biographisches Handbuch der deutschsprachigen Emigration nach 1933. Bd. 1. Politik, Wirtschaft, Öffentliches Leben. Leitung und Bearbeitung: Werner Röder, Herbert A. Strauss. New York, München 1999, S. 103.

[21] Jabłoński, Młodość mego pokolenia (wie Anm. 1), S. 354.

[22] Andrzejewski; Rinklake, „Man muß doch informiert sein, um leben zu können". Erich Brost (wie Anm. 9), S. 107-108.

fanden und für die die chronische Geldknappheit nicht typisch war. Dank seinem Namen und seiner Kontakte hatte er kein Problem, sein Aufenthaltsvisum zu verlängern.[23] Das Exilschicksal dieses expressionistischen Dramatikers ist besonders gut dokumentiert und er selbst schrieb später Reportagen über seine Kriegsodyssee.[24] Nach Polen konnte Franz Theodor Csokor am 18. März 1938 dank dem polnischen Botschafter in Wien, Jan Gawroński, einreisen, der ihm eine vordatierte Einladung ausstellte.[25]

Der österreichische Schriftsteller gehörte zur Gruppe der freiwilligen Emigranten. Die Wahl Polens als Exilland war kein Zufall; es waren teilweise praktische Gründe, die ihn bewogen, gerade nach Norden zu fahren. In Polen war Franz Theodor Csokor kein unbekannter Dramatiker; 1917 hatte er eine Nachdichtung der *Ungöttlichen Komödie* (*Nieboska Komedia*) von Zygmunt Krasiński verfasst und es war ihm im großen Maße zu verdanken, dass dieses Werk 1936 am Wiener Burgtheater mit Erfolg uraufgeführt wurde. Durch diese Bearbeitung des Dramas von Krasiński hatte er in polnischen Theaterkreisen einen guten Ruf, und dank guter Beziehungen bekam er schnell eine Aufenthaltserlaubnis im polnischen Teil Oberschlesiens. In Chorzów (Königshütte) war er Gast seines Freundes Theo Holtz und dann anderer polnischer Bekannter. Im September 1939 gelang es ihm, nach Rumänien zu emigrieren. Zuvor, noch in Polen, schrieb er ein Stück über die polnische Königin, die Selige Jadwiga, das 1963 im Sammelband *Der Mensch und die Macht* erschien. Ob das Exil in Polen für Csokor eine schöpferisch und schriftstellerisch bedeutende Phase war, ist aber fraglich.[26]

Im Gegensatz zu Frankreich oder zur Tschechoslowakei war Polen kein Pressezentrum der deutschsprachigen Emigranten. Auf polnischem Gebiet wurde nur eine Wochenzeitung herausgegeben, die unter gewissen Voraussetzungen, aufgrund ihrer breiten Leser- und Mitarbeiterschaft, in die Kategorie der Exilzeitschriften eingereiht werden kann. „Der Deutsche in Polen" erschien von 1934 bis 1939, und auf sein Profil nahmen Eduard Pant und Johannes Carl Maier-Hultschin großen Einfluss. Für die Zeitschrift schrieben viele Emigranten wie u.a. Immanuel Birnbaum, Hans Jae-

---

[23] Archiwum Akt Nowych, Ministerstwo Spraw Zagranicznych, Nr. 1903, S. 3, Ministerstwo Spraw Zagranicznych do Ministerstwa Spraw Wewnętrznych, 20.09.1938.
[24] Csokor, Franz Theodor: Zeuge einer Zeit. Briefe aus dem Exil 1933-1950. München, Wien 1964.
[25] Lacina, Emigration 1933-1945 (wie Anm. 2), S. 88.
[26] Ebd., S. 289-290, 422-423; Kaszyński, Csokors polnische Odyssee (wie Anm. 5), S. 257.

ger, Hugo Efferoth alias F. E. Roth, Hermann Rauschning. Pia Nordblom schätzt ein:

Insgesamt war der ‚DiP' ein Organ, das seiner intellektuell heterogenen Leserschaft auf durchaus anspruchsvollem Niveau Orientierung in der Auseinandersetzung mit dem Nationalsozialismus bieten wollte.[27]

Unter den deutschsprachigen Exilanten, die aus dem Bereich der Presse kamen, lohnt es sich, Erich Brost einige Aufmerksamkeit zu widmen.[28] Der Danziger Volkstagsabgeordnete und Journalist verbrachte fast neun Jahre im Exil: 1936-1939 in Warschau, dann in Stockholm, Helsinki, Uppsala und schließlich in London. Über die Entwicklung der Situation in der Freien Stadt Danzig veröffentlichte er Artikel im „Neuen Vorwärts".[29] Im Gegensatz zu den meisten Emigranten aus Polen fehlte es Erich Brost nicht an Beziehungen zu einflussreichen Persönlichkeiten in der polnischen Gewerkschaft und Politik. Von 1948 bis zu seinem Tod im Jahre 1995 war er Herausgeber der „Westdeutschen Allgemeinen Zeitung". Durch sein langes Leben zog sich der Gedanke der Aussöhnung mit Polen und diesem Zwecke soll auch die 1994 von ihm gegründete Erich-Brost-Stiftung in der Friedrich-Ebert-Stiftung dienen.

Ähnlich wie Erich Brost war auch Hermann Rauschning mit Danzig eng verbunden. Zwischen beiden Emigranten gab es aber einen wesentlichen Unterschied: der erste stammte aus dem sozialdemokratischen Milieu und war bereits vor der Machtübernahme ein entschlossener NS-Gegner, der zweite war von Juni 1933 bis November 1934 „brauner" Danziger Senatspräsident. Der Name Hermann Rauschning war zwar unter den Emigranten in Europa und Amerika ein Begriff, aber die meisten Hitlergegner konnten ihm nicht verzeihen, dass er der Danziger NSDAP geholfen hat, die Macht an sich zu reißen. Hermann Rauschning, einer der widersprüchlichsten und kompliziertesten Menschen unter den deutschsprachigen Emigranten, blieb bis 1937 in Polen. Seine publizistische Arbeit dort wie auch in anderen Exilländern zeugt von einer erstaunlichen Produktivität. Vermutlich hatte er noch während der Emigration in Polen das Buch *Die*

---

[27] Nordblom, Für Glaube und Volkstum (wie Anm. 3), S. 675.
[28] Andrzejewski; Rinklake, „Man muß doch informiert sein, um leben zu können". Erich Brost (wie Anm. 9).
[29] Einzelheiten dazu in: Erich Brost. Wider den braunen Terror. Briefe und Aufsätze aus dem Exil. Hrsg. von Marek Andrzejewski und Patrik von zur Mühlen. Bonn 2004.

Revolution des Nihilismus. Kulisse und Wirklichkeit im Dritten Reich geschrieben, das eine große Publizität erlangte. Hermann Rauschning wird in Zukunft mit Sicherheit nicht nur eine Biographie gewidmet, sondern für die zukünftige Forschung wäre es u.a. auch wünschenswert, wenn wir erfahren könnten, ob *Die Revolution des Nihilismus* von polnischer Seite inspiriert und finanziert wurde.

Es kam vor, dass auch verwandtschaftliche Beziehungen Einfluss auf die Entscheidung hatten, Polen als Exilland zu wählen. Das war u.a. der Fall bei dem Journalisten Immanuel Birnbaum. Seit 1927 Korrespondent der „Vossischen Zeitung", emigrierte er sechs Jahre später nicht im eigentlichen Sinne des Wortes. Bis 1935 arbeite er für die noch relativ unabhängige „Frankfurter Zeitung" und schrieb außerdem für die polnische Presse. Seine weitere Berufsbahn verlief auf eine für deutsche Emigranten eher untypische Weise: nach 1933 wurde er zeitweise Presseattaché der Österreichischen Vertretung in Warschau.[30]

Nach Ansicht von Evelyn Lacina war Polen für alle Durchgangsemigranten trotz allem

> *zunächst eine Station der Hoffnung; Hoffnung auf die Verwirklichung ihrer politischen Vorstellungen bei den ostwärts Reisenden und Hoffnung auf ein freies Leben im Exil bei den über Polen in westliche Länder flüchtenden Emigranten.*[31]

Die Vermutung ist naheliegend, dass die Emigranten befürchteten, in Polen keine guten Bedingungen vorzufinden, um sich beruflich realisieren zu können. Ein Beispiel möge hier für andere sprechen: Der Redakteur der „Danziger Volksstimme" Richard Teclaw verließ schon 1933 Danzig und ging in die Tschechoslowakei. In Brünn gründete er 1934 zusammen mit Will Schaber und Rolf Reventlow einen Pressedienst, den „Press-Service", der an deutschsprachige Zeitungen außerhalb des Dritten Reiches gerichtet war. Nach vier Jahre kehrte Richard Teclaw nach Polen zurück, um von dort weiter nach Großbritannien zu emigrieren.[32]

In diesem Zusammenhang ist es interessant zu erwähnen, dass auch solche Vertreter der deutschsprachigen Intelligenz in die Emigration gingen, die

---

[30] Lacina, Emigration 1933-1845 (wie Anm. 2), S. 281-284.
[31] Ebd., S. 282.
[32] Andrzejewski, Zur deutschsprachigen Emigration in Polen 1933 bis 1939 (wie Anm. 3), S. 144.

durch ihren Geburtsort mit Polen verbunden waren. Dazu nur ein Beispiel: in Posen wurden u.a. die berühmte Schauspielerin Lilli Palmer sowie der Historiker Ernst Kantorowicz und der Jurist Hermann Kantorowicz geboren.

Von einer Integration der Emigranten in die polnische Gesellschaft kann im allgemeinen nicht die Rede sein. Sehr schwer war dies für Schriftsteller, Journalisten, Schauspieler usw., also für Menschen, die oft nur im deutschsprachigen Kulturkreis ihren Beruf ausüben konnten. Für sie war es besonders schwierig, sich eine neue berufliche Existenz in Polen aufzubauen. Sie fühlten sich durch ihre Erziehung und Muttersprache sehr deutsch oder österreichisch und gehörten einem ganz bestimmten Kulturkreis an. Wegen der Sprachbarriere stellte ihre Ausbildung und berufliche Erfahrung an der Weichsel zumeist kein Kapital dar, das sowohl für die Emigranten wie auch für die Belebung des polnischen Kulturlebens und der Wissenschaft gewinnbringend genutzt werden konnte. Außerdem ist kaum zu behaupten, dass die polnische Seite den deutschsprachigen Intellektuellen gegenüber immer hilfsbereit war. Nicht selten war die Haltung der polnischen Behörden, wie die der Polen selbst, den deutschsprachigen Emigranten gegenüber von Misstrauen geprägt. Warschau betrieb in der Regel eine restriktive Einwanderungspolitik und sogar 1939 änderte sich seine Bereitschaft zur Aufnahme von politisch und rassistisch verfolgten Flüchtlingen nicht grundsätzlich. Auch in den letzten Monaten des Friedens waren leider manche antideutsch eingestellten Polen nicht imstande wahrzunehmen, dass die Emigranten keine Nazis, sondern, ganz im Gegenteil, deren Gegner waren.

Trotzdem verbesserte sich im Vergleich zu den früheren Jahren um die Wende 1938/39 die Einstellung gegenüber den Flüchtlingen in Polen. Während bis Herbst 1938 Polen als Fluchtland nur eine zweitrangige Rolle spielte, änderte sich infolge der Entwicklung der politischen Lage in der Tschechoslowakei deutlich die Situation der NS-Gegner, die schlimmste Befürchtungen vor der Gestapo quälten. Um ihre Freiheit und ihr Leben zu retten, verließen die deutschsprachigen Hitlergegner so schnell wie möglich das Gebiet der Tschechoslowakei. Die Grenze zu Polen war für sie rasch zu erreichen und auf illegalem Wege, nicht selten unter Lebensgefahr,[33] versuchten die aus politischen und rassistischen Gründen verfolgten Deut-

---

[33] Siehe z.B. Grossmann, Kurt R.: Emigration. Geschichte der Hitler-Flüchtlinge 1933-1945. Frankfurt/Main 1969, S. 141-147.

schen, Österreicher und Sudetendeutschen, persönliche Sicherheit zu erreichen. Auch diese Welle der Emigranten betrachtete Polen mit wenigen Ausnahmen nur als Transitland. Im Vergleich zur Lage der Emigranten wenige Jahre zuvor hatte sich aber ihre Situation 1939 deutlich verbessert. Nach der Annexion des Sudetengebietes war Großbritannien bereit, eine größere Anzahl von Flüchtlingen aufzunehmen. Große Hilfe leisteten ihnen die britischen Konsulate in Krakau und Kattowitz, die häufiger als noch einige Monate zuvor für sie britische Visa ausstellten. Hier seien auch das „Britisch Committee for Refugees from Czecho-Slovakia" in Warschau und Clara Hollingworth, die Transporte von Flüchtlingen organisierte, erwähnt.

Auf polnischer Seite sind die Hilfsmaßnahmen der Polnischen Sozialistischen Partei (PPS), des jüdischen sozialistischen Arbeiterbundes, der einen hervorragend organisierten Rettungsdienst zwischen den Grenzübergängen und ersten Auffangstationen für die Flüchtlinge unterhielt, sowie die Gewerkschaften hervorzuheben. Diese drei Organisationen richteten in Krakau ein gemeinsames ‚Arbeiterkomitee' ein.[34]

Von großer Bedeutung war die Tätigkeit von Johannes Kowoll und seiner Frau Alice, deren persönlichem Engagement die Emigranten in Oberschlesien viel zu verdanken hatten.[35]

Die letzten aus Deutschland, Österreich, der Tschechoslowakei und der Freien Stadt Danzig stammenden Emigranten versuchten noch Ende August 1939 das polnische Gebiet auf der Flucht vor der Wehrmacht zu verlassen. Einem Teil von ihnen, wie z.B. dem Danziger Redakteur Erich Brost, ist dies fast im letzten Augenblick gelungen. Andere, wie Johannes Kowoll, hatten wenig Glück und sind, in diesem Fall in der Sowjetunion, ums Leben gekommen. Manche der Emigranten, die aus verschiedenen Gründen in Polen blieben, sollen in der polnischen Untergrundbewegung tätig gewesen sein. Wie Klaus Reiff behauptet, waren im September 1939 auch Deutsche auf der polnischen Seite beteiligt:

Unter den Arbeiterbrigaden zur Verteidigung der polnischen Hauptstadt hatte es auch eine 400 Personen starke Gruppe von Mitgliedern der deutschen Sozialistischen

---

[34] Heumos: Die Emigration aus der Tschechoslowakei (wie Anm. 2), S. 74-86.
[35] Sieradzka: Johann Kowoll (wie Anm. 5), S. 133-148.

Arbeitspartei Polens (DSAP) aus Łódź und geflohenen SPD-Funktionären aus dem Reich gegeben.[36]

Ob das der Wahrheit entspricht, ist nicht sicher, es soll aber hier erwähnt werden.

Die Emigration, die in Deutschland, Österreich und der Tschechoslowakei eine Spur des Verlusts hinterlassen hat, bedeutete für die Aufnahmeländer in der Regel Bereichung und Gewinn. Im Falle der Republik Polen ist es aber schwer zu behaupten, dass die deutschsprachigen Emigranten einen starken Einfluss auf das kulturelle und wissenschaftliche Leben in Warschau, Lemberg oder Krakau ausgeübt hätten. Die Aufzählung ihrer Leistungen im Bereich der Kultur, Kunst, Wissenschaft und Presse ist keinesfalls beeindruckend. In der Rückschau kann man leicht sehen, dass im Vergleich zu den Vereinigten Staaten, Frankreich, Großbritannien oder sogar der Türkei die deutschsprachigen Intellektuellen sehr wenige Spuren im polnischen kulturellen und wissenschaftlichen Leben hinterließen.

Ein Wort noch zur polnischen Emigration nach 1944/45, die in großem Maße politischen Charakter hatte. Es war eine Ironie der Geschichte, dass für die Polen, oft Akademiker, Journalisten, Theaterleute und andere, die Reemigration in den von Kommunisten regierten Staat mit einer drohenden Inhaftierung oder sogar mit Lebensgefahr verbunden war. Ähnlich wie die erzwungene Emigration vieler hervorragender Vertreter aus Kultur und Wissenschaft in der Weimarer Republik und der russischen intellektuellen Elite nach der Oktoberrevolution 1917 bedeutete die Emigration Tausender von Polen einen unersetzlichen Verlust für die Entwicklung des Landes. In dieser Hinsicht kann man eine gewisse Parallele zwischen der Emigration nach 1933 aus Deutschland und der infolge des Zweiten Weltkrieges aus Polen sehen. Die Folgen der Emigration von Tausenden Vertretern der Intelligenz wurden, unseres Erachtens, bis zum heutigen Tag in Deutschland wie auch in Polen nicht überwunden.

---

[36] Reiff, Klaus: Polen. Als deutscher Diplomat an der Weichsel. Bonn 1990, S. 83.

Zu Hermann Rauschnings polnischer Exilepisode und seiner Pressepublizistik in den Jahren 1937-1939

Roman Dziergwa

Für Hermann Rauschning, der über das polnische Exil, die Schweiz und Frankreich schließlich nach den USA emigrierte, war Polen nicht nur eine provisorische Durchgangsstation auf seiner ausgedehnten Emigrantenwanderung.[1] Er stammte aus Westpreußen und wurde 1887 als Sohn eines Offiziers in Thorn geboren. Rauschning war ein vielseitig gebildeter Mann und studierte an den Universitäten in München und Berlin, dann promovierte er in Musikgeschichte. Die politischen Ereignisse der Jahre 1918/ 1919 machten ihn zum Bürger des polnischen Staats, in dem sich das einheimische Deutschtum bald gezwungen sah, einen sich mit dem neuen Gaststaat abfindenden Minderheitsstatus hinzunehmen.

Im Jahre 1920 erhielt Rauschning in Posen die Stelle des Leiters der deutschen Bücherei. Von dort organisierte er deutsche Kulturpolitik, entwickelte das deutsche Büchereiwesen, begründete wissenschaftliche und kulturelle Periodika.[2] Er propagierte damals die Parole der Verteidigung des „deutschen Besitzstands im Osten" angesichts des „polnischen Expansionismus", der – seiner Auffassung nach – die mit repressiven Maßnahmen erzwungene „Entdeutschung" Posens und Westpreußens nach sich gezogen hat.[3]

In Posen wurde Rauschning auch Mitglied der hiesigen Freimaurerloge „Zum Tempel der Eintracht". Er wurde am 21.05.1924 aufgenommen, den

---

[1]   Siehe dazu ganz speziell Hensel, Jürgen: Hermann Rauschnings politisches Itinerar vom Juli 1935 bis zum Mai 1940. Versuch einer Rekonstruktion. In: Hermann Rauschning – Materialien und Beiträge zu einer politischen Biographie. Hrsg. von Jürgen Hensel und Pia Nordblom. Warschau 2002, S. 123-150.

[2]   Speziell zu der Posener Episode im Leben von Hermann Rauschning siehe Breyer, Richard: Dr. Hermann Rauschning als Wissenschaftler und Publizist in Posen. In: Jahrbuch Weichsel-Warthe (1983) Nr. 29, S. 25-31. Generell zur Biographie Rauschnings siehe Kessler, Wolfgang: Zu Hermann Rauschnings „Die Entdeutschung Westpreußens und Posen". In: Die Abwanderung der Deutschen aus Westpreußen und Posen nach dem Ersten Weltkrieg. Ein Beitrag zur Geschichte der deutsch-polnischen Beziehungen 1919-1929. In Nachdruck hrsg. von Wolfgang Kessler. Essen 1988, sowie: Hermann Rauschning – Materialien und Beiträge (wie Anm. 1).

[3]   Vgl. Kessler (wie Anm. 2).

Meistergrad bekam er am 20.10.1926.[4] Diese bis jetzt kaum erforschte und gewürdigte biographische Tatsache wirft ein besonderes Licht auf seine gesellschaftlich-politische Standortbestimmung. Anfang der dreißiger Jahre war Rauschning nämlich nicht nur ein hochkarätiges NSDAP-Mitglied und wenig später Präsident des Danziger Senats, sondern zugleich auch Freimaurer im Meistergrad! In der Zeitspanne 1929-1931 zählte Rauschning allerdings nicht zu den Mitgliedern oder Besuchern der Danziger Loge „Eugenia zum gekrönten Löwen".[5] Auch Kontakte zu den damals in Danzig arbeitenden Logen anderer Obedienzen („Zur Einigkeit" oder „Zum Roten Kreuz")[6] konnten bislang nicht nachgewiesen werden.

Über seine Publizistik und die Landwirtschaft geriet Rauschning schnell in die Politik. Er wurde Vorsitzender des Danziger Landbundes und kam dadurch mit der NSDAP in Berührung, der er 1931 beitrat. Nach dem Wahlsieg der NSDAP wurde er 1933 Präsident des Danziger Senats. In dieser Eigenschaft stattete er u.a. einen offiziellen Antrittsbesuch in Warschau ab und erreichte in zwei Abkommen vom 5. August 1933 polnische Garantien für die Ausnutzung der Danziger Hafenkapazität. In den späteren Jahren brachte Rauschning der Problematik des deutsch-polnischen Verhältnisses ein beträchtliches Interesse entgegen, sowohl auf der Ebene der Beziehungen zwischen Danzig und Polen, wie auch auf der der deutsch-polnischen Beziehungen. In den Jahren 1933-34, während seiner Amtszeit als Senatspräsident der Freien Stadt Danzig, initiierte und propagierte er im Auftrag der NSDAP den Gedanken der Verständigung und Zusammenarbeit mit Polen. Er ergriff eine ganze Reihe von diplomatischen und organisatorischen Maßnahmen, die eine Normalisierung der Beziehungen zwischen Danzig und Warschau herbeiführen sollten, wobei er die Meinung vertrat, dass diese Normalisierung zu einem „Probierfeld" einer breit angelegten deutsch-polnischen Zusammenarbeit auf allen Ebenen gemeinsamer Beziehungen werden solle.

---

[4] Mitglieder-Verzeichnis der dem Bunde deutscher Freimaurerlogen in Polen angehörenden Johannisfreimaurerlogen für das Jahr 1931/1932. Posen 1932, Johannisloge „Zum Tempel der Eintracht". Obwohl die Logenmitgliedschaft Rauschnings bereits in den achtziger Jahren des 20. Jahrhunderts von Ludwig Hass festgestellt wurde, fand sie bis jetzt keine Erwähnung und somit auch keinen Eingang in die Rauschning-Forschung. Vgl. auch Hass, Ludwik: Masoneria polska XX wieku. Losy, loże, ludzie. Warszawa 1993, S. 89f.

[5] Siehe zwei Mails des Berliner Historikers Reinhard Markner an den Verfasser vom 15. und 23.03.2005.

[6] Dazu Markner: „Ich werde versuchen, deren Mitgliederverzeichnisse auch zu überprüfen." Siehe Mail an den Verfasser vom 23.03.2005.

Auch im Vorfeld des deutsch-polnischen Nichtangriffspakts von 1934 setzte sich Rauschning für einen Ausgleich zwischen Danzig und Polen ein. Bereits Ende 1933 kam es aber zu einem offenen Konflikt zwischen ihm und dem Gauleiter Albert Forster, der zu seinem Rücktritt und dem vorzeitigen Ende seiner politischen Laufbahn in Danzig im November 1934 führte. Anlass zu den Meinungsverschiedenheiten gab die Organisierung einer „Danziger Arbeitsfront" nach reichsdeutschem Muster.[7] Der örtliche Gauleiter der Nationalsozialisten, der Reichstagsabgeordnete und Preußische Staatsrat Albert Forster, „zog dieses Gebilde hinter dem Rücken des Senats auf",[8] und zwar in einer Form, die den Regierungsjuristen seiner eigenen Richtung unmöglich erschien. Die geltende Verfassung Danzigs und vor allem die Ansprüche der dortigen polnischen Minderheit seien dabei nach der Meinung der polnischen Öffentlichkeit nicht berücksichtigt worden. Darauf drohte Hermann Rauschning mit Rücktritt und erschien mehrere Tage nicht mehr in seinen Amtsräumen. Schon bald schlug die Warschauer „Gazeta Polska", die die Meinung des polnischen Außenministeriums direkt artikulierte, Alarm. Sie lobte Rauschning als bewährten Verständigungspolitiker und sprach Forster ihr Misstrauen aus.

Diese „Warschauer" Stellungnahme hatte eine wenig erwartete Wirkung, weil sich Hermann Rauschning in seiner Partei wieder durchsetzte. Mit rückendeckender Unterstützung seiner Parteibasis konnte er sich bald eine andere Freundschaftsgeste in Richtung Polen erlauben. Bei einer Versammlung der „Danziger Gesellschaft zum Studium Polens" am 16.3.1934, an der auch der polnische Regierungsbevollmächtigte Kazimierz Papée teilnahm, hielt Rauschning einen Vortrag über Polen, der in deutschen Kreisen viel besprochen wurde. Als wohl der einzige damalige deutsche Politiker führte er unumwunden aus, dass der politischen Verständigung zwischen Polen und Deutschland die geistige folgen müsse.[9] Nach seiner Meinung hatte die Mehrzahl der Deutschen wenig oder gar nichts von Polen gewusst. Sie sei sich nicht bewusst geworden, welch „große weltgeschichtliche Bedeutung" die Staatswerdung des polnischen Volkes habe[10] und von welcher Wucht und Bedeutung dieses Ereignis für das deutsche Volk und den deutschen Staat sei. Nach Rauschning war es ein „notwendi-

---

[7] Eine Danziger Regierungskrise. Polen stützt Rauschning gegen Forster. In: Der Deutsche in Polen (1934) Nr. 5.

[8] Ebd.

[9] Rauschnings Freundschaftsgeste. In: Der Deutsche in Polen (1934) Nr. 8.

[10] Ebd.

ger Akt der Wiedergeburt" gewesen,[11] der mit Härten, ja sogar Brutalitäten eine Unifizierung der Teilgebiete, nicht nur in dem staatlichen Sektor, sondern vornehmlich auch in der Wirtschaft erzwungen hätte. Es hätte viele Existenzen gekostet, insbesondere auch deutsche, worin er eine der großen Ursachen der „Entdeutschung" des ehemaligen preußischen Teilgebietes sah. Dass diese Unifizierungsbestrebungen noch nicht als abgeschlossen gelten könnten, zeigte sich nach seiner Meinung auch in gewissen politischen Forderungen Polens Danzig gegenüber.

Rauschning lobte die polnische Agrarreform, die aus seiner Sicht eine große Leistung darstellte, wenn sie auch für die Deutschen sehr schmerzlich gewesen sei. Sie sei indessen, vom polnischen Staat aus gesehen, ein „ebenso notwendiges wie bedeutendes Werk", dessen energische Durchführung den unzulänglichen Versuchen im alten Deutschland vorgehalten werden konnte.[12] Schließlich sprach Rauschning über den geistigen und wirtschaftlichen Charakter der beiden Nachbarn, die „sich geistig und wirtschaftlich in ihrem Charakter und in ihrem Geist vom Entgegengesetzten her, mannigfach ergänzen konnten".[13] Nach den Worten des Pressekorrespondenten hätte die Rede Rauschnings in Kreisen, „die noch immer nicht begreifen wollen, wo wir stehen", wie eine Bombe eingeschlagen.[14]

Der Konflikt zwischen Rauschning und den nationalsozialistischen Machthabern Danzigs wurde bald akut. Zu seinem Sturz kam es schon im November 1934. Rauschning trat zurück und nahm in einer eigenen, persönlich der Presse übersandten Erklärung von der Danziger Bevölkerung Abschied. Ihr vollständiger Wortlaut wurde aber nur in der deutschsprachigen Auslandspresse abgedruckt. Unter dem Datum des 23. November 1934 hieß es dort u.a.:

Besondere Gründe haben mich veranlasst, mein Amt als Präsident der Freien Stadt Danzig mit dem heutigen Tage niederzulegen. [...] Durch mein Ausscheiden wird sich an unseren Zielen nichts ändern. Eine vielhundertjährige Geschichte, da mannhafte Geschlechter, auf eigenen Füßen stehend, und aus eigener Kraft sich bewährend, Danzig Leben und deutschen Charakter erhielten, bleibt uns tägliches Vorbild und ernste

---

[11] Ebd.
[12] Ebd.
[13] Ebd.
[14] Ebd.

Verpflichtung. Nicht auf fremde Hilfe zu warten, sondern die rettenden Kräfte in uns selbst zu suchen, ist unsere vornehmste Aufgabe. Rechtschaffenheit und Manneswürde, Wahrhaftigkeit und Ehrensinn, Tatkraft und Opfermut geben uns in den Wandlungen unserer Tage die überwindenden Kräfte. Sich selbst treu zu sein, legt das Fundament der Treue und des Vertrauens zu Staat und Volksgemeinschaft.[15]

Danach verfolgte die polnische Presse die weitere politische Entwicklung in der Freien Stadt mit noch größter Spannung. Am 7. Juli 1935 hat die deutschsprachige Wochenschrift „Der Deutsche in Polen" schließlich einen „historischen Briefwechsel" veröffentlicht, der das nationalsozialistische Regierungssystem demaskieren sollte.[16] Nach Hermann Rauschning hätten sowohl der Herr Gauleiter (Albert Forster) und der Herr Vizepräsident (Arthur Greiser), als auch andere Persönlichkeiten in maßgebenden Kreisen der Partei sowohl in Danzig wie im Reich bis in die höchsten Dienststellen und Ministerien die eine schwerste Ehrenkränkung für ihn bedeutende Mitteilung gemacht, Rauschnings Rücktritt durch Geldzuwendungen bzw. -zusagen „abkaufen" zu lassen. Der Gauleiter Forster hätte sich zudem zu der brutalen Äußerung verstiegen, Rauschning sei Landesverräter und als solcher verdiene er, erschossen zu werden (sic!).[17] Im Zusammenhang da-

---

[15] Rauschnings Sturz. In: Der Deutsche in Polen, Nr. 44, 2.12.1934.

[16] Danzig im Umbruch. In: Der Deutsche in Polen, Nr. 27, 7.07.1935.

[17] Zu den ihm vorgelegten Vorwürfen nahm Rauschning anhand einiger wirtschaftlicher und politischer Punkte Stellung:
„1. die Kernfrage der Danziger Wirtschaft [...] ist die Deckung des Fehlbetrags der auswärtigen Zahlungsbilanz, welcher die Größenordnung von ca. 3 000 000 Gulden monatlich hat. Von der Lösung dieser Frage hängt der Bestand unserer Währung, die Erhaltung unserer wirtschaftlichen Selbständigkeit und damit die Deutscherhaltung Danzigs ab. Gelingt es nicht, der Unzulänglichkeit unserer Devisenaufkommen abzuhelfen, so muss der Fehlbetrag unserer auswärtigen Zahlungsbilanz der Deckung unserer Währung entnommen werden, was in einem Zeitraum von wenigen Monaten – bei Fortsetzung der gegenwärtigen Wirtschaftsweise 5 Monate – zu deren Zusammenbruch führen würde. Dieser Bankrott würde Danzig der Gnade und Ungnade des Auslandes ausliefern.
2. [...] Maßnahmen sehr unpopulärer Art lassen es erwünscht erscheinen, auch die anderen Parteien an der Mitverantwortung teilnehmen zu lassen. Ganz abgesehen davon, dass für die Durchführbarkeit die innerliche Geschlossenheit der Bevölkerung Danzigs aus der Erkenntnis des ernsten Notstandes unerlässlich ist. Angesichts der sehr schweren Erschütterungen des kommenden Jahres erschien es mir daher notwendig, wenigstens einen Burgfrieden mit den nichtmarxistischen Parteimitgliedern herbeizuführen. [...] Anstatt dessen verlangte die Gauleitung (also Herr Forster) von mir den rücksichtslosen Einsatz der Staatsmittel in der Unterdrückung der Restparteien bis zur Forderung, einige katholische Geistliche in Haft zu nehmen." Ebd.

mit lehnte Rauschning den freiwilligen Rücktritt von seinem Amt ab und verwies auf die Notwendigkeit einer begründeten Misstrauenserklärung. Trotzdem hat er sein Schreiben mit dem vorschriftsmäßigen „Heil Hitler! gez. Dr. Rauschning" unterschrieben.

Mit größter Aufmerksamkeit verfolgte die europäische und polnische Öffentlichkeit die weitere politische Entwicklung in Danzig. Die Redaktion kommentierte, dass es verfehlt wäre anzunehmen, die Vertrauenskrise in Danzig sei finanzwirtschaftlichen Ursprungs gewesen. Vielmehr handelte es sich hier um eine eminent politische Krise, in deren Mittelpunkt der Nationalsozialismus selbst stand. Rauschnings Stellungnahme zu den politischen und wirtschaftlichen Experimenten des Gauleiters Forster beleuchtete „schlagartig" die Unhaltbarkeit nationalsozialistischer Regierungsmethoden, die zum Zusammenbruch aller Staatlichkeit führen mussten.[18]

Schon bald trat Rauschning dem Kreis der bedeutendsten deutschen Emigranten bei, die in Polen Asyl suchten.[19] Er verließ Danzig am Tag nach den letzten Volkstagswahlen am 7. April 1935. Zwar kehrte er einige Monate später noch einmal für kurze Zeit zurück, doch während der meisten Zeit hielt er sich bei seinem Schwiegervater in Thorn auf.[20] Ebenfalls 1935 war Rauschnings früherer Pressechef, Georg Streiter, heimlich aus Danzig geflohen. Dem Vernehmen nach sollte er über die deutsche Grenze abgeschoben und, wie er befürchtete, in ein Konzentrationslager gebracht werden. Streiter konnte jedoch noch rechtzeitig entfliehen und nach Posen kommen.[21]

Den emigrierten deutschsprachigen Journalisten und Schriftstellern gelang es damals nur extrem selten, Artikel für polnische Zeitungen oder Zeitschriften zu schreiben oder einen Verlag für ihre Bücher zu finden. Eine Ausnahme stellte in dieser Zeit lediglich die publizistische Tätigkeit Hermann Rauschnings dar. Nachdem er Danzig verlassen hatte, begann er

---

[18] Ebd.
[19] Andrzejewski, Marek: Zur deutschsprachigen Emigration in Polen 1933 bis 1939. In: Exilforschung. Ein internationales Jahrbuch. Exil im 20. Jahrhundert (2000) Bd. 18, S. 138-156, hier S. 143.
[20] Bis zu der Übersiedlung mit seiner Familie in die Schweiz Ende 1937 oder Anfang 1938 wurde das Haus Rauschnings in Thorn zu seiner Sicherheit von der polnischen Polizei diskret überwacht. Die polnische Seite behandelte Rauschning, der mit ihr teilweise zusammenarbeitete, als ob er weiterhin Präsident des Danziger Senats sei. Vgl. Mikos, Stanisław: Wolne Miasto Gdańsk a Liga Narodów 1920/1939. Gdańsk 1979, S. 305.
[21] Vgl. Der Deutsche in Polen (1935) Nr. 7.

Artikel in der polnischen Presse zu publizieren, die entschieden gegen die nationalsozialistische Politik gerichtet waren. Auch nach seiner definitiven Ausreise in die Schweiz und nach Frankreich erschienen seine Beiträge weiterhin in polnischen Zeitungen.

Eine bemerkenswerte Wirkung zeigte insbesondere seine Publizistik im Presseorgan der antinationalsozialistischen Deutschen Christlichen Volkspartei „Der Deutsche in Polen" in den Jahren 1935-1938.[22] Rauschnings Artikel z.b. über die notwendige Begründung einer neuen oppositionellen Partei in Danzig stießen auf heftige Reaktionen seitens der nationalsozialistischen Presseorgane. Besonders „Der Danziger Vorposten" unternahm alles Mögliche, um dem Ruf des ehemaligen Präsidenten des Danziger Senats zu schaden.

In diesem Kontext ist ebenfalls sein Artikel „Sytuacja Gdańska" (Die Lage Danzigs) erwähnenswert, der in der Danzig-Sondernummer der „Wiadomości Literackie" vom 23. Juli 1939 veröffentlicht wurde. Schon die Tatsache, dass Rauschnings Beitrag neben den Artikeln so prominenter polnischer Intellektueller wie Maria Dąbrowska, Jarosław Iwaszkiewicz, Antoni Słonimski, Marceli Handelsman und Józef Feldmann in der meinungsführenden polnischen Kulturzeitschrift präsentiert werden konnte, bestätigte dessen hohen Stellenwert für die Argumente der polnischen Außenpolitik im Streit um Danzig. Am Vortage des herannahenden Kriegsgrauens stellte Rauschning u.a. fest, dass sich Hitler täusche, wenn er auf die internationale Isolierung Polens und auf die Nachgiebigkeit der Polen setzte.

Zugleich schätzte er aber die Stimmungslage in der deutschen Gesellschaft und in der deutschen Bevölkerung Danzigs wenig realistisch ein, wenn er auf ihre negative Einstellung zu Hitler und zu seiner Kriegspolitik hinwies und auf sie baute. Seine optimistische Annahme, das Gros der deutschen Einwohner Danzigs sei gegen den Anschluss der Stadt an das Dritte Reich,

---

[22] Siehe dazu Nordblom, Pia: Dr. Eduard Pant i tygodnik „Der Deutsche in Polen". In: Antyhitlerowska opozycja 1933-1939. Hrsg. von Marek Andrzejewski. Warszawa 1996, S. 119-128, insb. S. 127. Rauschning publizierte seine Artikel in folgenden Nummern: (1935) Nr. 27; (1937) Nr. 1-3, 10, 20, 22, 23; (1938) Nr. 51; (1939) Nr. 15. Unter anderen bekannten deutschen und polnischen Autoren seien Thomas Mann, Elga Kern, Juliusz Kaden-Bandrowski, Zygmunt Nowakowski, Antoni Słonimski, Antoni Sobański und Andrzej Strug erwähnt. Nach Pia Nordblom reichte das breite Spektrum der Mitarbeiter vom rechten Flügel der Sozialdemokratie bis hin zu den National-Konservativen. Diese inhomogene Gruppe hätte die Negierung des Nationalsozialismus und die einmütige Option für einen freien Rechtsstaat legitimiert. Vgl. Pia Nordblom, ebd., S. 125.

stützte sich auf keine nachvollziehbaren Grundlagen. Er gab allerdings zu, dass im Gegensatz zu der internationalen Öffentlichkeit ein beträchtlicher Teil der Deutschen in erster Linie der Propaganda Goebbels' Glaube schenke und demzufolge tief überzeugt sei, Danzig könnte von Polen überfallen worden sein.

Eine große Popularität erlangte indessen Rauschnings Buch *Die Revolution des Nihilismus*, eine der ersten international wirkungsvollen Schriften gegen das nationalsozialistische Regime in Deutschland, das innerhalb einer kurzen Zeit ins Französische, Italienische, Schwedische und Niederländische übersetzt wurde.[23] Aller Wahrscheinlichkeit nach wurde Rauschnings *Revolution* vom polnischen Geheimdienst inspiriert und mitfinanziert.[24] Im Jahre 1939 erschien die polnische Fassung des Buches,[25] die wahrscheinlich absichtlich als zweite Auflage gekennzeichnet wurde. Das Buch enthielt ein Vorwort für die polnischen Leser, das auch in der Wochenzeitschrift „Wiadomości Literackie" (2.07.1939) abgedruckt wurde.[26]

Das Erscheinen von Rauschnings antinationalsozialistischem Buch in polnischer Sprache kommentierte die Redaktion der Zeitschrift „Der Deutsche in Polen" folgenderweise:

Dr. Rauschning war der Überbringer der historischen Einladung Hitlers an Marschall Pilsudski, die am Beginn des deutsch-polnischen Akkords von 1934 stand. Die Sprunghaftigkeit der nationalsozialistischen Reichsführung auf dem Gebiet der auswärtigen Politik und nicht zuletzt die bolschewisierende nationalsozialistische Kulturpolitik führten allmählich dazu, dass der aus der bündischen Bewegung hervorge-

---

[23] Vgl. dazu auch Pia Nordblom: „So kann man *Die Revolution des Nihilismus* von 1938 als erste umfängliche und bedächtige Warnung an die Welt begreifen, der eine Reihe politischer Initiativen hinter den Kulissen im Winter 1938/39 und im Frühjahr 1939 folgte, als Rauschning im März 1939 fest mit dem Ausbruch des Krieges rechnete." (Nordblom, Pia: Wider die These von der bewussten Fälschung. Bemerkungen zu den „Gesprächen mit Hitler". In: Hermann Rauschning – Materialien und Beiträge (wie Anm. 1), S. 172.

[24] So Jürgen Hensel, ebd., S. 139, basierend auf einer schriftlichen Mitteilung von Professor Janusz Pajewski aus dem Jahre 1993.

[25] Über die Umstände der polnischen Edition von Rauschnings *Revolution* und deren polnischer Rezeption während des Zweiten Weltkrieges siehe Hensel, Jürgen: Hermann Rauschnings politisches Itinerar vom Juli 1935 bis zum Mai 1940. Versuch einer Rekonstruktion. In: Hermann Rauschning – Materialien und Beiträge (wie Anm. 1), S. 137ff.

[26] Vgl. Drewniak, Bogusław: Polen und Deutschland. Wege und Irrwege kultureller Zusammenarbeit. Düsseldorf 1999, S. 78.

*gangene Kulturhistoriker Rauschning sich immer mehr von der national-
sozialistischen Sphäre distanzierte und schließlich den Bruch mit dem System vollzog,
als er sich außerstande sah, die Grundlinie seiner Politik gegenüber Polen, die einer
aufrichtigen Verständigung mit Polen zustrebte, einhalten zu können. Es ist ein
Stück erlebte Weltgeschichte, die Hermann Rauschning der Öffentlichkeit vorlegt.*[27]

Die Redaktion hat die Lektüre ausdrücklich allen Lesern empfohlen.

Noch 1938 hat man längere Passagen aus dem Werk Rauschnings abgedruckt, die sich auf die nationalsozialistische Polenpolitik und seine früheren Gespräche mit Hitler und Piłsudski bezogen.[28] Laut Rauschning war
Hitlers Polenpolitik reine Improvisation. Aber dass eine solche Improvisation möglich war, war bedeutsam genug. Die Führung der NSDAP überwand dabei äußerlich sichtbar die Grenzen der eigenen Programme. Der
Ausgleich mit Polen stand im Gegensatz zu allem, was scheinbar die unver-
äußerliche Aufgabe einer nationalen deutschen Außenpolitik sein musste.
Niemand hätte ihm darum skeptischer, doch mit höchst unzulänglichen
Argumenten gegenübergestanden, als der „deutschnationale Partner des
Staatsstreichs".[29] Aber trotz dieses Beginns einer unleugbaren großen Politik war der Nationalsozialismus in seiner Politikkonzeption weder eigentlich selbst-schöpferisch gewesen, noch hätte er diese so entwickelt, dass sie
wirklich das wurde, was sie hätte werden können, nämlich eine feste Inte-
ressengemeinschaft mit einer Reihe wichtiger politischer Zu-
kunftsaufgaben, denen gegenüber die strittigen Grenzen zu „Fragen verhältnismäßig subalternen Charakters" würden.[30] Aufschlussreich waren
Charakteristika des Marschalls Piłsudski sowie seines persönlichen Verhältnisses zu Hitler.[31]

---

[27] Der Deutsche in Polen (1938) Nr. 39. Vgl. auch: Rewolucja nihilizmu po polsku [Die
Revolution des Nihilismus in polnischer Sprache]. In: Kurier Poznański, 5.08.1939, sowie:
Hermann Rauschning. Niemcy na drodze do katastrofy [H.R. Deutschland auf dem Weg in
die Katastrophe]. In: ebd., 13.08.1939.

[28] Gespräche mit Hitler und Piłsudski. In: Der Deutsche in Polen, Nr. 51, 18.12.1938.

[29] Ebd.

[30] Ebd.

[31] „[...] Herr Hitler riskiere zu viel, äußerte sich der Marschall Polens wiederholt. Hitler habe
das deutsche Volk nicht geändert und würde es auf seine Weise nicht ändern. Äußerlich sei
es vielleicht anders geworden. Aber alle Schwierigkeiten bestünden nach wie vor, sie wären
nur verdeckt. Sie kämen zu ihrer Zeit wieder hervor. Der Marschall wies auf die eigene
schwierige Erziehungsarbeit am polnischen Volk hin. Lange Jahre habe er versucht, es zu

Rauschnings allerletzte Statements in der polnischen Presse hatten eigentlich nur den Charakter von Warnrufen und Mahnsignalen, die auf die Gefahr des drohenden Krieges und dessen unmittelbare Folgen hinwiesen. Für ihn war es nicht möglich, sich darauf zu berufen, dass man wider besseres Wissen gezwungen worden wäre, an „diesem Wesen" in Deutschland teilzunehmen und es zu billigen:

> *Lastet nicht auf uns Deutschen im Ausland die ganze Mitverantwortung für das, was im Reich geschieht? Billigen wir diese Greuel der moralischen und geistigen Selbstzerstörung – oder wissen wir nichts davon? Geschieht es mit unserem Einverständnis, dass diese Brutalitäten eines skrupellosen Terrorregimes, fortgesetzt werden – oder wollen wir es nicht wahrhaben, was geschieht?* [32]

Für Rauschning war vor allem die Negierung der traditionellen christlichen Werte der Anfang allen Übels:

---

erziehen. Aber er könne nicht sagen, dass er Erfolg gehabt habe. Sein Arm sei zu schwach. Übrigens sei er sehr genau über die Vorgänge in Deutschland und in der nationalsozialistischen Partei unterrichtet. Der Marschall bemängelte dann den grundlegenden Fehler Hitlers, zu stark in den Vordergrund zu treten, um schließlich die ganze Verantwortung allein zu tragen. Nur einmal sei er, Pilsudski selbst, weiter als er gewollt habe, aus der Selbstbeschränkung herausgetreten. Seitdem müsse er sich mehr exponieren, als der Sache dienlich sei. In der Beschränkung zeige sich der Meister. Wiederholt zitierte er ausdrücklich dieses Goethesche Wort und wies auf Mäßigung als den einzigen Weg zu einem dauernden Erfolg. Die Bändigung des Volkes gelänge freilich nur einem Meister. Indem er an das klassische Bild von Alexander und Bukephalos erinnerte, meinte er, ein edles Pferd trage willig den guten Reiter, während es den schlechten abwerfe. Gewiss wollte der Marschall damit kaum gesagt haben, dass er den Parteiführer der deutschen Nationalsozialisten für einen schlechten Reiter hielte: aber die Art, wie er auf die revolutionäre Bewegung in Deutschland hindeutete, auf die Überspannung der Diktaturmaßnahmen, zeigte, dass er die wesentlichen Gebrechen des deutschen Regimes in einer unnatürlichen und ungesunden Übersteigerung an sich vorübergehend heilsamer Maßnahmen sah. Indem er bei dieser Kritik auf eigene Fehler Bezug nahm, gab er ihr einen urbanen (sic!) Charakter. Die Art, wie er auf die eigene Aktion 1926 anspielte, legte die Deutung nahe, dass er mit vollster Absicht gerade das vermied, was Hitler bis zur Glaubensraserei steigerte: die ausgesprochene Diktatur, die Pilsudski für schädlich und unstabil, weil alle regenerativen Kräfte zerstörend, hielt. Im übrigen wich der Marschall dem Wunsch des ‚Führers' nach einer Zusammenkunft – wie es Hitler vorschwebte, auf der Grenze von Salonwagen zu Salonwagen – aus ‚technischen Schwierigkeiten' aus." Ebd.

[32] Der Deutsche in Polen, Nr. 15, 9.04.1939.

Warum kam aus unserer Mitte nicht ein kleiner einziger Schrei der Entrüstung und des Ekels über dieses alles? Sind wir so trunken von Macht und äußerem Erfolg, dass uns all die Zerstörung im Innern nichts gilt? ‚Was hülfe uns doch, dass wir die ganze Welt gewinnen und nehmen doch Schaden an unserer Seele'. Ja, wahrlich, wir haben Schaden an unserer Seele genommen und nehmen es weiter.[33]

Es ist schwer zu leugnen, dass einige Worte Rauschnings, wenn er über die Folgen eines möglichen Kriegs für Deutschland sprach, eine nahezu prophetische Dimension hatten.

Nach Rauschning waren alle Deutschen mitschuldig und sie hätten in der Zukunft alleine zu tragen, was die nationalsozialistischen Gewalthaber ihnen errichteten. Dabei konnte niemand sie von der Mitschuld am Krieg und Untergang freisprechen. Im Gegensatz zum Ersten Weltkrieg würde es dann keine Kriegsschuldlüge mehr geben, sondern es würde die volle Wahrheit sein, dass

es unsere Sache ist, was über uns und die Mitwelt kommt. Nichts, was uns folgt, als besiegte Nation uns zugefügt wurde, rechtfertigt dies, was jetzt geschieht, was wir uns selbst zufügen in sinnloser Verblendung und Selbstzerstörung![34]

Die Aufgabe aller Deutschen im Ausland sah Rauschning darin, Bindeglied zwischen den Nationen zu sein, und ihre Ehre bestand darin, „den nationalen Hass abzutragen und den Boden für eine neue gemeinsame Rechtsschöpfung vorzubereiten".[35] Als Glieder des deutschen Volkes und zugleich Bürger eines nichtdeutschen Staates sollten sie in sich selbst den übersteigerten Nationalismus so läutern, dass sie in die Lage kämen, eine Rechtsordnung vorweg zu nehmen, die einmal für ganz Europa gelten müsse. Mit erstaunlicher Präzision prophezeite Rauschning alle direkten und indirekten Folgen des von Hitler entfesselten Zweiten Weltkrieges, der zu diesem Zeitpunkt bereits nicht mehr abzuwenden war:

Wir begehen ein Verbrechen an uns und der Zukunft unserer Kinder, indem wir uns in blindem Gehorsam dazu erniedrigen, die ausführenden Organe der deutschen Weltrevolution zu werden. Diese Rechnung wird uns einst präsentiert werden! Es ist die

---

[33] Ebd.
[34] Ebd.
[35] Ebd.

allerletzte Zeit, dass wir uns durch freiwilligen Protest von jeder Gemeinschaft mit die-sem rasenden, dem Wahnsinn nahen Treiben von jenseits der Grenzen lossagen.[36]

Direkt am Vorabend des nahenden Weltkrieges appellierte Rauschning noch einmal an seine Volksgenossen:

[...] *Sie können vielleicht morgen noch Ungarn besetzen, vielleicht werden Sie zusam-men mit ihren Komplizen Jugoslawien aufteilen. Sie werden vielleicht Waffenerfolge in Polen haben. Aber das deutsche Volk wird die Zeche bezahlen müssen. Wir werden die Quittung für Ihre unbezähmbare Eroberungssucht erhalten. Und ihr historisches Verdienst wird es sein, wenn am Ende eines Überfalls auf Polen zwar nicht Danzig deutsch, aber unser Ostpreußen polnisch wird. Herr Hitler, hinter dem Jubel der Massen, der Ihnen wie nie einem Menschen zuteil geworden ist, wird heute der Fluch des ganzen deutschen Volkes hörbar. Es wird unerbittlich kommen, dass anstelle Ih-rer tausendjährigen Größe Ihr Name zum tiefsten Fluch eines wieder gedemütigten, zerrissenen Volkes für alle Zeit werden wird.*[37]

Hermann Rauschning, der oftmals in der Exilpresse angegriffen und sogar von Personen mit konservativen Anschauungen gemieden wurde, hat sich 1940 schließlich zum Rückzug aus dem politischen Leben entschlossen; 1941 emigrierte er in die USA, von wo aus er nach dem Zweiten Weltkrieg versuchte, publizistisch auf die Bundesrepublik zu wirken.[38] Nach 1945 konzentrierte er sich in erster Linie auf die Suche nach theoretischen und politischen Konzepten, die die geistige und politische Wiedergeburt Deutschlands und die Überwindung der Folgen des hitlerfaschistischen „Nihilismus" ermöglichen sollten. Mit seinen Büchern *Deutschland zwischen West und Ost* (1951) und *Ist Friede noch möglich* (1953) sowie in zahlreichen öffentlichen Auftritten auch in Deutschland sprach er sich für die Neutrali-

---

[36] Ebd. Laut Pia Nordblom und Jürgen Hensel zeugte u.a. diese Formulierung von einer Vi-sionskraft Rauschnings, die ihn als „Kassandra" (Golo Mann) nicht nur den Verlust Ostpreußens an Polen, sondern auch die Teilung Deutschlands prophezeien ließ. Vgl. Hermann Rauschning – Materialien und Beiträge (wie Anm. 1), S. 34.

[37] Rauschning, Hermann: Herr Hitler, Ihre Zeit ist um. Offenes Wort und letzter Appell. o.O., o.J. [um 1939], S. 13. Rauschning soll sich mit dieser Broschüre zwar an die Öffent-lichkeit gewandt haben, er wollte aber in erster Linie die Reichswehr ansprechen. Vgl. Nordblom, Pia; Jürgen Hensel, Einführung. In: Hermann Rauschning – Materialien und Beiträge (wie Anm. 1), S. 40.

[38] Vgl. Rauschning, Hermann: Masken und Metamorphosen des Nihilismus. Der Nihilismus des XX. Jahrhunderts. Frankfurt/Main, Wien 1954.

tät beider deutscher Staaten in der Hoffnung auf eine Wiedervereinigung aus, womit er zum Gegner der westlichen Bündnispolitik der Regierung Adenauer wurde.

Er fand weder in den konservativen Kreisen noch bei der SPD Gehör, die zwar die Wiedervereinigung anmahnte, jedoch dabei nicht auf Rauschning mit seiner konservativen und zweifelhaften Vergangenheit setzen wollte. Resigniert kehrte er in die USA zurück, wo er isoliert und vereinsamt als Farmer in Oregon die Jahre bis zu seinem Tod in Portland im Jahre 1982 verlebte.

Rauschnings Rücktritt im Herbst 1934 sowie sein späterer radikaler Bruch mit dem Hitlerismus führten dazu, dass der Verfasser der *Revolution des Nihilismus* die Idee der friedlichen Gestaltung der deutsch-polnischen Beziehungen ganz früh und von anderen ideologischen und politischen (es bleibt zu untersuchen, ob auch freimaurerischen?) Positionen ausgehend aufgegriffen hat. Er hat an das Konzept Julius Edgar Jungs, eines der wichtigeren Vertreter der „Jungkonservativen" in Deutschland, angeknüpft, der den Gedanken der Wiederherstellung eines großen, universalen und übernationalen Deutschen Reichs unter der Führung Deutschlands propagierte.[39] In diesem Rahmen hat Rauschning – u.a. in seinem Buch *Die Revolution des Nihilismus* – postuliert, die zukünftigen deutsch-polnischen Beziehungen nach den Prinzipien der Verständigung und Zusammenarbeit im Rahmen der „neuen mitteleuropäischen Ordnung" zu gestalten, wobei allerdings die dominierende und leitende Rolle Deutschland spielen würde. Die Errichtung einer solchen „Ordnung" sollte in Anlehnung an beiderseitige Vereinbarungen, im Wege einer friedlichen Evolution möglich sein, die zur „Überwindung der alten Versailler Ordnung" Europas beitragen würde.[40]

Als einem engen Verbündeten und Partner Deutschlands hat Rauschning dem polnischen Staat der Zukunft eine konstruktive Rolle bei dieser „Neuordnung" Ost- und Mitteleuropas zugedacht. Man kann wohl überlegen, ob eine solche, den friedlichen Intentionen Rauschnings entsprechende Neuordnung mit der im Mai 2004 vollzogenen Osterweiterung der Europäischen Union nicht wenigstens bereits partiell Wirklichkeit wurde.

---

[39] Vgl. Łozowski, Sławomir: Od konfrontacji ku koegzystencji: wizja stosunków niemiecko-polskich według Hermanna Rauschninga. In: Studia Historica Slavo-Germanica (2003) Bd. 24, S. 86-88 und 107.

[40] Vgl. ebd.

„Sollten wir nicht versuchen, Frau K. endlich das Handwerk zu legen?"
Elga Kerns Buch *Vom alten und neuen Polen* und die Akte Elga Kern im Auswärtigen Amt Berlin

Jürgen Röhling

Als 1931 im deutsch-schweizer Rascher-Verlag das Buch der deutschen Publizistin, Übersetzerin und Ärztin Elga Kern *Vom alten und neuen Polen*[1] erschien, war dies eine von nur wenigen deutschen Publikationen der Weimarer Republik, die Polen gegenüber nicht entschieden negativ eingestellt waren. Als „eine weitere Sympathieerklärung an Polen" neben Alfred Döblins *Reise in Polen* von 1925 bezeichnet es Boguslaw Drewniak.[2] Roman Dziergwa vergleicht Elga Kerns Buch mit Polentiteln von Friedrich Sieburg und Heinrich Koitz und hebt den ausführlichen, durch außerordentliche Kompetenz und genaue Sachkenntnis gezeichneten Reisebericht *Vom alten und neuen Polen* positiv hervor.[3]

Über Elga Kerns Leben ist relativ wenig zu erfahren. Sie wurde 1888 in München geboren, war Ärztin, übersetzte aus dem Polnischen[4] und Französischen und wurde 1928 einer breiteren Leserschicht mit ihrem erfolgreichen Sammelband *Führende Frauen Europas*[5] bekannt, in dem sie sechzehn

---

[1] Kern, Elga: Vom alten und neuen Polen. Mit 16 Wiedergaben nach Originalen von polnischen Künstlern. Zürich, Leipzig u. Stuttgart 1931. Zitate aus diesem Buch im folgenden direkt mit Seitenangabe.

[2] Drewniak, Boguslaw: Polen und Deutschland 1919 – 1939. Wege und Irrwege kultureller Zusammenarbeit. Düsseldorf 1999. S. 6.

[3] Dziergwa, Roman: Polen und das deutsche Sachbuch der Zwischenkriegszeit. Zu einigen Aspekten der Polenbücher von Friedrich Sieburg, Elga Kern und Heinrich Koitz. In: Studia Germanica Posnaniensia (1999) Nr. 25, S. 69-80, hier S. 72.

[4] U.a. offenbar Marja (Maria) Dombrowska: Nächte und Tage (Korn Verlag Breslau 1938). Im Vorwort von Edda Ziegler zu: Führende Frauen Europas – Elga Kerns Standardwerk von 1928/1930. Hrsg. von Bettina Conrad und Ulrike Leuschner. München, Basel 1999, in dem „Wembrowska" und „Tage und Nächte" steht, handelt es sich wohl um eine Verschreibung. Als Jahr der Übersetzung wird 1934 angegeben. Außerdem übersetzte Elga Kern die meisten der fremdsprachigen Beiträge zu ihren Sammelbänden selbst.

[5] Führende Frauen Europas. München 1928. Neue Folge 1930. Darin u.a. Ricarda Huch, Else Lasker-Schüler. 1932 erschien eine Volksausgabe. Inhalt u.a.: Margery Irene Corbett-Ashby, Kristine E. H. Bonnevie, Henni Forchhammer, Maria Annaq von Herwerden, Gina

bedeutende Frauen der Zeit in autobiographischen Texten vorstellte. 1930 erschien eine *Neue Folge* mit 25 Texten. Mit *Wie sie dazu kamen* von 1928 hatte Elga Kern mit einem gesellschaftlichen Tabu gebrochen. Sie hatte junge Prostituierte befragt und ihre Lebensgeschichten zusammengestellt.[6] Mit diesen beiden Publikationen gilt sie als eine der Vorreiterinnen der Frauenbewegung.[7] Elga Kern stammte aus jüdischer Familie, sie lebte vor allem in Baden, später auch in Polen, überlebte das Dritte Reich und starb 1955 in Deutschland. In ihrem Todesjahr erschien ihre letzte Publikation, der Band *Wegweiser in der Zeitenwende* mit Selbstzeugnissen von Bertrand Russell, Victor von Weizsäcker, Helmuth Thielicke, Martin Buber und anderen.

Wo Elga Kern die Nazizeit überlebte, ist nicht bekannt. Schon seit den frühen dreißiger Jahren lebte sie häufig in Polen.[8] Dort erschien auch 1934 ein Buch über das neue Deutschland[9] und 1935 ihr Lebensbild von Marja Piłsudska[10], der Mutter des Marschalls. Gemeinsam mit ihrem Mann Rudolf Kern verfasste sie ein mehrbändiges Deutschlehrbuch für Polen (1935) und eine Polnischfibel für die deutsche Minderheit in Polen (1938).[11] Ob ihr die Flucht in ein sicheres Land gelang oder sie sogar in Polen untertauchen konnte, ist nicht klar. 1955 schreibt sie, dass sie 1947/48 Kontakt mit deutschen Kriegsgefangenen in Belgien hatte,[12] sonst sind keine detaillierten biographischen Äußerungen überliefert. Das Archiv ihres langjährigen Verlages Reinhardt in München wurde im Krieg zerstört, es ent-

---

Lombroso-Ferrero, Anna de Noailles, Alice Salomon, Rhoda Erdmann, Mary S. Allen, Elise Richter, Marianne Beth, Maria Waser, Johanna Woker, Selma Lagerlöf, Elisabeth Kuyper, Käthe Kollwitz. Neuausgabe: Führende Frauen Europas (wie Anm. 4).

[6] Kern, Elga: Wie sie dazu kamen. 35 Lebensfragmente bordellierter Mädchen nach Untersuchungen in badischen Bordellen. München 1928. – In der Sammlung Luchterhand erschien 1985 eine Auswahlausgabe mit einem Nachwort von Hanne Kulessa.

[7] Vgl. Vorwort von Edda Ziegler zur Neuauflage von Führende Frauen Europas (wie Anm. 4).

[8] Näheres zu diesen Reisen und der Beziehung Elga Kerns zur emigrierten DFG bei Dziergwa (wie Anm. 3), S. 72.

[9] Kern, Elga: Niemcy wczorajsze i dzisiejsze [Deutschland gestern und heute]. Warszawa 1934.

[10] Kern, Elga: Marja Piłsudska, Matka Marszałka; wizerunek, życia [Marja Piłsudska, Mutter des Marschalls, Porträt, Leben]. Warszawa 1935.

[11] Wir sprechen Deutsch. Hrsg. von Wanda Dewitzowa, Rudolf Kern u. G. Żółtkowska. Warszawa, Lwów 1935; Kern, Rudolf und Elga; H. Kraft: Ola i Arno. Elementarz dla szkół powszechnych mniejszości niemieckiej, Warszawa 1938.

[12] Im Vorwort zu Kern, Elga: Wegweiser in der Zeitenwende, München 1955, S. 9.

hält neben einigen unbedeutenden Abrechnungen keine Unterlagen über Elga Kern.

Mit Polen verband Elga Kern eine tiefe Beziehung. Durch zahlreiche Reisen und Aufenthalte (schon seit 1915) kannte sie das Land besser als die meisten Deutschen. Vor allem aber die Erzählungen ihres Großvaters hätten sie bereits als Kind mit Polen und polnischer Geschichte vertraut gemacht, berichtet sie im Polenbuch (S. 15 ff.). Er habe ihr von Jan Sobieski und Stanisław August Poniatowski erzählt und ihr mit Hilfe eindrucksvoller Illustrationen die Zerstückelung Polens vor Augen geführt. So beginnt Elga Kerns Polenbuch: Verständnis, Sympathie für Polen aus der Geschichte heraus begründend. Dabei ist das Thema für sie keineswegs nur von bilateralem Interesse, sondern beispielhaft für das europäische Schicksal:

> *Dieses Buch ist ein Bekenntnis. Es setzt sich trotz seiner künstlerischen Bezogenheit mit ernsten Zeitfragen auseinander. Mehr noch, es greift – manchmal nur zwischen den Zeilen – solchen Problemen ans Herz, die zeitlos, immanent sind, von deren richtiger Erkenntnis Sein oder Nichtsein zum mindesten der europäischen Menschheit sich in unmittelbarer Abhängigkeit verhalten.* (S. 11)

Kerns Buch gliedert sich in drei Hauptpunkte: Fortschritt und Geschichte, Minderheiten und Kultur (worunter sie vor allem Volkskultur versteht). Kontroversen verursachte vor allem der politische Aspekt ihres Buches, auf den ich daher im Folgenden ausführlich zu sprechen kommen möchte. Doch ist für Elga Kern Polen im wesentlichen ein Kulturland, der entsprechende Teil ihres Buches ist umfangreich und mit mehr als der bei ihr üblichen Emphase geschrieben. Hier finden sich poetische Passagen, stimmungsvolle Bilder vor allem aus Kraków und Wilno, die sie nicht unkritisch und mit Sinn für Kurioses schildert.[13] Für Kern ist der polnische Staat vor allem durch die Kultur wiedererstanden (das Beispiel Krakau) – das Arbeiterelend dagegen z.B. in Łódź („Keine andere Stadt trägt unverhüllter das Fetzengewand der Proletarierin. [...] Was für eine freudlose Stadt!", S. 115) stößt sie eher ab. Das „Land alles Gegensätzlichen" (S. 122) hat neben dem bewunderten Aufbaugeist und der verehrten Kultur auch eine bedrohliche Komponente, das Arbeiterelend, in dem sie nichts

---

[13] So z.B. „Die beißende Ironie" der Prunksärge im Wawel, „die die Einsamen über den Tod hinaus noch einsamer macht" (S. 105).

Kulturelles sehen kann. Parallel zu dieser Verelendung sieht sie das Judentum, das ihr, aus assimilierter westjüdischer Familie stammend, in seiner östlichen Ausprägung ähnlich fremd bleibt wie Jahre zuvor Alfred Döblin:

Die Männer sind schwer und still. Sie stehen an den Straßenecken mit dumpfen Augen, arbeitslos. Es gibt viele Arbeitslose in Łódź. Andere ziehen wie dunkle Schatten vorüber, tragen missfarbene fadenscheinige Kaftane, und über ihren Ohren hängen schwarze, fettglänzende Locken. Jeder dritte Mann in Łódź scheint einen Kaftan zu tragen, der Ghetto sich über die ganze Stadt hinzubreiten. (S. 116)

Nur in der Volkskultur findet Elga Kern eine reine, zeitlose Idylle – kein Zeichen von Rückständigkeit, sondern zukunftsweisende, identitätsstiftende Kreativität. Durch einen symbolträchtigen Zufall – das Automobil hatte versagt – verschlägt es die Autorin in ein auf der Reise gar nicht vorgesehenes Dorf, wo sie im dort gefertigten Kilim, einem Wandteppich, das Bild für polnische Tradition und Zukunft schlechthin findet:

Ich stand am Tisch und bewunderte mit nicht zu verhehlendem Entzücken den hier ausgebreiteten Kilim. Hier fand sich alles wieder, was mir die Tänze, das Volkslied verrieten: Dieselbe Genialität der Gestaltung, das Primitiv-Naturhafte, das Leidenschaftlich-Hingegebene, das tief innerliche Müssen, die schlichte Beschränkung der bewusst angewandten Mittel und der unüberwindliche, der hervordrängende Reichtum der Ausdruckskraft. (S. 147)

Doch bevor Elga Kern zur Volkskunst-Idylle vordringt, behandelt sie die Themen der Zeit. Um Polens Gegenwart verstehen zu können, erläutert sie einleitend zunächst Polens geschichtliche Sonderstellung, die

Tatsache, dass eben dieses Land im Verlaufe der Jahrhunderte eine ganz eigene Stellung unter den Völkern Europas eingenommen hat. Es schöpfte seit Anbeginn seiner Geschichte aus ganz anderen Quellen als die allermeisten anderen europäischen Staaten. (S. 11)

So geht es über die großen Zeiten der polnischen Geschichte (Kazimierz der Große, die Jagiellonen bis 1572), über die Ungunst der geographischen Lage (keine natürlichen Grenzen bis auf die Karpathen im Süden) bis hin zur „gründliche[n] Verschiedenheit des polnischen Volkes – in Wesen und Artneigung – von den großen Nachbarvölkern" (S. 20) und den Teilungen, für die „nicht die Zerrüttung durch seine [Polens, J.R.] Adelswirtschaft, nicht die Schwäche und Haltlosigkeit seines Volkes [...] letzte Ursache [waren], sondern die niemals gesättigte Machtgier seiner Nachbarn" (S. 21). Und die Autorin geht noch einen Schritt weiter:

> [...] *der kausale Zusammenhang lag viel weiter zurück, lag in der völlig verschiedenartigen staatsethischen Entwickelung Polens im Gegensatz zu dem übrigen Europa, vor allem zu seinen nächsten Nachbarstaaten. Irgendwie war dieses aus der Wurzel seiner Entwickelung heraus demokratische Staatswesen, war dieses Volk mit der vielseitig-reichen Seele weit vorausgeeilt, hatte es offensichtlich zu seinem eigenen Schaden dem Absolutismus seiner Epoche sich nicht eingliedern können. (S.31)*

Polen also nicht als rückständiges, sondern im Gegenteil „vorausgeeiltes" Land, mit demokratischen Strukturen, als die Nachbarländer absolutistisch-rückständig waren.

Auch mit dem stereotypen Schlagwort der „Polnischen Wirtschaft" setzt sich Kern ausführlich auseinander:

> *Es hat – darüber besteht gar kein Zweifel – einmal eine „polnische Wirtschaft" gegeben, die nicht zu unrecht in einem etwas odiösen Rufe gestanden, die ganz bestimmt manchem, gewiss aber nicht den Polen, Freude bereitete. Denn sie waren es ja, die bis in die letzte Vergangenheit hinein die Alleinleidtragenden dieser Zustände, nicht aber die Alleinschuldigen an Wirrnis und Unordnung gewesen sind. Vor allem gilt es also den Hintersinn, der auch heute noch so oft und so irrtümlich der Ausdrucksform „polnische Wirtschaft" gegeben ist, zu fixieren. Es mögen heute die Anführungszeichen füglich unterbleiben, denn der Begriff, der nunmehr hinter den Worten: polnische Wirtschaft steht, ist identisch mit Ordnung, Sauberkeit, untadeliger Organisation, ist außerordentlich nur im Sinne des positiv-aufbauenden Gerichtetseins des ganzen polnischen Volkes, seiner geradezu beispiellosen Leistungsfähigkeit, die es durch das in den wenigen Jahren seiner Selbständigkeit Gewordene bewiesen hat. Von den chaotischen Zuständen während des Krieges und der geradezu sprichwörtlich gewesenen Lotterwirtschaft der Vorkriegszeit ist nichts mehr übrig geblieben. In alle Bezirke des Staatshaushaltes ist Ordnung eingekehrt. (S. 49)*[14]

---

[14] Vgl. auch Orłowski, Hubert: „Polnische Wirtschaft". Zum deutschen Polendiskurs der Neuzeit (= Studien der Forschungsstelle Ostmitteleuropa an der Universität Dortmund, Bd. 21). Wiesbaden 1996, S. 36f.

Diese Revision des Begriffes „Polnische Wirtschaft" von einer deutschen Autorin wurde auch in einer noch im Jahr der Erstausgabe erschienenen Rezension in „Wiadomości Literackie"[15] besonders hervorgehoben.

Über die Selbstverwaltung Ostoberschlesiens als einziger teilautonomer Wojewodschaft tastet sich Kern langsam zum unvermeidlichen, aber äußerst heiklen Thema der deutschen Minderheit vor. Oberschlesien, die Abstimmungskämpfe, der Annaberg waren in der Weimarer Republik zu mythischen Orten[16] geworden und durch eine Flut von Publikationen[17] zu Symbolorten deutsch-polnischer Unversöhnlichkeiten. Als prominentes Beispiel sei der zeitnah zu Elga Kerns Polenbuch erschienene Roman *O.S.* (1929) von Arnolt Bronnen erwähnt, der die Abstimmungskämpfe und die vermeintliche Bedrohung des Deutschtums im polnisch gewordenen Oberschlesien aus deutschnationaler Perspektive verarbeitete.

Für Elga Kern ist Oberschlesien polnisch. Diese Region und das, was in der polnischen Zeit aus ihr geworden ist, wird aber zu einem visionären Bild möglicher europäischer Zukunft. Die Selbständigkeit der Wojewodschaft Oberschlesien und ihre Sonderstellung im polnischen Staat verbindet die Autorin mit einer möglichen gesamteuropäischen Entwicklung in Richtung auf stärkere Regionalisierung bei abnehmender Bedeutung der Nationalstaaten. Die relative Autonomie einer Region sei

[...] *ein Vorteil, der sich erst dann in seiner ganzen Bedeutung manifestieren kann, wenn über Kampf und Fehde die Jahre hingegangen sein werden. Vielleicht auch erst dann, wenn die Einzelstaaten in Europa die neue Idee der Völkergemeinschaft mehr noch erkannt haben werden, als dies jetzt der Fall ist. Der Egoismus des Einzelnen – also hier des Einzelstaates – muss, wie schon heute in der innerpolitischen Einstellung fühlbar ist, einem sublimiert verantwortlichen Gemeinschaftsgefühle zwischen den Staaten weichen.* (S. 50)

Hier wird der deutschen revisionistischen Publizistik ein ins Gegenteil gewendetes Bild entgegengesetzt: Oberschlesien nicht als Ort der Nieder-

---

[15] ib.: Niemka o Polsce, In: Wiadomości Literackie (1931) Nr. 47, S. 2.

[16] Cepl-Kaufmann, Gertrude; Antje Johanning: Rhein und Annaberg als mythische Orte. In: Kulturraum Schlesien. Ein europäisches Phänomen. Hrsg. von Walter Engel und Norbert Honsza. Wrocław 2001, S. 27-56.

[17] Vgl. Broszat, Martin: Zweihundert Jahre deutsche Polenpolitik. Frankfurt/Main 1972, S. 211f.

lage, sondern einer zukünftigen gesamteuropäischen Entwicklung, eines „Gemeinschaftsgefühl[s] zwischen den Staaten".

Ihre politischen Visionen sieht Elga Kern bestätigt durch den in Polen überall sichtbaren technischen, wirtschaftlichen und sozialen Fortschritt. Polen in seiner Entwicklung seit der wiedererlangten Selbständigkeit wird zum Muster eines modernen europäischen Staates, der trotz gewisser Bedenklichkeiten ein Vorbild für andere Nationen werden kann. Das aus den Teilungszeiten herrührende traditionelle deutsche Polenbild, das das Nachbarland selten anders denn als rückständig darstellte, wird umgekehrt.

Ich kannte Polen aus den Jahren 1915 bis 1917 [...] Als ich aber im Sommer 1929 dahin zurückkehrte, fand ich ein ganz neues Land wieder. [...] So reiste ich von Poznań nach Wilno, von Kraków bis nach Gdynia, kreuz und quer durch polnisches Land. Und sah nicht nur das äußerlich Erkennbare, wie Weg-, Eisenbahn- und Brückenbau, Kanalisation und Wohnungsbau, sondern studierte die innere Verwaltung des Landes, sein Zivil- und Handelsrecht, seine Strafgesetzgebung, den Strafvollzug, die soziale Gesetzgebung, sein Schulwesen, die Finanzgebahrung, sein Wirtschaftsprogramm, das innen- und außenpolitische Gerichtetsein, das Militär. Manches schien mir bedenklich. (S. 52f.)

Zu diesen Bedenklichkeiten zählt die der Pazifistin ins Auge fallende Militarisierung des Erziehungswesens (sie sieht Mädchen mit Gewehren paradieren), die forcierte Industrialisierung der Landwirtschaft, auch das Bevölkerungswachstum. „Und doch bleibt das Gesamtbild, die Größe des Geschaffenen blieb eminent." (S. 53) Mit der Erwähnung von Gdynia hatte Elga Kern erneut politisch umstrittenes Terrain betreten, hatte doch der Ausbau des Hafens wegen der damit verbundenen Schwächung Danzigs im Reich stets als deutschfeindlicher Akt und als Verstoß gegen den Versailler Vertrag gegolten.[18]

Doch gegen die Minderheitenfrage war der Bau eines Hafens vergleichsweise nichtig. Die deutsche Minderheit war nach den Gebietsabtretungen durch den Versailler Vertrag (Posen, Ost-Oberschlesien) entstanden. Insgesamt zählte zur polnischen Bevölkerung vor 1939 ein Anteil von ca. 15% Ukrainern, 9% Juden, 5% Weißrussen und 2% Deutschen, dazu Tsche-

---

[18] Vgl. Wirsing, Giselher: Zwischeneuropa und die deutsche Zukunft (1931), S. 189. Der dem Strasser-Kreis angehörende Wirsing zählte zu den Osteuropaexperten des Nationalsozialismus.

chen, Slowaken, Litauer usw., insgesamt war ca. ein Drittel der Staats-
bevölkerung nicht polnischer Muttersprache. In Deutschland war die
Behandlung der deutschsprachigen Minderheit in Polen ein Dauerthema.
Elga Kern vertritt hier eine radikale Position, wenn sie die Legitimität von
Minderheitenrechten per se in Frage stellt. „Mit Recht könnte man die
Frage aufwerfen, ob überhaupt irgend einer Sondergruppe im Staate Eigen-
rechte eingeräumt werden können oder sollen." (S. 74) – eine Anspielung
auf die polnische Ablehnung des als von der Entente aufgezwungen
empfundenen Minderheitenschutzabkommens.[19] Eine Diskussion über
solche Rechtsfragen führe notwendigerweise zu Kämpfen (womit sie auf
die oberschlesischen Aufstände wie auch auf die Kämpfe zwischen
Ukrainern und Polen im südöstlichen Gebiet der Bieszczady anspielt), so
dass sich „beide Parteien, wenn sie aufeinanderstoßen, im Irrtum befinden"
(S. 75). Nicht gefährdet sei dagegen die jüdische Minderheit, da der
polnische Staat nichts gegen sie unternimmt – und dies wiederum, weil die
Juden nichts gegen den Staat unternehmen.

Die jüdische Minderheit [...] *hat eine andere Taktik* [als die anderen,
kämpfenden Minderheiten, namentlich die ukrainische, J.R.]: *sie ist einfach
da – sie existiert als eine stark in sich selbst abgesonderte Gemeinschaft. Sie hat
letzten Endes was sie braucht, bekommt auch was sie will – weil sie niemals
Übergriffe macht.* (S. 75)

Während das polnisch-jüdische Verhältnis vorbildhaft hervorgehoben und
in der Existenz einer „stark in sich selbst abgesonderte[n] Gemeinschaft"
keine Gefahr gesehen wird, kritisiert Kern sehr die Bestrebungen anderer
Minderheiten, namentlich der Ukrainer, nach mehr Autonomie.

Es wäre durchaus abwegig, hieraus [aus der Bedeutung des ukrainischen
Minderheitenproblems, J.R.] *nun zu folgern, der polnische Staat – oder irgend
ein anderer Staat, der sich mit einer oder mehreren Minderheiten auseinanderzusetzen
hat – könnte nun verpflichtet sein, für jede dieser Minderheitengemeinschaften
besondere Rechte zu schaffen. Dies müsste zu einem Dilemma sondergleichen führen.*
(S. 76)

---

[19] Vgl. Broszat (wie Anm. 17), S. 206f.

„Auch die Minderheiten müssen konsequent sein – konsequent in der Loyalität zu dem Staate, der sie beheimatet, oder – – als Rückwanderer in das Land ihrer Tradition." Fehler, die in Polen gemacht wurden und die mit dem Tempo des Aufbaus nach dem Weltkrieg erklärt werden, seien „tief schmerzlich und bedauerlich. Immerhin verständlich unter dem Drucke des drängenden Geschehens." (S. 78)

Den nationalen Minderheiten legt Kern also nahe, sich ruhig zu verhalten und zu guten „vollwertigen Staatsbürgern", also polnischen Staatsbürgern zu werden, dann werde ihnen auch das verfassungsmäßige Recht auf Bewahrung ihrer nationalen Eigentümlichkeiten zukommen. Das Ausland, also Deutschland, solle sich in diese Frage nicht einmischen:

Die wichtigste, ruhestörende Einflussnahme kommt von jenseits der Grenzen, von außerhalb, von jenen Kreisen, die wohl den Splitter im Auge des andern erkennen, aber nichts wissen vom Balken im eigenen Auge. (S. 77)

Der Balken im eigenen Auge war die Polenpolitik der vergangenen hunderfünfzig Jahre, der Splitter im Auge des anderen waren Oberschlesien und die anderen Minderheitengebiete. Mit dieser Äußerung war Elga Kern die Empörung deutscher Kreise sicher. Aber es hätte dessen gar nicht bedurft, denn schon vor der Veröffentlichung des Polenbuches war sie in die Mühlen staatlicher Beobachtung geraten, hatte es Versuche gegeben, die Autorin mundtot zu machen, ihre Arbeit zu erschweren und sie und ihren Mann strafrechtlich zu belangen. Den unmittelbaren Anstoß dazu gab ihre Polenreise vor Veröffentlichung des Buches.

Die Akte Elga Kern

Im Archiv des Auswärtigen Amtes (AA) in Berlin befindet sich heute eine umfangreiche Akte zu Elga Kern.[20] Sie beginnt am 4. September 1930 mit einem dreiseitigen Bericht des Deutschen Konsulats in Łódź an das AA über einen „Besuch süddeutscher Schriftsteller in Lodz", der „von Frau Dr. Elga Kern in Heidelberg veranlaßt und mit polnischem Gelde organisiert

---

[20] Politisches Archiv des Auswärtigen Amtes R 30853. Ca. 170 einzelne Blätter, z.T. Notizen und angeheftete Seiten. Alle folgenden Zitate aus den unpaginierten Blättern der Akte. Die Originalorthographie wurde außer im Falle von offensichtlichen Verschreibungen beibehalten.

worden" ist. Es wird deutlich, dass Elga Kern dem Konsulat bereits bekannt war und ihre polenfreundliche Haltung als Provokation angesehen wurde. Da ihr nichts konkret vorzuwerfen ist, bewegt man sich im bekannten Umfeld vager Verdächtigungen und Denunziationen, so wird mehrfach auf die polnische Finanzierung der Reise und auf Kontakte zum „Deutschen Kultur- und Wirtschaftsbund" sowie zur Zeitschrift „Das andere Deutschland" angespielt, die beide als polenfreundlich gelten. Auch die Deutsche Gesandtschaft Warschau benachrichtigt zur gleichen Zeit das AA und ergänzt, die Reisegruppe (zu der auch Elga Kerns Ehemann Rudolf Kern gehörte) sei „extrem pazifistisch" eingestellt und habe sogar Blumen am Grab des unbekannten Soldaten in Warschau niedergelegt. Am 24. Oktober 1930 verschärft das Konsulat Krakau den Ton in einem als vertraulich deklarierten Diffamierungsschreiben an das AA mit dem Vermerk „Eigenartiges Verhalten der Schriftstellerin Elga Kern aus Mannheim", in dem es heißt, sie habe sich „nicht nur sehr abfällig über deutsche Verhältnisse geäußert, sondern sich auch sonst in einer dem deutschen Ansehen höchst abträglichen Weise betragen." So solle sie mit einem polnischen Beamten intime Beziehungen haben, habe sich außerdem wiederholt Geld geborgt und führe, wie ihr Ehemann, den akademischen Titel zu Unrecht. Die Hochschulabteilung im badischen Kultusministerium ergänzt den einzigen konkreten Vorwurf: Elga Kern habe sich mehrfach um Studienreisen für badische Lehrer nach Polen bemüht, die nicht zu genehmigen den zuständigen Stellen jedoch gelungen sei.

Dieser erste diplomatische Vorstoß gegen Elga Kern blieb ohne Folgen. Mittlerweile war jedoch ihr (Rudolf Kern gewidmetes) Polenbuch erschienen. Zahlreiche Berichte belegen das Aufsehen, das dieses Buch erregte, namentlich im Posener Generalkonsulat, das in einem Brief vom 7. März 1931 konkrete Einflussnahme des AA auf Buchhändlerorganisationen und die „Mittelsstelle für deutsche Auslandsbüchereien" erbittet, mit dem offensichtlichen Ziel, den Verkauf des Buches so weit wie möglich zu behindern – ähnlich am 24. Juli 1931 das Generalkonsulat Kattowitz. Besonders eine (oben ausführlicher zitierte) Stelle erregte Aufsehen: „dass die wichtigste, ruhestörende Einflussnahme (auf die Minoritäten) von jenseits der Grenzen (d.h. Deutschland) kommt". Elga Kern sei durch solche Äußerungen für die deutsche Minderheit existenzschädigend. Ein AA-Mitarbeiter notiert, was ihm und offenbar ganzen Abteilungen auf dem Herzen lag: „Sollten wir nicht im Anschl. an unseren früheren Vorstoß beim RM d. I. [Reichsministerium des Innern, J.R.] versuchen, Frau K.

endlich das Handwerk zu legen?" Es gab zu diesem Zeitpunkt Befürchtungen, ein Buch über Oberschlesien sei kurz vor der Fertigstellung. Es hätte zweifellos größtes Aufsehen erregt, erschien jedoch nie. Am 9. Dezember 1931 greift der Konsul in Łódź erneut ein und fragt an, „ob es nicht möglich ist, ihr [Elga Kern] das Handwerk zu legen und die Ausreise in Zukunft unmöglich zu machen." Am 12. Dezember 1931 legt Krakau nach, erneuert die vagen Vorwürfe wegen angeblicher finanzieller Transaktionen von Elga Kern während ihrer Polenreise und regt an zu prüfen, „ob nicht gegen sie ein Verfahren wegen Betrugs einzuleiten sein wird". Das wiederholt um Unterstützung angegangene badische Kulturministerium scheint sich an dieser geplanten Rufmordkampagne entgegen der Absicht des AA und der Konsulate nicht beteiligt zu haben, allerdings erklärt die badische Staatsregierung nach mehrfacher Intervention aus Berlin schließlich am 20.4. (oder 2., die Zahl ist unleserlich) 1932, das Ehepaar Kern polizeilich überwachen zu lassen, um ein Verfahren wegen Landesverrats vorzubereiten. Da ein Betrugsverfahren als nicht durchführbar angesehen wurde, schlug man ersatzweise vor, Rudolf Kern als Realschulprofessor in den vorzeitigen Ruhestand zu versetzen.

Ein Ergebnis der polizeilichen Überwachung ist ein Bericht des Badischen Landespolizeiamts.[21] In ihm heißt es, Frau Kern halte sich seit Mai 1931 dauerhaft in Polen auf, „angeblich" zur Kur. Erneut finden sich in dem Bericht die erwähnten finanziellen Probleme angesprochen (von der Ableistung des Offenbarungseides ist die Rede), ebenso die pazifistische Haltung des Ehepaares und die guten Kontakte zu Polen. Auch eine von Rudolf Kern verfasste Schulfibel für den Deutschunterricht an polnischen Schulen wird erwähnt. Wie alle Informationen beruht auch diese Angabe offensichtlich auf Gerüchten, der Inhalt der Fibel scheint den Informanten völlig unbekannt zu sein, nicht einmal der Verlag ist bekannt. Interesse an und Geschäfte mit Polen reichten als Verdachtsmotive völlig aus. Die Badische Polizei kommt zu folgendem Schluss, der die Gegner der Autorin nur halb zufriedengestellt haben dürfte:

Die bisherigen Beziehungen der Eheleute Kern, insbesondere aber der Ehefrau Kern, zu Regierungsmitgliedern und Beamten des Außenministeriums in Polen einerseits und die missliche Vermögenslage andererseits lassen den Verdacht von landesverräterischen Handlungen der Eheleute Kern zugunsten Polens nicht unbegründet er-

---

[21] Siebenseitiger Brief vom 11.7.32.

scheinen. Durch die bisherigen Überwachungsmaßnahmen ließen sich jedoch sachdienliche Beweise für eine solche Tätigkeit nicht erbringen.

Nun vergrößert sich die Zahl der involvierten Stellen. Die „Deutsche Stiftung" in Berlin schaltet sich ein, und jetzt sind erstmals auch antisemitische Töne zu vernehmen. Aus Lemberg hatte man Anfang 1933 einen anonymen, nur mit den Initialen „D.C." signierten Bericht erhalten, in dem von einem Augenzeugen gegen den Versuch Rudolf Kerns, als Leiter an eine deutsche Schule[22] berufen zu werden, polemisiert wird. Der Denunziant wendet sich den Aktivitäten der Ehefrau zu und resümiert:

Man ist sich über die Elga Kern nicht ganz klar; aber sie ist gewiss eine Provokateurin; es genügte, dass sie gegen Deutschland agitierte – dadurch erwies sie sich als „unsere große Freundin". Nach unserer Auffassung ist die ganze Kern-Familie eine ostjüdische Sippschaft, die, weil ihr der Boden drüben [in Deutschland, J.R.] unter den Füßen brennt, nach dem gelobten Land zurückwanderte und da sie sich die Regierung hierzulande verpflichtet hat, fordert sie ihren Lohn, den sie auf Kosten – der szwaby[23] bekommen soll. So schlecht, so niederträchtig, aber auch so ostisch plump u. dumm ist man.

N.B. Elga Kern verkehrt mit dem Eintänzer des hiesigen Hotels (u. Tanzbude) „Bristol". Dieser Mann ist ihr steter Begleiter, er spricht ein vorzügliches Polnisch u. Deutsch. Auch spricht man, dass beide bolschewistisch gesinnt seien.

Wer ist sie also??

D.C.

Die Versuche, dem Ehepaar Kern zu schaden, werden fortgesetzt mit einem Brief an die Deutsche Bücherei in Leipzig, in dem nahegelegt wird, Rudolf Kern keine Unterstützung für sein Buchprojekt zu gewähren, da er „polnischen Behörden mit der Abfassung eines Buches einen Gefallen zu erweisen beabsichtigt." Auf dieses Ansinnen geht der Direktor der Deutschen Bücherei, Heinrich Uhlendahl, ohne zu zögern ein und kündigt an, in Berlin vorsprechen zu wollen. Dort wird ihm, wie aus einer Notiz

---

[22] Zunächst ist von einer Privatschule die Rede, später vom deutschen Gymnasium in Lemberg, dessen Direktor von der polnischen Behörde abgesetzt worden sei. Am 28.2.33 wird berichtet, dass ein „Nationalpole" Schulleiter und Kerns Bewerbung damit hinfällig geworden sei.

[23] „Szwaby": wörtlich „Schwaben" – abfällige Bezeichnung für Deutsche allgemein.

hervorgeht, allerdings überraschenderweise mitgeteilt, „dass gegen Bereitstellung von Literatur an Herrn Prof. Kern [...] natürlich keine Bedenken geltend zu machen seien."[24] Wenige Wochen vor diesem Treffen, im April 1933, hatte „anlässlich von Durchsuchungen bei politisch unzuverlässigen und verdächtigen Personen" das Landespolizeiamt Mannheim eine Hausdurchsuchung bei Rudolf Kern durchgeführt. Außer einigen Exemplaren der „Sozialistischen Monatshefte" und der „Weltbühne" ergab die Durchsuchung wenig Konkretes. Neben den erwähnten Zeitschriften wurden vor allem zahlreiche Visitenkarten beschlagnahmt und deren Besitzer zu ihrer Beziehung zu dem Ehepaar Kern befragt. Die ganze Aktion brachte nach allem, was man den Akten entnehmen kann, auch für Rudolf Kern keine weiteren negativen Folgen mit sich; immerhin wurde in ähnlichen Fällen schon eine KZ-Einweisung verfügt. Die badischen Behörden scheinen nie mit äußerster Härte vorgegangen zu sein, wenn auch die vorliegenden Berichte und Briefe erkennen lassen, dass man den Berliner Wünschen korrekt und eifrig nachkam.

Im Januar 1934 wurde überraschend der deutsch-polnische Nichtangriffspakt geschlossen. Die Beziehungen zwischen beiden Ländern waren damit für eine Zwischenzeit besser als während der Weimarer Republik. Für das Ehepaar Kern wurde nun die Lage erneut schwieriger: von Deutschland aus war kaum eine Besserung in Sicht, und nun wurden auch in Polen diejenigen Kräfte stärker, mit denen die linke Pazifistin nichts im Sinn hatte. Zunächst entstanden neue Gerüchte. Im Januar 1934 bittet das preußische Innenministerium in einer Anfrage an das Auswärtige Amt um Klärung, ob die deutsche Regierung Elga Kern „das Recht auf Rückkehr nach Deutschland entzogen habe". Grundlage für dieses Gerücht, das sich als unrichtig herausstellte,[25] war ein Bericht der „Deutschen Rundschau" in Polen vom 24.12.1933, die wiederum die nationalkonservative „Gazeta Warszawska" zitierte. Elga Kerns Aufenthaltserlaubnis in Polen laufe aus, die Rückkehr nach Deutschland sei ihr verwehrt. In dem Artikel wird Elga Kerns Engagement in dem aufsehenerregenden Krakauer Mordprozess gegen Rita Gorgon[26] erwähnt und als Grund der Kampagne gegen Elga

---

[24] AA-Notiz vom 23. Mai 1933. Zwischen dem ersten Schreiben an die Deutsche Bücherei und der Notiz lag die Machtergreifung Hitlers.

[25] Maschinen- und handschriftliche Notiz des AA vom Januar 1934.

[26] Die zur Arbeit nach Polen gekommene Dalmatierin Emilia Margerita Gorgon (geb.1901) wurde des Mordes an der Tochter ihres Arbeitgebers und Geliebten beschuldigt und zunächst zum Tode, dann, bei Wiederaufnahme des Prozesses (aufgrund fehlerhafter

Kern von konservativer polnischer Seite aus deutlich. Im April 1934 folgt ein Bericht der Gesandtschaft Warschau, die auf das mittlerweile erschienene Deutschland-Buch Elga Kerns aufmerksam geworden war: „Seit der deutsch-polnischen Annäherung sind die polnischen Regierungsstellen augenscheinlich von Frau Kern abgerückt, sodaß sie materiell in eine schwierige Lage geraten ist." Sie muss tatsächlich verzweifelt gewesen sein, denn im September 1934 stellt sie beim badischen Landesfinanzamt einen Antrag auf finanzielle Unterstützung und leistet dazu bei der Deutschen Gesandtschaft Warschau einen Offenbarungseid. Die Notwendigkeit ihres Aufenthalts in Polen begründet sie mit der Arbeit am Piłsudska-Buch.[27] Die Gesandtschaft kommentiert:

Die Bedenken, die früher gegen den weiteren Aufenthalt der Frau Kern in Polen obwalteten, haben nach Änderung der politischen Lage an Bedeutung verloren. Andererseits besteht aber m.E. keine Veranlassung, der Antragstellerin durch Befürwortung ihres Antrages eine devisenrechtliche Vergünstigung zuteil werden zu lassen, die sie nach ihrem ganzen Verhalten in den letzten Jahren nicht verdient hat.

Offenbar war Elga Kern durch die überraschende Annäherung der beiden Länder in die Zwickmühle geraten. Auch in den folgenden Monaten reißen die Versuche nicht ab, ein Netz aus diplomatischen Noten und Berichten zu spinnen. Eine Reise ihres Mannes nach Polen wurde verhindert; der bereits mehrfach gegen Elga Kern persönlich hervorgetretene Posener Konsulatsmitarbeiter Lütgens spricht sich anlässlich des scheinbar bevorstehenden Erscheinens des Piłsudska-Buches auf Deutsch gegen eine Auslieferung oder gar Verbreitung dieses Buches mit den bekannten Argumenten aus. Es kam nun auch in Polen zu Aktionen gegen Elga Kern. Eine nicht näher genannte Warschauer Zeitung habe sie als in Deutschland unerwünschte Jüdin beschimpft, wogegen sie einen Beleidigungsprozess führte, der wiederum genutzt wurde, die Qualität des Piłsudska-Buches öffentlich anzuzweifeln. Der Marschall selbst soll es wegen inhaltlicher

---

Prozessführung) zu einer achtjährigen Gefängnisstrafe verurteilt. Der Prozess wurde von einer fremdenfeindlichen Hysterie begleitet. Elga Kern publizierte nach dem ersten Urteilsspruch in den „Wiadomości Literackie" Nr. 25/26 (442/443) vom 19.6.1932 den Artikel „Prawda o procesie Gorgonowej" [Die Wahrheit über den Prozeß Gorgonowa].

[27] Dieses Buch gab Anlass für ein gerichtliches Nachspiel. Offenbar war Elga Kern nicht imstande, ihre Übersetzerin ins Polnische zu bezahlen und wurde im August 1935 zur Zahlung verurteilt.

Fehler aus dem Fenster geschleudert haben.[28] Einen deutschen Verleger fand Elga Kern für das Buch nicht, der Reinhardt-Verlag rückte von seiner langjährigen Autorin ab. – Im Jahre 1936 verliert sich die Spur von Elga Kern im Dickicht der staatlichen Observierung. Weitere Akten finden sich im Auswärtigen Amt nicht. Es mag sie gegeben haben, dann sind sie wohl verloren. Wahrscheinlicher ist es anzunehmen, dass im Zuge der vorübergehenden deutsch-polnischen Annäherung an solchen aufsehenerregenden Fällen kein Interesse mehr bestand. Man kann vermuten, dass Elga Kern zwischen 1938, dem Erscheinungsjahr ihres in Warschau gedruckten Polnisch-Buches, und spätestens dem deutschen Überfall auf Polen 1939 das Land verlassen hat, nachdem sie auch hier antisemitischen Angriffen ausgesetzt war, und sich daher ihre Spur verliert.

Es ist tragisch, wie die Autorin offenbar zwischen die Mühlsteine geriet und neben der realen auch ihre geistige Heimat verlor. Ihr auf Polnisch erschienenes Deutschland-Büchlein *Niemcy wczorajsze i dzisiejsze (Deutschland gestern und heute)* (1934) zeigt, wie sehr sie zwischen Deutschland und Polen zu vermitteln versuchte und sich dabei zu offensichtlich rein taktischen Passagen bewogen fühlte. Ihr Deutschland-Buch hat eindeutige Tendenzen, Hitlers Machtantritt zu verharmlosen und für Polen plausibel zu machen. Sie spricht vom „Denkmal des unbekannten Arbeitslosen",[29] das am Beginn der Machtergreifung gestanden habe, der „vollkommene[n] Disziplin der Sieger",[30] gemeint sind also die Nazis, nach der Machtergreifung und dem „Reichstagsbrand als Symbol einer stürzenden Macht".[31] Kritik am Nationalsozialismus tritt zaghaft zutage: er sei irrational, heißt es einmal.[32] Im Austritt Hitler-Deutschlands aus dem Völkerbund sieht sie gar ein Zeichen des Friedenswillens.[33] Die antisemitischen Maßnahmen in Deutschland seien von Disziplin gekennzeichnet, es habe keinen Übermut (swawola) gegeben,[34] und schließlich werde „in allen

---

[28] Pressebericht des Lektorats Polen vom 6. März 1936. Piłsudski war am 12. Mai 1935 gestorben.

[29] Kern: Niemcy (wie Anm. 9), S. 23.

[30] Ebd., S. 26, zit. nach Golczewski, Frank: Das Deutschlandbild der Polen 1918-39. Eine Untersuchung der Historiographie und der Publizistik. Geschichtliche Studien zu Politik und Gesellschaft. Düsseldorf 1974. S. 93.

[31] Kern, Niemcy (wie Anm. 9), S. 9-11 u. 24-26, nach Golczewski (wie Anm. 30) S. 246.

[32] Kern, Niemcy (wie Anm. 9), S. 51, vgl. Golczewski (wie Anm. 30), S. 255.

[33] Kern, Niemcy (wie Anm. 9), S. 48-52, Golczewski (wie Anm. 30), S. 258.

[34] Kern, Niemcy (wie Anm. 9), S. 28f., Golczewski (wie Anm. 30), S. 283.

großen Umstürzen neben Gerechtigkeit auch Schuld" angehäuft.[35] Antifaschisten muss Elga Kern damit aufs Äußerste befremdet haben, doch auch bei den offiziellen Stellen in Deutschland wurde die Schrift nicht positiv aufgenommen. Die Deutsche Gesandtschaft Warschau berichtet am 28. April 1934 ausführlich über das Buch nach Berlin und stellt eine feindliche Haltung fest, obwohl man meint, die Verfasserin zu durchschauen: „Trotz zahlreicher Entgleisungen liegt dieser Arbeit der Frau Kern offenbar die Absicht zugrunde, sich damit den Weg zur Rückkehr nach Deutschland zu bahnen."

Elga Kern kehrte nach Deutschland zurück. 1955 veröffentlicht sie bei ihrem alten, ihr zeitweilig in den Rücken gefallenen Verlag, dem Ernst-Reinhardt-Verlag ein letztes Buch mit dem programmatischen Titel *Wegweiser in der Zeitenwende*. Ihr Geleitwort lässt die Erfahrungen der vergangenen zwanzig Jahre nur erahnen, mit keinem direkten Wort erwähnt sie ihr eigenes Schicksal. Sie spricht von der Heimkehr nach Deutschland, von den durchwanderten Ruinen, den „Trümmer[n] in den Herzen, in den Seelen, im Geiste der Menschen", vor allem aber davon, dass die hoffnungsvolle junge Generation

[...] *beiseite gedrängt* [wurde] *von den Vorgestrigen, den Schuldig-Gewordenen, die vorher allen Ungeheuerlichkeiten gegenüber blind und taub waren, so wie sie jetzt nicht sehen, nichts hören, nichts erkennen und nichts wissen wollen von der aufbrechenden Morgenröte einer aus Leiden und Erkennen wieder und neu geborenen Menschheit.*[36]

Ihr programmatisches, Nationen verbinden und versöhnen wollendes Polenbuch war längst in Vergessenheit geraten. Anders als viele Schmähschriften wurde es nie wieder aufgelegt.

---

[35] Ebd.
[36] Kern, Wegweiser in die Zeitenwende (wie Anm. 12), S. 9f.

Das nationalsozialistische Deutschland in den *Kroniki tygodniowe* (1933-1939) von Antoni Słonimski

Maria Gierlak

Die Frage der Darstellung des Nationalsozialismus in Antoni Słonimskis *Kroniki tygodniowe (Wochenchroniken)* ist kein wissenschaftliches Neuland. 1984 erschien der erste Text, der sich mit diesem Problem befaßte. Grażyna Zipold-Materkowa berücksichtigte in ihrem 1984 veröffentlichen Aufsatz über das Bild des Nationalsozialismus in den „Wiadomości Literackie" auch einige Feuilletons von Słonimski.[1] 1987 publizierte der Kattowitzer Polonist Marek Pytasz seine Dissertation *„Nie mam recepty na zbawienie świata..." Wokół „Kronik tygodniowych" Antoniego Słonimskiego*[2] *(„Ich habe kein Rezept für die Erlösung der Welt..." Zu den „Wochenchroniken" Antoni Słonimskis)*, die ein Kapitel über die Einstellung Słonimskis zu den „wichtigsten Fragen seiner Epoche", d.h. zu dem italienischen Faschismus, dem Nationalsozialismus in Deutschland und dem russischen Kommunismus enthält. 1998 kam zudem in deutscher Sprache die materialreiche Arbeit Roman Dziergwas *Literaturästhetik versus Tagespolitik. Zur Rezeption und Funktion der deutschsprachigen Literatur in Polen in der Zwischenkriegszeit (1918-1939)* heraus. Dziergwa befaßt sich darin u.a. mit dem Problem der Rezeption der deutschen Literatur und teilweise auch der damaligen deutschen Wirklichkeit durch die in der Vorkriegszeit, wie er es mit Recht bezeichnet, „mit Abstand einflußreichste und profilierteste" polnische Dichtergruppe Skamander, zu deren führenden Vertretern Antoni Słonimski gehörte.[3] Erst kürzlich hat Dziergwa außerdem Słonimskis 1937 publizierten satirisch-antiutopischen Roman *Dwa końce świata (Zweimal Weltuntergang)* als Kritik an

[1] Vgl. Zipold-Materkowa, Grażyna: Hitler i faszyzm na łamach „Wiadomości Literackich". In: Sobótka (1984) Nr. 2, S. 337-348.

[2] Pytasz, Marek: „Nie mam recepty na zbawienie świata..." Wokół „Kronik tygodniowych" Antoniego Słonimskiego. Katowice 1987.

[3] Dziergwa, Roman: Literaturästhetik versus Tagespolitik. Zur Rezeption und Funktion der deutschsprachigen Literatur in Polen in der Zwischenkriegszeit (1918-1939). Frankfurt/Main, Berlin u.a. 1998, S. 119ff.

den diktatorischen Staatsystemen, und insbesondere am Dritten Reich, untersucht.[4]

Trotz dieser bereits existierenden Arbeiten bin ich der Meinung, daß die Beschäftigung mit Słonimskis Bild des nationalsozialistischen Deutschland noch einige zusätzliche Erkenntnisse für die Erkundung der Problematik der deutsch-polnischen Beziehungen zwischen 1933 und 1939 liefern kann. Eine dreibändige Ausgabe der Wochenchroniken Antoni Słonimskis erschien in den letzten Jahren im Warschauer Verlag LTW. Zwar läßt sie editorisch gesehen viel zu wünschen übrig, aber es ist die erste vollständige Fassung aller in den Jahren 1927-1939 in der Rubrik *Kroniki tygodniowe* veröffentlichten Texte, und als solche provoziert sie geradezu zu einer weiteren Auseinandersetzung mit diesem Thema.

Überlegt man, wie der Stellenwert der Auseinandersetzungen Antoni Słonimskis mit dem nationalsozialistischen Deutschland einem deutschpolnischen Leserkreis am besten zu veranschaulichen ist, drängt sich der Vergleich mit Kurt Tucholsky auf, der als einer der bedeutendsten Publizisten der Weimarer Republik gilt. Sowohl im Leben als auch im Werk dieser Autoren sind nämlich mehrere auffallende Parallelen zu beobachten.

Sie sind fast um die gleiche Zeit geboren: Słonimski 1895 in Warschau, Tucholsky 1890 in Berlin. Wie Tucholsky stammte Słonimski aus einer assimilierten bürgerlich-jüdischen Familie, bereits sein Vater konvertierte zum Katholizismus; Tucholsky dagegen vollzog den Austritt aus der jüdischen Glaubensgemeinschaft 1911 und trat zum Protestantismus über. Beide arbeiteten an satirischen Zeitschriften mit. In den 20er Jahren gehörten sie zu den bekanntesten Autoren der Warschauer und Berliner Kabaretts, schrieben zahlreiche Couplets, Chansons beziehungsweise Songs und auch viele Gedichte. Allerdings war Słonimski, insbesondere in seiner Lyrik, etwas melancholischer im Vergleich zu dem sachlich-moderneren, radikaleren, manchmal brutalen Tucholsky. Czesław Miłosz bezeichnete ihn als einen treuen Nachkommen der polnischen Romantiker, vor allem Mickiewicz', der dichterische Eingebung mit politischem Engagement verband. Artur Sandauer wies ebenfalls auf formale Ähnlichkeiten mit der

---

[4] Vgl. Dziergwa, Roman: Antoni Słonimskis Kritik am nationalsozialistischen Machtsystem und sein utopischer Roman „Zweimal Weltuntergang" (1937) als Antizipation von Hitlers Kriegspolitik. In: Dziergwa, Roman: Am Vorabend des Grauens. Studien zum Spannungsfeld Politik – Literatur – Film in Deutschland und Polen in den 30er Jahren des 20. Jahrhunderts. Frankfurt/Main, Berlin u.a. 2005, S. 77-90.

romantischen Dichtung wie Rhythmus, Syntax und Bildlichkeit hin.[5] Aber ungeachtet dieser Unterschiede waren Słonimski und Tucholsky „gekränkte Idealisten", die „die Welt gut haben" wollten.[6]

Beide Autoren zählten zu den wichtigsten Mitarbeitern von führenden literarischen linksliberalen Wochenzeitschriften in ihren Ländern: Słonimski als die rechte Hand von Mieczysław Grydzewski in den „Wiadomości Literackie" und Tucholsky in der „Weltbühne", wobei er auch den beiden Herausgebern Siegfried Jacobsohn und Carl von Ossietzky sehr nahe stand.

Ihre Vorliebe galt dem Theater, was in zahlreichen Theaterkritiken zum Ausdruck kam, und auch als Literaturkritiker taten sie sich hervor sowie als brillante Feuilletonisten. Im Mittelpunkt ihrer publizistischen und literarischen Texte – bei Słonimski ist das in den 30er Jahren besonders deutlich – standen verschiedene Probleme der Gegenwart, mit der sie scharf ins Gericht gingen.[7] Sie waren überzeugte Republikaner und kämpften mit aller Kraft gegen alle Formen von Unfreiheit und die langsam aufkommenden Diktaturen. Dennoch unterstützte Słonimski den Mai-Umsturz von Józef Piłsudski,[8] weil ihm dieser als Vorkämpfer für die Unabhängigkeit des polnischen Staates zunächst als der einzige Retter der in sinnlosen Parteienkämpfen untergehenden Republik erschien. Nach der Brester Affäre von 1930 aber, in der prominente oppositionelle Politiker verhaftet, verleumdet und mißhandelt wurden, radikalisierte sich seine gegen das Regierungslager gerichtete Publizistik, wobei er allerdings Piłsudski selbst nie angriff.

Sowohl Słonimski als auch Tucholsky wurden Kommunismus-Sympathien vorgeworfen. Bei Słonimski verstärkte seine ambivalente Einstellung zur Sowjetunion diesen Eindruck: er bekämpfte zwar mit Ve-

---

5   Miłosz, Czesław: Historia literatury polskiej. Kraków 1993, S. 453; Sandauer, Artur: Wiek zwycięstwa (Rzecz o Antonim Słonimskim). In: Artur Sandauer, Zebrane pisma krytyczne, Bd. 1, Studia o literaturze współczesnej. Warszawa 1981, S. 130f.

6   Vgl. Tucholsky, Kurt: Was darf die Satire? In: Kurt Tucholsky, Rheinsberg, Der Zeitsparer, Fromme Gesänge, Träumereien an preußischen Kaminen. Auswahl 1907 bis 1919. Berlin 1976, S. 390ff.

7   Vgl. Kowalczykowa, Alina: Liryki Słonimskiego. Warszawa 1967, S. 192.

8   Vgl. Słonimski, Antoni: Kroniki tygodniowe 1927-1931. Warszawa 2001, S. 13. Künftig werden *Kroniki tygodniowe* folgenderweise zitiert: Słonimski, Antoni: Kroniki tygodniowe 1927-1931, Warszawa 2001: I, Seitenangabe, Kroniki tygodniowe 1932-1935, Warszawa 2001: II, Seitenangabe, Kroniki tygodniowe 1936-1939, Warszawa 2004: III, Seitenangabe. Die Übersetzungen stammen, falls nicht anders vermerkt, von der Autorin.

hemenz die Auswüchse des Stalinismus, aber der Glaube an die Idee der allgemeinen Gerechtigkeit besaß für ihn eine große Anziehungskraft.[9]

Was Słonimski mit Tucholsky außerdem verband, war ein entschiedener Pazifismus. Wie ein roter Faden zog sich durch seine Texte die Warnung vor der einen zukünftigen Krieg vorbereitenden Militarisierung, vor einer Welt in der die „Kanonen wie Pilze wachsen"[10]. Słonimskis Gedicht *Kołysanka* (*Ein Wiegenlied*) (1934) und Tucholskys *Die Herren Eltern* (1932) sehen den Lebensweg der jungen Menschen voraus, die aufwachsen, um später freiwillig zu Kanonenfutter zu werden. Freilich klingt Tucholskys Anklage der Eltern, die nichts dagegen tun oder dies gar unterstützen, radikaler, aber das Bewußtsein der Irrationalität der Welt und der Unabwendbarkeit des heranziehenden Zusammenbruchs ist in beiden Texten vergleichbar stark. Und dem Gefühl der Machtlosigkeit gegenüber der Katastrophe gaben sie Ausdruck, indem sie die Leser auf ihre Protesthaltung aufmerksam machten: „Bitte beachten Sie, ich war dagegen"[11] – schrieb Słonimski in dem 1934 publizierten Gedicht *Dokument epoki* (*Dokument der Epoche*).

Auch die Konsequenzen, die für sie aus ihrer antimilitärischen, antinationalistischen und antinationalsozialistischen Haltung erwuchsen, die sie mit „eiserne[r] Schnauze"[12] vortrugen, waren nicht unähnlich: Tucholsky drohte wegen des Satzes „Soldaten sind Mörder"[13], der 1931 in der „Weltbühne" stand, eine Klage wegen Beleidigung der Reichswehr. Die polnische nationalistische Rechte forderte Anfang 1939 (vgl. III, 336f.), Słonimski in das schreckenerregende „Isolationslager" Bereza Kartuska einzuweisen wegen einiger, ihrer Auffassung nach, die Ehre des polnischen Soldaten verletzender Zitate, die sie aus seinen pazifistischen, bereits Anfang der 20er Jahre entstandenen Gedichten herauspräparierten, wo Soldaten ebenfalls als „sanktionierte Mörder"[14] bezeichnet werden.

Słonimskis und Tucholskys Wirken und Schicksal sind nicht von ihrem Judesein zu trennen. Auch sie wurden Opfer des durch den National-

---

[9] Vgl. Michnik, Adam: Kto ma czelność zwać mnie odszczepieńcem? In: Janina Kumaniecka, Saga rodu Słonimskich. Warszawa 2003, S. 15-32, hier S. 15f.

[10] Słonimski, Antoni: Kołysanka. In: Słonimski, Antoni: Poezje zebrane (Gesammelte Gedichte). Warszawa 1964, S. 281.

[11] Słonimski, Dokument epoki. In: Słonimski, Poezje zebrane (wie Anmerkung 10), S. 319.

[12] Tucholsky, Kurt: Requiem. In: Mit 5 PS. Auswahl 1924 bis 1925. Berlin 1973, S. 226.

[13] Tucholsky, Kurt: Der bewachte Kriegsschauplatz. In: Kurt Tucholsky, Schloß Gripsholm. Auswahl 1930 bis 1932. Berlin 1973, S. 396.

[14] Słonimski, Antoni: Czarna wiosna. In: Słonimski, Poezje (wie Anmerkung 10), S. 55.

sozialismus entfesselten Rassenwahns. Tucholsky direkt als deutscher Staatsbürger, Słonimski indirekt, weil er in der zweiten Hälfte der 30er Jahre als Zielscheibe des in Polen immer stärker werdenden Antisemitismus diente, der sich – was Słonimski mehrmals unterstrich – auch von den aus Deutschland seit 1933 kommenden Beispielen nährte. Und schließlich war den Dichtern die Erfahrung des Exils gemeinsam, die sie beide Hitler zu verdanken hatten, und an der Tucholsky 1935 zugrunde ging.

Bemerkenswert ist in diesem Zusammenhang der gegen die beiden Dichter durch die jüdisch-nationalen Kräfte erhobene Vorwurf des Antisemitismus, der auch später nach dem Zweiten Weltkrieg wiederholt wurde, wofür keine geringeren Namen als Gershom Scholem und Artur Sandauer stehen.[15] Den Anlaß dazu gaben bei Słonimski sowohl die Komödie *Murzyn Warszawski* (*Ein Warschauer Neger*),[16] als auch seine in den Feuilletons enthaltenen boshaften, beziehungsweise, so Aleksander Fiut, manchmal „verächtlichen" Attacken[17] gegen die Rückständigkeit der orthodoxen Kaftanjuden, die Megalomanie des jüdischen Bürgertums und den Zionismus, den er als eine „operettenhafte" (I, 138) Art des Nationalismus ablehnte. Da dies hauptsächlich in der Zeit des rapide anwachsenden Antisemitismus in Polen und vor dem Hintergrund der Judenverfolgung im Dritten Reich geschah, konnten es viele Juden nicht akzeptieren.[18]

---

[15] Vgl. Kurt Tucholsky und das Judentum. Dokumentation der Tagung der Kurt Tucholsky-Gesellschaft vom 19. bis 22. Oktober 1995 in Berlin. Hrsg. von Michael Hepp im Auftrag der Kurt Tucholsky-Gesellschaft unter Mitarbeit von Kirsten Erwentraut und Roland Links. Oldenburg 1996; Sandauer, Artur: O sytuacji pisarza polskiego pochodzenia żydowskiego w XX wieku (Rzecz, którą nie ja powinienem napisać...). Warszawa 1982, S. 33.

[16] In dieser Komödie versucht der jüdische Hauptheld, sich übereifrig und letztendlich erfolglos die pseudo-sarmatischen Eigenschaften der Warschauer Salons der zweiten Hälfte der 20er Jahre anzueignen.

[17] Fiut, Aleksander: Słonimskiego gra w utopię. Na marginesie Kronik tygodniowych z lat trzydziestych. In: Lektury polonistyczne. Hrsg. von Ryszard Nycz. Kraków 1999, S. 158-176, hier S. 162.

[18] Die gegen Słonimski erhobenen Antisemitismus-Vorwürfe müssen auch im breiteren Kontext der Auseinandersetzungen des assimilatorischen Milieus der „Wiadomości Literackie", um die sich berühmte polnische Schriftsteller jüdischer Herkunft gruppierten, mit Literatenkreisen, die sich der polnischen Sprache bedienten, sich aber jüdisch definierten, gesehen werden. Vgl. Prokop-Janiec, Eugenia: Międzywojenna literatura polsko-żydowska jako zjawisko kulturowe i artystyczne. Kraków 1992, S. 106ff.

Ganz bestimmt kannten sich Słonimski und Tucholsky nicht persönlich. Tucholskys Interessen galten vorwiegend Frankreich, wo er zwischen 1924-1929 in Paris als Korrespondent der „Weltbühne" und der „Vossischen Zeitung" lebte. Der Name Tucholskys fällt nie in den Feuilletons Słonimskis. Tucholsky gehörte auch nicht zu der relativ zahlreichen Gruppe der durch die „Wiadomości Literackie" interviewten deutschen Schriftsteller. In einem dort im Mai 1939 erschienenen Gespräch mit Heinrich Mann wurde er aber zu den überzeugten Anhängern der deutsch-polnischen Versöhnung gezählt.[19]

Słonimski, was für die weiteren Ausführungen nicht ganz unerheblich ist, sprach nur schwach Deutsch. Er selbst lernte zwar diese Sprache in der Schule, aber noch nach Jahren dachte er an seine Deutschstunden mit humorvollem Widerwillen zurück:

> *Der Lehrer war auf die unschöne Idee gekommen, mit uns die Abenteuer des Robinson in deutscher Sprache zu lesen. Als düsteres Bild prägte sich meinem Gedächtnis der arme einsame Mensch ein, dessen unternehmerischer Geist für immer neue deutsche Wörter sorgte. Das Tränken einer Ziege, oder das Nähen eines Regenschirms habe ich als persönliche Schikane empfunden.* (II, 202)[20]

Mit deutschen Schriftstellern kam Słonimski wohl nur während der PEN-Tagungen beziehungsweise bei ihren Besuchen in Warschau in Berührung. Er orientierte sich an der englischen Kultur; Herbert George Wells, Bernhard Shaw und Bertrand Russel gehörten zu seinen Vorbildern. Als ein kosmopolitischen Idealen huldigender Linksliberaler konnte er angesichts der Entwicklung der Situation in Deutschland seit 1933 nicht schweigen. Dieses Thema wurde zu einem wichtigen Gegenstand seiner Feuilletons.

Die Deutschlandproblematik bei Słonimski läßt sich in folgende Themenbereiche einteilen:

- der Antisemitismus im Dritten Reich und seine Konsequenzen für den Zustand der deutschen Kultur;

---

[19] Vgl. Dziergwa, Literaturästhetik (wie Anmerkung 3) S. 79f. Nicht bekannt zu sein schien damals in Polen eine kurze Episode in Tucholskys Leben, in der er die antipolnische Zeitung „Pieron" während des deutsch-polnischen Abstimmungskampfes in Oberschlesien nach dem Ersten Weltkrieg redigierte. Dies wird auch in dem einzigen in polnischer Sprache erschienenen Buch über Tucholsky von Norbert Honsza nicht erwähnt. Vgl. Honsza, Norbert: Kurt Tucholsky: szlachetny pacyfista. Wrocław 1984.

[20] Übersetzt von Roman Dziergwa.

- die Emigration aus Deutschland, wobei wiederum die Frage der Kultur im Zentrum steht, hierzu gehört auch die Frage des deutschen PEN-Clubs;
- die deutsch-polnischen Beziehungen, insbesondere nach der Unterzeichnung der deutsch-polnischen Nichtangriffserklärung vom 26.01.1934;
- die Reaktionen der Weltöffentlichkeit auf die Situation in Deutschland seit 1933;
- die Auswirkungen der nationalsozialistischen Ideologie auf Polen;
- die Gefahr des Totalitarismus im Europa der 30er Jahre.

Die Analyse der das nationalsozialistische Deutschland darstellenden Publizistik Słonimskis kann nicht gelingen, wenn nicht die Folgen des deutsch-polnischen Presseprotokolls vom Februar 1934 berücksichtigt werden. Dieses vertrauliche Dokument wurde der Öffentlichkeit beiderseits der Grenze nur in Form einer kurzen Pressemeldung zugänglich gemacht. Beide Seiten verpflichteten sich darin, auf die öffentliche Meinungsbildung im Bereich der Presse, des Schrifttums, Rundfunks, Films und Theaters im Geiste der Verständigung und Schaffung einer freundschaftlichen Atmosphäre hinzuwirken. Die gegenseitigen Versprechungen gingen in Wirklichkeit aber über diese harmlos klingende Presseformulierung hinaus, im Protokoll stellte man u.a. fest:

Beide Teile werden mit allem Nachdruck ihre Presse in dem Sinne beeinflussen, daß etwaige Empfindlichkeiten der Gegenseite in jeder Weise zu berücksichtigen sind [Hervorhebung - M.G.] *und ferner nach der positiven Richtung hin Verständnis für ein friedliches und freundnachbarliches Zusammenleben zu wecken ist.*[21]

Die deutsche Seite erklärte sich bereit, die Pressevereinbarung sofort in die Tat umzusetzen. In Polen mußte man sich mehr Zeit dafür lassen. Piłsudski behauptete zwar, daß er nur etwa drei Monate brauche,[22] um die Polen in ihrer Einstellung zu dem neuen außenpolitischen Partner umzustimmen; die Sache hat sich aber in der Praxis als wesentlich komplizierter erwiesen. Nach dem Mai-Umsturz 1926 hatte sich Polen zwar zu einem autoritär regierten Land entwickelt, aber die Presse war schwieriger

---

[21] Politisches Archiv des Auswärtigen Amtes Berlin (künftig PAAA), Pressevereinbarungen 23. u. 24.02.1934, R 122848: Vertrauliche Wiedergabe der Besprechungen vom 23. u. 24. Februar 1934.
[22] Vgl. Garlicki, Andrzej: Józef Piłsudski 1867-1935. Warszawa 1990, S. 648.

zu beeinflussen als in Deutschland. Trotz einer sich verschärfenden Kontrolle existierten die oppositionellen Zeitungen weiterhin, und es gab keine präventive, sondern nur eine repressive Zensur, die erst nach dem Druck eines Textes eingriff, was zunächst ein wichtiges Hindernis für die Durchsetzung des Presseprotokolls bildete. Mit der Zeit vervollkommneten sich allerdings die Kontrollmethoden, und die Zensur glich sich immer mehr einer Vorzensur an. Insgesamt kam es auf der Grundlage dieser Abmachung in den Jahren 1934-1939 zu ca. 800 Konfiszierungen von Pressetexten, die sich mit der Deutschlandproblematik befaßten.[23]

Die Pressekontrolle konzentrierte sich vor allem auf die dem breiten Publikum zugängliche Tagespresse; Wochenpresse und Periodika wurden sporadisch überprüft und nur bei auffallenden Verstößen schritt die Zensur ein. Meistens kam es dazu erst nachträglich, wenn die Tagespresse Anstoß erregende Auszüge abdruckte beziehungsweise entsprechende Veröffentlichungen kommentierte und die deutsche Botschaft in Warschau oder die Konsulate darauf aufmerksam gemacht wurden. Bei der Kontrolle der polnischen Presse spielte die deutsche Minderheit eine nicht unerhebliche Rolle; ihre Aktivisten, meist der polnischen Sprache mächtig, wandten sich an deutsche Institutionen sowohl in Polen als auch im Reich, wie z.B. die Presseabteilung des Auswärtigen Amtes oder das Propaganda- beziehungsweise das Innenministerium. Zu den wichtigen deutschen Kontrollinstitutionen gehörten darüber hinaus die Ostinstitute, die die polnische Presse, häufig auch die periodische, regelmäßig lasen. Die Ergebnisse ihrer Arbeit beschränkten sich keineswegs auf die Denunziation der das Presseprotokoll verletzenden Publikationen, oft waren es auch umfangreiche Presseschauen, die über viele Bereiche der polnischen Wirklichkeit informierten. Mit pedantischer Genauigkeit wurde die polnische Presse in der Publikationsstelle des Geheimen Preußischen Staatsarchivs in Berlin durchgesehen. Hier und in den Ostinstituten arbeiteten meist professionelle Übersetzer, gründlich ausgebildete deutsche Slawisten, die z.B. gelegentlich auch polnische Literatur ins Deutsche übertrugen. Auf ihre Berichte konnte man sich verlassen. Die Presseberichte der Konsulate oder der Botschaft waren dagegen nicht immer ganz zuverlässig: Es kam manchmal vor, daß polnischsprechende Informanten deutscher Herkunft oder selbst die Mit-

---

[23] Vgl. Pietrzak, Michał: Reglamentacja wolności prasy w Polsce 1918-1939. Warszawa 1963, S. 453.

arbeiter dieser Stellen, die meist aus dem Reich stammten, die mehr oder weniger versteckte Ironie in den polnischen Texten nicht verstanden. Auch für die Feuilletons Słonimskis blieb die Verschärfung der Zensur nicht ohne Bedeutung. Es ist zu beobachten, daß zwischen 1935 und Herbst 1938, als die Zensureingriffe am strengsten waren und die ersten Gerichtsprozesse wegen Beleidigung Hitlers als deutschem Staatsoberhaupt in der polnischen Presse begannen, die Zahl der konkreten drastischen Beispiele aus dem nationalsozialistischen Deutschland in seinen Texten abnimmt. Am direktesten thematisierte Słonimski die Deutschland-problematik 1933/34 und seit dem Spätherbst 1938/39 bis zum Ausbruch des Krieges, als sich die deutsch-polnischen Beziehungen sichtbar ver-schlechterten.

Mitte Mai 1933, noch bevor die Nachricht von der Bücherverbrennung Warschau erreichte, spottete er z.B. über Hitlerreden:

Eine Rede Hitlers, von Experten untersucht, wäre mit folgendem Kommentar verse-hen. Die Spuren eines Denkprozesses wurden nicht gefunden. Entdeckt wurden 15% Ratlosigkeit beim Denken, 25% Gier nach sofortigem Erfolg, 20% organisatorischer Energie, 20% Abneigung gegen jüdischen Skeptizismus und Haß auf jegliche Kritik, 10% Körperchen der Hegelschen Philosophie im Auflösungszustand und 5% ehrli-chen Willens, das Land wirtschaftlich zu sanieren. Das Ganze in größeren Mengen giftig und ansteckend. Der Bazillus verbreitet sich mit Hilfe eines heiseren Gebrülls.
(II, 107)

Im ersten Jahr nach der Machtergreifung erwähnte Słonimski viele für die Veränderungen der Situation in Deutschland markante Ereignisse, oft sind es nur einzelne Bemerkungen, die seine Einstellung prägnant zusammen-fassen. Da er kein politischer Kommentator, sondern ein Feuilletonist war, erschienen sie nicht unbedingt sofort. An den Reichstagsbrand knüpfte er beispielsweise erst Ende September 1933 an, anläßlich einer Radioüber-tragung eines großen Brandes in Deutschland: „Der deutsche Rundfunk sendet einige Stunden lang den Brand in einem Dorf in Baden. Bei ihnen ist es einfach, schon ein paar Tage früher wissen sie, was brennen wird" (II, 143). Auf die Bücherverbrennung reagierte er schneller und verband sie mit einer antisemitischen Umfrage zur polnischen Kultur, deren Ergebnisse durch die nationalistische Tageszeitung „Gazeta Warszawska" gerade veröffentlicht wurden. Am 21.05.33 bemerkte er:

Von den Auslassungen der „Gazeta Warszawska" bis zur Bücherverbrennung ist es nicht weit. Diesen Leckerbissen haben ihnen [den Autoren der Beiträge - M.G.] *die Deutschen gestohlen. Seit der Verbrennung der Bibliothek in Alexandria drangen sie als die Ersten in die Geschichte ein und gewannen solch eine ruhmreiche Position. Der Name Goebbels wird einmal zum Gattungsnamen werden. Die europäischen Zeitschriften, wenn sie über den Berliner Hexensabbat berichten, benutzen historische Vergleiche: die spanische Inquisition, Savonarola, Hunnen, Atilla. Ich glaube, darin liegt eine gewisse Übertreibung. Die Verbrennung der Werke von Marx, Freud, Mann, Remarque oder Zweig ist nur eine Narretei, eine düstere, aber keine gefährliche. Die Werke dieser Schriftsteller sind Welteigentum. Sie werden nicht wie ein Phönix aus der Asche der Brandstelle aufsteigen, weil sie nicht gestorben sind. Auf dem Opernplatz bleibt nur der Brandgeruch, und den Rauch des Zynismus und der Dummheit wird ein Windhauch auseinanderwehen. Die Werke von Mann wurden als unmoralisch und unanständig verbrannt. Von den Flammen dieses Autodafés zündete sich H.H. Ewers, der führende Schriftsteller des Hitlerschen Lagers, Autor von pornographischen Schundromanen, eine Zigarette an. Ein solcher Unsinn kann für die Welt nicht gefährlich werden, wenn diese Welt weiterhin existieren sollte.* (II, 108)

Und er machte sofort konkrete Vorschläge von Aktionen, die zu organisieren wären: Die Schriftsteller auf der ganzen Welt sollten den beühmten aus Deutschland vertriebenen Autoren mit einer öffentlichen Feier Ehre erweisen. Ausländische Bücher, die nach Deutschland exportiert werden, sollten den Aufdruck tragen: „Zur Verbrennung geeignet". Die europäischen Schriftsteller sollten Übersetzungen ins Deutsche nur dann genehmigen, wenn es ihnen erlaubt ist, ihre Werke mit einem Vorwort zu versehen, das ihre Anteilnahme am Schicksal der Verbannten zum Ausdruck bringt. Auch der PEN-Club hätte sofort zu reagieren und die nationalsozialistischen „Vielschreiber" auf der in wenigen Wochen stattfindenden Tagung auszuschließen. Słonimski geht es darum, „eine klare Demarkationslinie" zu ziehen, die die „Hitlersche Barbarei" von der Welt absondert (II, 108f.).

Sein fester Glaube an die Solidarität der Welt ließ ihn zunächst die aus Deutschland kommende Gefahr bagatellisieren. Er hoffte sehr auch auf ein gemeinsames Vorgehen der jüdischen Organisationen, und insbesondere auf einen konsequenten wirtschaftlichen Boykott des deutschen Staates ihrerseits: „Vielleicht könnte eine mehrwöchige wirtschaftliche Blockade das in der Mitte Europas lebende Volk dazu zwingen, sich etwas anständiger zu verhalten". (II, 143) Als assimilierter Jude kritisierte er aber gleichzeitig einen aus Prag kommenden Protest einer jüdischen Organisation, die für die Juden in Deutschland gleichzeitig die Zuerkennung der Bürgerrechte und die Aufhebung des Schächtverbots verlangten: „Ich weiß nicht, wer hier die Bezeichnung des zu schlachtenden Viehs verdient?" – fügte er sarkastisch hinzu. Und eine in der Presse verbreitete Nachricht, daß eine deutsche Naziorganisation den Tod Einsteins verlange, verleitete ihn zu dem noch radikaleren Vorschlag einer militärischen Intervention: „Vielleicht wird dieses Todesurteil das Ende der Relativitätstheorie bedeuten, die die Welt auf den Nationalsozialismus anwendet... [...] Wenn man um die Nase der Trojanischen Helena kämpfen konnte, kann man dies auch um den Kopf Einsteins tun" (II, 143).

Słonimskis Hoffnungen bezüglich einer gemeinsamen Aktion der zivilisierten Welt gegen den Nationalsozialismus gingen nicht in Erfüllung,[24] enttäuschend war für ihn schon das Verhalten des PEN-Clubs. Er erwähnte im April 1933 einen nach Polen geschickten Brief der gleichgeschalteten deutschen PEN-Sektion, in dem festgestellt wurde, daß alle Informationen, die über Deutschland verbreitet werden, unwahr seien, er bemerkte aber, daß die Namen von Alfred Döblin und Alfred Kerr auf dem offiziellen Briefbogen durchgestrichen sind, und kommentierte die ganze Situation folgendermaßen: „Man foltert die Gefolterten, damit sie nicht schreien, daß sie gefoltert werden" (II, 94).

Über das PEN-Treffen in Ragusa schreibt er, rechtliche Kniffe hätten dazu geführt, „daß sich die deutsche Delegation vom Kongreß beleidigt fühlte, obwohl es natürlicher gewesen wäre, wenn sich der PEN-Kongreß beleidigt gefühlt hätte". Die wirtschaftlichen Interessen der Verlage hätten die Oberhand gewonnen, aber – fragte er weiter – „welche gemeinsamen Berufsinteressen oder Ideale kann man mit dem Hauptmann der ‚deutschen Equipe' haben, der die Bücher der besten Schriftsteller mit Benzin begoss und davon träumt, auch mich mit Benzin zu begießen und wie den Reichstag zu verbrennen?" (II, 117f.).[25] Der Kongreß in Edinburgh

---

[24] Positiv beurteilte er das Auftreten des Vatikans gegen den Nationalsozialismus (vgl. III, 163, 312).

[25] Słonimski hatte mit dem Ullstein-Verlag einen Vertrag über die Publikation seines 1932 erschienenen Buches „Moja podróż do Rosji" [Meine Reise nach Rußland] abgeschlossen. Der Verlag schickte das Manuskript nach der Machtergreifung zurück, obwohl bereits eine Anzahlung geleistet wurde. (II, 118, III, 306, vgl. auch Bogusław Drewniak, Polen und

1934, an dem Słonimski persönlich teilnahm, stellte ihn auch nicht zufrieden, mit Entsetzen mußte er beobachten, daß die deutsche Frage nicht mehr attraktiv war. Was ihn als einen dezidierten Pazifisten besonders schmerzte, war die Tatsache, daß die verzweifelte Rede Rudolf Oldens nicht ernst genommen und Emil Ludwigs Beitrag über die Situation im nationalsozialistischen Deutschland, der zu einer gemeinsamen Aktion der Schriftsteller gegen den Krieg aufrief, von Wells kritisiert wurde (vgl. II, 226). In Paris 1937 ergriff Słonimski schließlich selbst das Wort und sprach über die Unmöglichkeit der Dichtung in der Diktatur. „Es gibt keine Dichtung in totalen Staaten. Dichtung ist keine Dirne, sie läßt sich nicht mit dem ersten besten ein" (III, 180) – war der Tenor seiner Rede.

Słonimski ließ die Situation der deutschen Kultur im Dritten Reich und im Exil nie aus dem Auge. In seinen Feuilletons erschien Deutschland als eine einzige „kulturelle Wüste" (III, 259). Eindeutig negativ äußerte er sich über das damalige deutsche Theater: „ ... das Niveau der Dramenkunst und der Theaterkultur sind auf die Ansprüche eines primitiven Volksschauspiels herabgesunken" (III, 256). Als Argument führte er u.a. 1938 an, daß seit einigen Jahren in Polen, abgesehen von der Exilliteratur, keine deutschen Dramen aufgeführt und fast keine deutschen Bücher mehr herausgegeben wurden (vgl. III, 259). Nicht einmal Ferdynand Goetel – betonte Słonimski, als er dessen Buch *Pod znakiem faszyzmu* (*Unter dem Zeichen des Faschismus*) angriff – sei trotz seines Faschismuslobs imstande, Beispiele von namhaften nationalsozialistisch gesinnten Schriftstellern zu nennen (vgl. III, 330f., 363, 375f.).

Entgegen den Vorwürfen, die T.N. Hudes gegen ihn erhob,[26] lag ihm das Schicksal der deutschen Emigranten sehr am Herzen, wovon zahlreiche Bemerkungen in den Feuilletons zeigen (vgl. z.B. II, 98, 107, 113, 287, 322, III 77, 123, 150, 181, 195, 247, 331, 361). Kein Vertrauen hatte er aber zu Feuchtwanger, den er als Schriftsteller sehr schätzte. Feuchtwangers Auftritt auf dem PEN-Kongreß in Paris, wo er Ossietzkys Verfolgung verurteilte, bezeichnete Słonimski als moralisch zweifelhaft. Feuchtwangers Polemik gegen Gide und seine Einstellung zu den Moskauer Prozessen gäben ihm kein Recht, gegen den Terror aufzutreten:

Deutschland 1919-1939. Wege und Irrwege kultureller Zusammenarbeit. Düsseldorf 1999, S. 159f.).

[26] Vgl. Dziergwa, Literaturästhetik (wie Anmerkung 3), S. 128f.

Man kann sich leicht vorstellen, daß Ossietzky, aus Deutschland entlassen, Zuflucht in Rußland finden würde. Man kann sich noch leichter vorstellen, daß man einen Schriftsteller in der Art eines Ossietzky in Rußland bestenfalls verhaftet und höchst-wahrscheinlich hinrichten würde. Ich habe keine Zweifel, daß Feuchtwanger dann nicht den Mut hätte, Ossietzky nur mit einem einzigen Wort zu erwähnen. (III, 179)

Die Frage der deutsch-polnischen Beziehungen seit 1933 interessierte ihn sehr. Die ersten Anzeichen einer Normalisierung der Kontakte zum deutschen Staat beurteilte Słonimski positiv in der Überzeugung, daß die Nichtangriffserklärung die Gefahr des Krieges abwende. Er behielt sich jedoch das Recht auf die Kritik des Nationalsozialismus vor, der „Lüge und der unflätigsten Demagogie, welche die Geschichte der Menschheit kennt" (II, 186). Schnell aber mußte er bemerken, daß diese Annäherung Formen annimmt, die die Grenzen des Anstandes überschreiten, und er reagierte sehr heftig auf manche konkrete Beispiele der Umsetzung des Abkommens in die Praxis. Besonders scharf griff er Journalisten an, die, statt ihre Pflicht zu erfüllen, d.h. unvoreingenommen über Deutschland zu berichten, sich von der nationalsozialistischen Propaganda verführen ließen.

Voller Empörung berichtete er über die Anfang Mai 1934 stattgefundene Reise polnischer Journalisten in das nationalsozialistische Deutschland, die den deutsch-polnischen Presseaustausch initiierte. Er schrieb:

Man könnte sich [...] darüber ein wenig unterhalten, was sich einem offiziellen Diplomaten ziemt, und was nicht unbedingt notwendig ist, wenn es sich um einen Pressevertreter handelt, besonders in einem Lande, in dem jeder unabhängigen Presse mit einem eisernen Knüppel die Zähne ausgeschlagen werden. Es wird darauf erwidert, es habe nichts zu bedeuten, es sei eine Formsache gewesen. Formsache ist keine Nebensache. Was bleibt denn sonst von so einem Ausflug nach Deutschland außer der Form übrig? Niemand wird doch diese Informationen über Deutschland [ernst nehmen], die nach einem wenige Tage dauernden propagandistischen Umherfahren und Herumtrinken geschrieben wurden. Die Journalisten sind nicht nach Deutschland gefahren, um uns die Wahrheit über den Hitlerismus zu sagen. Die Eindrücke dieser paar Tage interessieren uns wenig. Geblieben ist nur der Effekt der gegenseitigen Annäherung, die Freundschaftskundgebung beziehungsweise die Form. (II, S. 212)[27]

Und Słonimski fragte direkt, ob ein polnischer Journalist nach einem solchen „Tausch von Herzlichkeiten" etwas Unangenehmes über „dieses nette Land" berichten könne, ob er sich nach den Konzentrationslagern, nach den mit Füßen getretenen Menschenrechten oder nach der auf einer „idiotischen Rassenideologie" basierenden Vertreibung der besten Wissenschaftler und Künstler erkundigen könne. Słonimskis Text, dessen Echo umso lauter wurde, als er von der linken Tagespresse abgedruckt wurde, rief ein Beanstandungsschreiben der deutschen Seite hervor, was zu einer Ex-post-Beschlagnahmung der „Wiadomości Literackie" führte.

Nicht weniger kritisch war seine Einstellung zum Besuch Goebbels' in Warschau Mitte Juni 1934 – da griff der Zensor aber bereits vorher ein.[28] Trotzdem lassen die übriggebliebenen Zeilen keinen Zweifel daran, wie sehr er sich darüber erzürnte. Was ihn aber ganz besonders aufbrachte, war die Tatsache, daß die Einladung zu diesem Besuch von der Polnischen Intellektuellen Union kam und daß sich die Intellektuellen dermaßen von der politischen Macht vereinnahmen ließen: „An den politischen Zynismus haben wir uns schon gewöhnt. Aber was die Intellektuellen anbelangt, scheint deren Rolle einfach schmachvoll zu sein" (II, 219).[29] Es handelte sich um den berühmten polnischen Altphilologen Professor Tadeusz Zieliński, der die Einladung unterzeichnet hatte. Sein Name fällt im Text nicht, und man weiß nicht, ob es die Zensur war, die es nicht erlaubt hatte. Słonimski ließ jedenfalls nicht so schnell nach. Bösartige Bemerkungen über Zielińskis Engagement bei der Annäherung zwischen Hitler-

---

[28] Beschlagnahmt wurden damals insgesamt 34 Pressetitel, vgl. Pietrzak (wie Anmerkung 23), S. 452. Die Aktivität der polnischen Zensurbehörden behandelte Słonimski allerdings oft mit ironischer Nachsicht. 1936 schrieb er beispielsweise: „Unsere Zensur macht sich viele Sorgen, auf daß die fremden Mächte sich nicht betroffen fühlen. Sie meint, es gebe genug Dinge hierzulande, die man verspotten könne, und man brauche nicht außerhalb der Grenzen zu suchen. Aber die Beziehungen sind korrekt, die intelligenten Zensurbeamten sind gern zu allen möglichen Kompromissen bereit und zeigen häufig den besten Willen. Ich sah vor kurzem ein konfisziertes Buch mit Eingriffen einiger Zensoren. Jeder von ihnen strich andere Abschnitte." Und da manche Abschnitte noch mit dem Kommentar „gründlich bearbeiten" versehen wurden, verglich Słonimski die Tätigkeit der Zensoren mit der eines Schullehrers, von dem man zwar eine ungenügende Note und eine Strafstunde bekommen könne, was aber auf jeden Fall besser sei als die Gummiknüppel und Gefängnisstrafen, die den Schriftstellern in „angrenzenden Ländern" drohen (vgl. III, 23f.). Er gab auch Beispiele an, die die Arbeit der Zensur ad absurdum führten (vgl. III, 28ff., 34, 36, 54f.).

[29] Übersetzt von Roman Dziergwa.

deutschland und Polen sind noch in einem zwei Monate später erschienenen Feuilleton zu finden (vgl. II, 235).

Scharf attackierte Słonimski polnische Künstler, die sich ohne Vorbehalte dem neuen Kurs der polnischen Außenpolitik anschlossen, wie der Direktor des Theaters „Mały" in Warschau, Arnold Szyfman, der im März 1936 nach Deutschland fuhr, um Kontakte auf dem Gebiet des Theaters anzuknüpfen. Zu Szyfmans Deutschlandbesuch vermerkte er: „Er fühlt offensichtlich keine Solidarität mit seinem Kollegen Reinhardt, der aus Deutschland hinausgeworfen wurde" (III, 16). Er spottete auch gern über die jährlichen Jagdbesuche Hermann Görings in Polen und deren Darstellung in der polnischen Presse (vgl. II, 290, III, 15, 17, 258) oder die Visite Hans Franks (vgl. III, 16).

Der durch die Zensur aufgezwungene Verzicht auf längere direkte satirische Angriffe auf Hitler hinderte Słonimski jedoch nicht daran, sich gelegentlich mit der Außen- und Innenpolitik des Dritten Reiches auseinanderzusetzen. Als ausgesprochener Pazifist konnte er nicht umhin, Anzeichen des heranziehenden Krieges zu registrieren. Seit 1933 warnte er vor der geistigen und technischen Militarisierung in Deutschland (vgl. z.B. II, 163, 272, 318, 352, 364, III, 36) sowie vor dem sich trotz des propagandistischen Kampfes Hitlers gegen den Kommunismus anbahnenden Bündnis zwischen der Sowjetunion und dem nationalsozialistischen Deutschland (vgl. III, 90, 143ff., 223). Manchmal verlachte er auch die seiner Meinung nach dem gesunden Menschenverstand besonders kraß widersprechenden Methoden der deutschen und russischen Propaganda (III, 163, 169ff., 176, 202f., 264, 275, 311). 1937 stellte er beispielsweise ohne Umschweife fest:

Dieser Unsinn kann nicht lange dauern. Der Idiotismus hat bereits seinen Höhepunkt erreicht. Die sowjetische und Hitlersche Presse lesend, sehen wir diese beiden brüderlichen Richtungen in einer so vollendeten Form, daß wir fest an eine baldige Genesung der Menschheit zu glauben beginnen. Die schreckliche Inhaltsleere und die Eintönigkeit der Motivation bilden die Hauptmerkmale. Man kann gähnen, wenn man die „Times" liest, die täglich meldet, wer wem geboren wurde. Die sowjetischen und Hitlerschen Zeitschriften haben dazu geführt, daß man gähnt, wenn man liest, wer getötet werden soll. (III, 208)

Zu der polnischen auswärtigen Politik konnte sich Słonimski eindeutig erst im Mai 1939, nach der berühmten Rede des polnischen Außenministers Beck voll bekennen, in der die Entschlossenheit der Polen, sich dem nationalsozialistischen Deutschland zu widersetzen, unmißverständlich zum Ausdruck gebracht wurde (vgl. III, 362).[30]

Słonimski war einer der wichtigen negativen Helden der polnischen rechtsradikalen Presse, gegen die er wegen Nachahmung mancher national-sozialistischer Vorbilder unerbittlich zu Felde zog. Zu der Haltung der Nationaldemokratie Deutschland gegenüber bemerkte er:

> *Die Einstellung der Endecja zu Deutschland vor Hitler, war – trotz seiner schwa-chen Aggressivität – entschieden negativ. Heute, durch Hitler verblendet, will sie kei-ne Gefahren sehen. Taub für alle Barbareien, weil die Judenverfolgung ihr die Brust mit Freude erfüllt. Weder die Unterdrückung der Katholiken, obwohl sie die Sache teuflisch kompliziert, noch der unversöhnliche Standpunkt des Papstes gegenüber dem Rassismus können ihre Grundhaltung, ihre unterschwellige Sympathie für den Hitle-rismus, ändern.* (III, 303)

In seinen Feuilletons verriß Słonimski viele Artikel, die nicht nur in den der Nationaldemokratie nahestehenden, sondern auch in den regierungs-freundlichen Organen erschienen, wenn in ihnen die leiseste Spur einer Bewunderung für Hitlerdeutschland oder für „totale" Regierungssysteme zu entdecken war. Den dabei nicht selten zum Ausdruck kommenden Antisemitismus, dessen Vorbilder er im Dritten Reich fand, kritisierte er besonders scharf. Zur Zielscheibe seiner Attacken wurden deswegen die mit dem nationalen Lager verbundene Wochenschrift „Prosto z mostu", die zudem der wichtigste Konkurrent der „Wiadomości Literackie" auf dem Pressemarkt war (vgl. III, 31f., 47f., 70f., 206f., 229f., 253f., 357, 361, 371f., 387), und das nationalistisch gesinnte „ABC" (vgl. II, 135f., III, 204, 206f., 213, 243). Er polemisierte auch gegen Texte in dem regierungs-freundlichen „Kurier Poranny" (vgl. III, 210, 380, 184ff., 190, 193, 210f., 344, 364, 387), in denen er antisemitische Töne vernahm, oder gegen das von Stanisław Cat-Mackiewicz in Wilna herausgegebene „Słowo" (vgl. III, 224, 159f., 224, 246, 303, 346ff.), das die polnische Deutschlandpolitik in

---

[30] Słonimski begrüßte im Herbst 1938 die Rückgabe eines kleinen Teils des Teschener Schlesien an Polen, was infolge des Münchener Abkommens erfolgte. Er betonte dabei den Unterschied zwischen Polen und dem nationalsozialistischen Deutschland: Polen sei ein demokratisches Land, die tschechische Minderheit, die infolge dieses Vertrags in Polen leben müsse, werde deswegen nicht der Ausrottung preisgegeben. Aus dem Sudetenland flohen vor den einmarschierenden Deutschen mehrere Zehntausende Einwohner, aus dem Polen zugewiesenen Teil zogen sich nur tschechische Beamten zurück (vgl. III, 300).

den 30er Jahren unterstütze, und gegen viele andere Titel. Die Differenz zwischen der Situation in Polen und der in den totalitären Staaten war für ihn stets unmißverständlich. Bezüglich der Lage der Literaturkritik, die ihn besonders interessierte, bemerkte er:

In jedem Staat gibt es eine Presse, die zynisch lügt und unmoralische politische Maßstäbe an die Literatur anlegt. Aber sowohl in Sowjetrußland als auch in Hitlerdeutschland gibt es keine anderen Zeitschriften. Das ist kein geringfügiger Unterschied. (III, 209)

Antoni Słonimski gehörte zu den entschiedensten polnischen Kritikern des Nationalsozialismus. Die Kraft seiner Angriffe wurde durch seine außergewöhnliche Sprachgewandtheit und beißende Ironie zusätzlich verstärkt. Zu seiner Popularität trugen wesentlich die zahlreichen Bonmots bei, deren sprachspielerische Leichtigkeit sich manchmal nur schwer ins Deutsche übersetzen läßt, die aber in den Warschauer Cafés und Salons der Vorkriegszeit kursierten. Bei aller berechtigten Kritik der polnischen Wirklichkeit, die das Hauptanliegen seiner Feuilletons bildete, markierte er aber trotz des wachsenden Antisemitismus unmißverständlich den Unterschied zwischen dem autoritären polnischen Staat und seinen totalitären Nachbarn. Die Freiheit, die er als Feuilletonist trotz mancher Einschränkungen besaß, wußte er zu schätzen.

Polnische Motive in deutschen Filmen, 1934-1939

Karina Pryt

Die am 26. Januar 1934 zwischen dem totalitären Deutschland und dem autoritär geführten Polen unterzeichnete Nichtangriffserklärung stieß in Polen überwiegend auf Misstrauen und in Deutschland auf Ablehnung. Von der nationalsozialistischen Führung, die nicht zuletzt mit anti-polnischen Parolen an die Macht kam, erwartete man keine Normalisierung der Beziehungen, sondern eine Zuspitzung des Konfliktes und eine energische Forderung nach der Revision der östlichen Reichsgrenze. Für die unerwartete Annährung an Polen musste der gesellschaftliche Rückhalt erst gewonnen werden. Diese Aufgabe übernahm der Reichspropaganda-minister Joseph Goebbels in all seinen Zuständigkeitsbereichen, der dem polnischen Gesandten Józef Wysocki anbot, die vorwiegend negative Hal-tung der Deutschen gegenüber Polen umgehend zu ändern. Als Wysocki anmerkte, dass solch ein Wandel erst nach einer gewissen Zeit möglich sein würde, denn „man kann doch nicht von einem Tag auf den anderen das für weiß erklären, was gestern noch schwarz gewesen war", unterbrach ihn Goebbels: „Bei uns ist das eben möglich". Denn, setzte er zuversichtlich fort, das Volk habe „solch ein unbegrenztes Vertrauen in den Führer, dass alles, was er sich vornimmt, für gut und nötig gehalten wird".[1] Goebbels setzte nicht nur auf seinen unerschütterlichen Glauben an das Charisma Hitlers, sondern auch darauf, dass die unpopuläre Polenpolitik des „Führers" mit der modernen Propaganda dem Volk nahe gebracht werden konnte. Dabei vertraute er als begeisterter Kinogänger insbesondere auf das Medium Film, das den Zuschauer insofern unterschwellig und nach-haltig manipuliert, als es nicht auf den Intellekt, sondern auf die Emotionen einwirke.[2] Daher bemächtigte sich sein Ministerium der deutschen Film-industrie und initiierte bzw. genehmigte sowie überwachte[3] die Herstellung

---

[1] Wysocki, Alfred: Tajemnice dyplomatycznego sejfu [Die Geheimnisse des diplomatischen Safes]. Hrsg. von Wojciech Jankowerny. 2. Aufl. Warszawa 1979, S. 161.
[2] Kleinhans, Bernd: Ein Volk, ein Reich, ein Kino. Lichtspiel in der braunen Provinz. Köln 2003, S. 108.
[3] Moeller, Felix: Der Filmminister. Goebbels und der Film im Dritten Reich. Berlin 1998, S. 313.

von Kultur- und Spielfilmen, darunter auch solcher, die polnische Themen verarbeiteten.

Die von Hitler gewünschte und von Goebbels angeordnete und beaufsichtigte Wandlung der deutschen Medien bezüglich Polen nach 1934 wird in der älteren und gelegentlich auch in der neueren Forschung weitgehend vernachlässigt und als ein Täuschungsmanöver abgetan. Demnach habe Hitler das Übereinkommen mit Polen nicht ernst gemeint und den Nichtangriffsvertrag lediglich als einen „Noch-Nichtangriffsvertrag"[4] konzipiert. Aus diesem Grund sei die polenfeindliche Propaganda nur aus taktischen Gründen eingestellt worden, während ein Wandel in der negativen Einstellung der Deutschen gegenüber Polen wohl „gar nicht beabsichtigt war".[5] Der Filmhistoriker Jewsiewicki glaubte sogar, den deutschen Filmen mit polnischen Bezügen aus den Jahren 1934-1938 eine antipolnische Tendenz entnehmen zu können. Ein Kulturfilm über Wilna vermittelt für ihn zum Beispiel die rassenideologische Gleichstellung der Polen mit Tieren:

In dem Film „Wilna" wurde ein polnischer Junge gezeigt, der in einen mit beiden Händen gehaltenen Laib Brot hastig hineinbeißt. Und gleich danach eine vielsagende Assoziation: ein Hafer fressendes Pferd. Es sollte bedeuten, dass wohl ein polnischer Bauer und ein Pferd ein und dasselbe wären.[6]

Interessanterweise erkannte eine zeitgenössische, in der Zeitschrift des Bundes Deutscher Osten (BDO)[7] „Ostland" erschienene Kritik in den glei-

---

4   Ahmann, Rudolf: Nichtangriffspakte: Entwicklung und operative Nutzung in Europa 1922-1939. Mit einem Ausblick auf die Renaissance des Nichtangriffsvertrages nach dem Zweiten Weltkrieg. Baden-Baden 1988, S. 539.

5   Fischer, Peter: Die deutsche Publizistik als Faktor der deutsch-polnischen Beziehungen 1919-1939. Wiesbaden 1992, S. 207; ähnlich auch bei Pietsch, Martina: Zwischen Verehrung und Verachtung. Marschall Józef Piłsudski im Spiegel der deutschen Presse 1926-1935. Weimar u.a. 1995.

6   Jewsiewicki, Władysław: Filmy niemieckie na ekranach polskich kin w okresie międzywojennym [Deutsche Filme auf den Leinwänden polnischer Kinos in der Zwischenkriegszeit]. In: Przegląd Zachodni (1967) Nr. 5, S. 19-48, hier S. 40.

7   Fiedor, Karol: Bund Deutscher Osten w systemie antypolskiej propagandy [Der Bund Deutscher Osten im System antipolnischer Propaganda]. Warszawa/Wrocław 1977; ders.; Bund Deutscher Osten (BDO) w systemie antypolskiej polityki narodowego socjalizmu na przykładzie Śląska Opolskiego [Der Bund Deutscher Osten (BDO) im System der nationalsozialistischen antipolnischen Propaganda am Beispiel des Oppelner Schlesiens]. In: Studia nad Faszyzmem i Zbrodniami Hitlerowskimi (2000) Nr. 23, S. 133-164.

chen Filmproduktionen keine polenfeindliche, sondern im Gegenteil eine geradezu polenfreundliche Tendenz. Deswegen griff sie auch heftig die deutsche Filmindustrie an, da diese „unter einer nationalen Selbstverleumdung" eine politische Propaganda für Polen betreibe, statt für die deutsche Expansion im Osten zu werben.[8] Wie kommt es dazu, dass die gleichen Filme so konträr und widersprüchlich interpretiert wurden?

Die moderne Medienforschung widerlegte die frühere und insbesondere von den Nationalsozialisten vertretene Ansicht, dass das Kinopublikum eine homogene, willenlose Masse sei, auf die das Medium Film in gleicher Weise einwirken und die sie gleichermaßen manipulieren kann. Das Zuschauen ist keineswegs eine passive, sondern eine aktive, emotionale und kognitive Handlung. Kulturelle Kenntnisse, die mediale Erfahrung der Zuschauer und deren Realitätsverständnis sind am Verstehensprozess beteiligt. Bedeutung entsteht daher nicht allein durch den Film selbst, sondern in der Interaktion mit dem Zuschauer.[9] Die Wirkung des Films entwickelt sich erst im Zusammenspiel der Filmsequenzen mit dem Vorwissen und der Haltung der Zuschauer, die ins Kino mitgebracht werden.[10]

Insofern sind die konträren Interpretationen der deutschen Filme mit polnischen Bezügen auf die verschiedenen Erfahrungen der Zuschauer zurückzuführen. Die BDO-Mitglieder, die Hitlers Annäherungspolitik an Polen ablehnten, zeigten sich darüber beunruhigt, dass die deutsche Filmindustrie eine nationale Propaganda für den verhassten Nachbarn betreibt. Jewsiewicki blickte 1967 hingegen auf den Zweiten Weltkrieg zurück. Daher glaubte er, bereits in den Filmproduktionen aus der Vorkriegszeit eine rassenideologisch fundierte, antipolnische Tendenz erkennen zu können, die für ihn die spätere menschenverachtende Politik der nationalsozialistischen Besatzungsmacht in Polen anzukündigen schien.

Die neueren Untersuchungen zum Wandel der deutschen Medien bezüglich Polen zwischen 1934 und 1939 von Jockheck[11], Roschke[12] und

---

[8] Ostland Nr. 4 vom 15.9.1937.
[9] Hicket, Knut: Film- und Filmanalyse. Stuttgart u.a. 1993, S. 6.
[10] Kleinhans (wie Anm. 2), S. 198.
[11] Jockheck, Lars: Der „Völkische Beobachter" über Polen 1932-1934. Eine Fallstudie zum Übergang vom „Kampfblatt" zur „Regierungszeitung". Hamburg 1999.
[12] Roschke, Carsten: Der umworbene „Urfeind". Polen in der nationalsozialistischen Propaganda 1934-1939. Marburg 2000.

Król[13] nehmen eine andere Perspektive ein. Sie stützen sich auf historische Forschungsergebnisse[14], die darlegen, dass Hitler die Nichtangriffserklärung nicht als ein Täuschungsmanöver konzipierte, sondern im Gegenteil versuchte, das Abkommen in ein Dauerbündnis umzumünzen und Polen als Juniorpartner für die militärische Auseinandersetzung mit der Sowjetunion zu gewinnen. Die Ansicht, dass die Filmproduktionen für dieses Ziel propagandistisch eingesetzt wurden, wird von Roschke und Gerken[15] vertreten. Hingegen gehen Drewniak[16], Dziergwa[17] und Król[18] in kurzen Abhandlungen lediglich auf die positive Darstellung der polnischen Protagonisten ein, ohne diese in den Kontext der weitreichenden antisowjetischen Pläne Hitlers einzuordnen.

Im vorliegenden Beitrag wird die Frage aufgeworfen, ob die nationalsozialistische Führung mit den Filmproduktionen eine verkappte antipolnische Propaganda betrieb oder im Gegenteil für eine deutsch-polnische Annährung warb, vielleicht sogar vorausschauend eine Agitation für eine

---

[13] Król, Eugeniusz C.: Propaganda i indoktrynacja narodowego socjalizmu w Niemczech 1919-1945. Studium organizacji, treści, metod i technik masowego oddziaływania [Propaganda und Indoktrination des Nationalsozialismus in Deutschland 1919-1945. Eine Studie über Organisation, Inhalte und Techniken der Massenbeinflussung]. Warszawa 1999; ders.: Polska i Polacy w propagandzie narodowych socjalistow w Niemczech (1934-1938) [Polen und die Polen in der Propaganda der Nationalsozialisten in Deutschland (1934-1938)]. In Studia nad Faszyzmem i Zbrodniami Hitlerowskimi (2003) Nr. 26, S. 207-254; ders.: Nierówne partnerstwo. Polsko-niemieckie kontakty filmowe w latach trzydziestych XX wieku [Ungleiche Partnerschaft. Polnisch-deutsche Filmkontakte in den 30er Jahren des 20. Jh.s]. In: Kino niemieckie w dialogu pokoleń i kultur [Deutsches Kino im Dialog der Generationen und Kulturen]. Hrsg. von Andrzej Gwóźdź. Kraków 2004.

[14] U.a. Broszat, Martin: Zweihundert Jahre deutsche Polenpolitik. München 1963; Wojciechowski, Marian: Die deutsch-polnischen Beziehungen 1933-1938. Leiden 1971; Żerko, Stanisław: Stosunki polsko-niemieckie 1938-1939 [Die polnisch-deutschen Beziehungen 1938-1939]. Poznań 1998.

[15] Gerken, Merei: Stilisierung und Stigma: Vom patriotischen Helden zum Untermenschen. Polenbilder im deutschen Spielfilm der dreißiger und frühen vierziger Jahre. In: Studien zur Kulturgeschichte des deutschen Polenbildes 1848-1939. Hrsg. von Hendrick Feindt. Wiesbaden 1995, S. 213-225.

[16] Drewniak, Bogusław: Polen und Deutschland 1919-1939. Wege und Irrwege kultureller Zusammenarbeit. Düsseldorf 1999.

[17] Dziergwa, Roman: „Im Dienste der polnischen Geschichte". Die deutsch-polnische Filmkooperation und die polnischen Motive in den Spielfilmen des Dritten Reiches. In: Am Vorabend des Grauens. Studien zum Spannungsfeld Politik – Literatur – Film in Deutschland und Polen in den 30er Jahren des 20. Jahrhunderts. Hrsg. von Roman Dziergwa. Frankfurt/Main. u.a. 2005, S. 119-130.

[18] Insbesondere in Król, Ungleiche Partnerschaft (wie Anm. 13).

gemeinsame Offensive gegen die Sowjetunion führte. Zu diesem Zweck werden fünf Spielfilme aus der deutsch-polnischen Annäherungszeit analysiert und ihre Motive und ihre Tendenz sichtbar gemacht. Die gewonnenen Erkenntnisse werden in den gesamten historischen Kontext und die Tendenzen der Propaganda im „Dritten Reich" eingebettet, sowie mit den Zielen der nationalsozialistischen Führung verglichen. Die Reaktionen des Kinopublikums auf die nationalsozialistische Polenpropaganda im Spielfilm werden kurz angeschnitten. Abschließend wird kurz erläutert, wie die deutsche Filmindustrie auf die erneute Wende in der deutschen Polenpolitik ansprang, nachdem Hitler die Nichtangriffserklärung am 28.4.1939 gekündigt hatte.

Die Quellengrundlage bilden eingesehene Filme, Presseartikel, die einschlägige Korrespondenz der diplomatischen Vertretungen[19] und Tagebucheintragungen des Propagandaministers[20]. Das Bildmaterial setzt sich aus Photos der Filmpresse und Werbepostern zusammen.

Einem Filmliebhaber, der in der Zwischenkriegszeit in Deutschland regelmäßig ins Kino ging, muss der Wandel der deutschen Politik gegenüber Polen aufgefallen sein. Zunächst verschwanden aus den Spielplänen polenfeindliche Filme wie *Die brennende Grenze* und *Land unterm Kreuz*. Darüber hinaus liefen im Herbst 1934 gleich drei Streifen an, deren freundliche Verarbeitung polnischer Themen im starken Gegensatz zu früheren Produktionen stand.

Der am 4.10.1934 in Leipzig uraufgeführte Film *Abschiedswalzer* Geza von Bolvarys' erzählt frei aus dem Leben Fryderyk Chopins (Wolfgang Liebeneiner). Die Handlung nimmt ihren Lauf in Warschau kurz vor dem Ausbruch des Novemberaufstandes von 1830/31, als der junge Chopin mit seinem Lehrmeister Professor Elsner (Richard Romanowsky) über die politische Lage Polens debattiert. Dabei verkündet der Jüngling seinem Meister: „Ich bin Pole und liebe mein Vaterland mehr als mein Leben."[21]

---

[19] Die Recherche wurde in folgenen Archiven durchgeführt: Archiwum Akt Nowych in Warschau (weiter AAN), Politisches Archiv des Auswärtigen Amtes, Bundesarchiv, Bundesarchiv-Filmarchiv in Berlin sowie Deutsches Filmmuseum Frankfurt/Main (weiter DFM).

[20] Die Tagebücher von Joseph Goebbels. Sämtliche Fragmente. Hrsg. von Elke Fröhlich im Auftr. d. Inst. für Zeitgeschichte in Verbindung mit d. Bundesarchiv, Bd. 2: 1931-1936 und Bd. 3: 1937-1939. München u.a. 1987.

[21] DFM, Drehbuch von Ernst Marischka.

Diese opferbereite patriotische Haltung teilen die Freunde Chopins, die später Professor Elsner in dessen Wohnung besuchen und das Thema fortsetzen: „Wir wissen sehr gut, dass wir unser Leben aufs Spiel setzten. Aber es lohnt sich, wenn man dadurch Polen aus der Knechtschaft Russlands befreit."[22] Somit werden gleich zu Beginn des Filmes propolnische und antirussische Akzente gesetzt.

Die Freunde Chopins wollen aber nicht, dass er mit ihnen kämpft und sich dadurch der Gefahr aussetzt, denn sie meinen, auf sein Schwert verzichten zu können, aber nicht auf sein begnadetes Genie. „Er soll durch seine Musik unseren Geist hinaustragen, weit über die Grenzen unseres Vaterlandes. Und Freunde und Sympathie werben für unser Volk und *unsere gerechte Bewegung*."[23] Daher wird der angehende Komponist aus Warschau nach Paris gelockt, wo er sich seiner Karriere widmen kann. Die Nachricht von dem Ausbruch des Aufstandes erreicht Chopin kurz vor seinem ersten Auftritt in der Musikmetropole und löst bei ihm Entrüstung aus, da er jetzt spielen muss, statt mit seinen Kameraden zu kämpfen. Tief erschüttert setzt er sich ans Klavier und beginnt, ein „graziöses Menuett von Mozart"[24] zu spielen. Er schließt die Augen und seine Gedanken gleiten nach Warschau, wo die Aufständischen einen ebenso heftigen wie verzweifelten Kampf gegen die russische Teilungsmacht führen. Während vor seinem geistigen Auge Schlachtszenen mit Bildern brennender Häuser, sterbender Menschen und zerstörter Dörfer überblendet werden, weicht Chopin von dem musikalischen Programm ab und spielt aus dem Stegreif die Revolutionsetüde. Im Anschluss an den stürmischen Beifall, den der junge Komponist für seine Improvisation bekommt, wird der Zuschauer wieder nach Warschau versetzt. Die Stadt ist eine Trümmerlandschaft, in der es nur so von russischen Soldaten wimmelt, die Angst und Schrecken verbreiten und die Aufständischen öffentlich hinrichten. Die hier so bildhaft vorgeführten russischen Grausamkeiten und das polnische Leid werden in der zweiten Hälfte des Filmes weniger überzeugend vermittelt. Denn es wird lediglich der Weg Chopins zum internationalen Ruhm geschildert, der allerdings mit Hilfe einer Französin (Sybille Schmitz) erstritten wird. Der

---

[22] Ebd.

[23] Auf die unverkennbare Konstruierung der Parallelen zwischen der historischen Entwicklung in Deutschland und in Polen wird noch eingegangen.

[24] DFM, Drehbuch von Ernst Marischka.

junge Komponist entflammt für sie mit einer glühenden Leidenschaft, folgt ihr nach Mallorca und vergisst dabei seine alte Liebe aus Warschau.

Dieser unlogische Schluss tat dem Erfolg des Filmes keinen Abbruch, denn er wurde vom deutschen Publikum „außerordentlich beifällig auf-genommen"[25] und von polnischen Diplomaten für seine „äußerst pro-polnische Tendenz"[26] geschätzt. Die polnische Botschaft meldete mit Genugtuung die positive Wirkung von *Abschiedswalzer* auf die deutschen Kinogänger nach Warschau:

Einige Ausschnitte des Filmes preisen das Heldentum, die Opferbereitschaft und Ehre der Polen und Polens in solch einem Maße, dass sie selbst bei einem voreinge-nommenen Zuschauer nicht nur einen positiven, sondern einen enthusiastischen Eindruck erwecken.[27]

Während die Leipziger Lichtspiele den *Abschiedswalzer* uraufführten, zeigten Berliner Kinos am gleichen Tag Gustav Fröhlichs *Abenteuer eines jungen Herren in Polen*, der eine polnisch-österreichische Liebesgeschichte erzählt. Der österreichische Leutnant von Keller (Gustav Fröhlich) lernt die pol-nische Komtesse Vera Lubenska (Maria Andergast) auf einem Silvesterball 1913 in St. Petersburg kennen. Vera muss nur die Werbung eines russi-schen Offiziers zurückweisen, um dann die ganze Nacht mit dem schnei-digen Österreicher tanzen zu können. Ist in dieser Szene nicht eine politische Botschaft angelegt, dass Polen Russland den Rücken kehren und sich mit Deutschland verbinden soll? Von Keller verliebt sich ja auch in Vera und verspricht, sie auf dem Gut ihres Vaters bei Lublin zu besuchen.

Zu der zweiten Begegnung zwischen den jungen Menschen kommt es erst in den Wirren des Ersten Weltkrieges, als von Keller mit seinem Re-giment Quartier auf dem Schloss von Veras Vater (Otto Treßler) bezieht. Vera will zuerst nichts von ihm wissen und wirft ihm vor, dass er ihr nicht mal geschrieben hat. Von Keller weiß sie zu besänftigen, indem er ihr erzählt, dass er an sie dachte und ihr schreiben wollte. Er konnte dies aber nicht tun, weil er ihren Namen vergessen hat. Vera lässt es gelten und gibt sich ihrem Gefühl zu dem österreichischen Leutnant hin, allerdings zum

---

[25] Der Kinematograph, Nr. 199, 13.10.1934.
[26] AAN , MSZ 8371, S. 23, Polnische Gesandtschaft Helsinki an das polnische Außen-ministerium (weiter MSZ) vom 12.12.34.
[27] AAN, Ambasada RP Berlin, 2456, Polnische Botschaft an das MSZ vom 25.10.1934.

Verdruss ihres Vaters, der ein überzeugter Freund Russlands ist. Nach der nationalsozialistischen Ideologie, die den Kampf des Neuen gegen das Alte verherrlichte und den Kult der Jugend betrieb, handelt Vera richtig, indem sie nicht auf ihren Vater sondern auf ihr Herz hört. Von Keller folgt hingegen nur seinen nationalen Verpflichtungen, die ihn allerdings an einen anderen Ort befördern. Nachdem er seine Geliebte mit dem Versprechen, wieder zu kommen, getröstet hat, zieht er mit seinen Truppen weiter.

Die Abenteuer und Romanzen des österreichischen Leutnants an der Ostfront begegneten in Deutschland einem großen Publikumsinteresse.[28] Dass aber der das Soldatenleben beschwörende Film, der mit einer Liebesversprechung an die polnische Braut statt mit einer Verlobung oder Vermählung ausgeht, den Polen weniger gefallen musste als *Abschiedswalzer*, liegt auf der Hand. Verstört meldete die Polnische Botschaft in Berlin: „der Inhalt des Films hat nichts mit dem Titel Abenteuer eines jungen Herren in Polen zu tun und im ganzen Film fällt nur einmal das Wort: Polen."[29]

Als dritter „Polenfilm" lief am 6.11.1934 eine Verfilmung der Operette *Polenblut* von Oskar Nedbal unter der Regie von Carl Lamac in den deutschen Kinos an. Der Hauptprotagonist ist Graf Bolko Baransky (Ivan Petrovitch), der das in der deutschen Literatur gängige Stereotyp eines leichtsinnigen polnischen Edelmanns verkörpert, der wegen seiner ausgesprochenen Leidenschaften für Pferde, Kartenspiel und Frauen sein Gut vernachlässigt und sich bedenkenlos verschuldet. Obwohl das Gut von Bolko schon längst verwahrlost ist und leer steht, wird dem sorglosen Lebemann seine missliche Lage erst klar, nachdem ihm auf einem Rennplatz sein Pferd gepfändet wird. Erst dann folgt er dem Rat seines Freundes Bronio von Popiel (Rudolf Carl) und lässt die tüchtige Wirtschafterin Marynia (Anny Ondra) auf sein Gut kommen. Marynia verpflichtet sich, aus dem verkommenen Gut eine Musterwirtschaft aufzubauen, nur eine Generalvollmacht stellt sie als Bedingung. Das Gut wird also ganz im Sinne des Führerprinzips geleitet. Marynia führt eine eiserne Ordnung ein, wirft die Trinkkumpane des Grafen vor die Tür und zaubert wie aus dem Nichts neues Vieh, neue Maschinen und neues Gutinventar her. Innerhalb weniger Wochen entwickelt sich das verkommene Gut zu der „Muster-

---

[28] Der Kinematograph, Nr. 209, 27.10.34.
[29] AAN, Ambasada RP Berlin, 2460, S. 11. Polnische Botschaft an das MSZ vom 15.1.1935.

wirtschaft"[30]. So wird die Effektivität des Führerprinzips bildhaft vor Augen geführt.

Marynia – das „blitzsaubere Mädel"[31] verrichtet alle anfallenden Aufgaben mit dem Gefühl höchster Glückseligkeit, wodurch sie sich deutlich von polnischen Protagonistinnen in bisherigen deutschen Überlieferungen unterscheidet. Denn Polinnen wurden in der deutschen Literatur vorwiegend als elegante und attraktive Frauen gezeigt, die allerdings nicht allzu viel Spaß an der Arbeit im Haushalt haben.[32] Marynia repräsentiert hingegen das nationalsozialistische Ideal einer Musterhausfrau, die in der Arbeit in der Landwirtschaft vollkommen aufgeht. Sie ist aber nicht die einfache Magd, für die sie sich ausgibt. Eigentlich heißt sie Helena Zaremba und ist die Tochter eines Edelmannes, die sich in der Verkleidung einer Wirtschafterin in das Gut von Bolko einschlich, um sein Herz zu erobern oder, besser gesagt, zu erarbeiten. Helena hat noch eine Konkurrentin, die ihr in Gestalt einer eleganten Möchtegern-Künstlerin aus Warschau kontrastierend gegenübergestellt wird. Insofern rivalisieren um den Grafen in Gestalt der beiden Frauen zwei von der nationalsozialistischen Ideologie polarisierte Lebensweisen: Hier tritt die Tradition gegen die Moderne an und das schlichte, einfache Landleben gegen die Dekadenz und Verkünstelung der Stadt. Gemäß der Ästhetik der Blut-und-Boden-Ideologie bringt ein Erntedankfest zum Schluss die Auflösung: „Während die Schnitter und Schnitterinnen tanzen und singen und die Erntedanklieder zum Himmel tönen,"[33] entscheidet sich Bolko – wie man es auch nicht anders erwartet hätte – gegen die mondäne Wanda und für das Naturkind Helena.

Da in *Polenblut* die „polnische Wirtschaft" in Ordnung gebracht wird und der flotte Lebemann Bolko sich von dem Enthusiasmus Helenas für die Landwirtschaft und für die tüchtige Arbeit anstecken lässt, wird mit dem tradierten deutschen Vorurteil aufgeräumt, das den Polen Faulheit und

---

[30] DFM, Werbeposter der Verleihfirma: Bayerische Filmgesellschaft M.B.H. München.

[31] Ebd.

[32] Zum deutschen Bild der polnischen Frau siehe Will, Arno: Kobieta polska w wyobraźni społeczeństw niemieckiego obszaru językowego od XIV w. do lat trzydziestych XX w. [Die polnische Frau in der Vorstellung der Bevölkerung des deutschsprachigen Raumes seit dem 14. Jh. bis in die 30er Jahre des 20. Jh.s]. Wrocław/Warszawa 1983.

[33] DFM, Werbeposter der Verleihfirma: Bayerische Filmgesellschaft M.B.H. München.

Unwirtschaftlichkeit unterstellte.[34] Dennoch begegneten polnische Diplomaten der Komödie mit Missfallen und bemängelten, dass ihre Landsleute verlacht werden.[35] Daher wurde der Film von der polnischen Zensurstelle ebenso wie *Abenteuer eines jungen Herrn in Polen* abgelehnt.[36] Die deutschen Kinogänger scheinen hingegen den leichten Humor der amüsanten Geschichte genossen zu haben: „Das Publikum geht mit, jeder Witz wird laut belacht"[37] schrieb der „Kinematograph".

Abb.1 Deutsche Kinemathek: Presseheft Tobis. *Eskapade* (1936).

---

[34] Siehe dazu Orłowski, Hubert: „Polnische Wirtschaft" Zum deutschen Polendiskurs der Neuzeit. Wiesbaden 1996.

[35] AAN, Ambasada RP Berlin 2460, S. 76-84, Eine umfangreiche undatierte Notiz der polnischen Botschaft in Berlin zu deutsch-polnischen Filmbeziehungen. Da sie auf die Entwicklung der Kontakte zwischen 1934-1937 eingeht, muss sie auf etwa 1937 oder 1938 datiert werden.

[36] Ebd.

[37] Der Kinematograph, Nr. 217, 8.11.1934.

Indessen war die Spionagekomödie Erich Waschnecks, die 1936 in Deutschland mit dem Titel *Eskapade. Seine offizielle Frau*[38] und in Polen als *Madame Lenox*[39] angelaufen war, in beiden Ländern ein Publikumserfolg. Die fesche Dame (Renate Müller) in der Mitte des angeführten Werbeposters heißt Hélène und ist eine draufgängerische polnische Patriotin, die 1910 in geheimem Auftrag nach Russland gereist ist, um die unterbrochene Verbindung zwischen ihren Pariser und Petersburger Landsleuten wieder herzustellen. Sie schafft es immer mit Raffinesse, der zaristischen Geheimpolizei zu entkommen, und befreit zum Schluss noch drei zum Tode verurteilte Polen. Insofern werden ähnlich wie in *Abschiedswalzer* auch hier der opferbereite Patriotismus, das kühne Draufgängertum und der polnische Befreiungskampf gegen Russland verherrlicht. Und obwohl die Handlung des Films 1910 spielt, weist die Aufschrift des Filmplakates „hochaktuell" unmissverständlich darauf hin, dass der Zuschauer den historischen Kampf der Polen gegen Russland auf die aktuelle politische Situation beziehen soll.

Spiegelte die „schöne Polin" in *Eskapade* das nationalsozialistische Ideal einer weiblichen Kämpferin wieder, so war das am 14.1.1937 in Berlin uraufgeführte Heldenepos *Ritt in die Freiheit* ein Lobgesang auf den Kampf- und Kameradschaftsgeist der polnischen Männer. „Ein männlicher Film, hart, soldatisch, ehrlich und mutig in der Konsequenz der Gestaltung. [...] Die Frauen haben mehr dekorative Aufgaben in diesem Männerfilm", schrieb dazu die „Filmwelt".[40]

Der Film wurde zum Teil in Polen in der Nähe von Ostrołęka gedreht, wobei polnische Ulanen in den militärischen Massenszenen Hilfe geleistet haben. Deutsche Schauspieler traten dagegen in den Hauptrollen auf. Das von dem Deutschen Walter Supper und dem Österreicher polnischer Abstammung Edmund Strzygowski[41] gemeinsam geschriebene Drehbuch wurde dem polnischen Außenministerium (MSZ P VI) zur Begutachtung vorgelegt, von wo man es an das Wissenschaftliche Militärinstitut (WINO) und das Historische Militärbüro (WBH) weiterleitete. Die Militärinstitutionen ließen dem Ufa-Konzern freie Hand bei den stilistischen Fragen und Einzelheiten in den Dialogen, während sie sich Entscheidungen über die

---

[38] Deutsche Allgemeine Zeitung, 2.9.1936.
[39] Prosto z mostu (1937) Nr. 14, S. 7.
[40] Filmwelt, 31.1.1937.
[41] Król, Ungleiche Partnerschaft (wie Anm. 13), S. 80.

„Grundtendenz des Filmes" und über die militärischen und historischen Details vorbehielten. In einem Gegenentwurf wurden diesbezüglich genaue Vorgaben formuliert, die von der deutschen Seite übergangen worden waren.[42] Daraufhin distanzierte sich die polnische Seite von dem Gemeinschaftscharakter dieser Produktion.

Ritt in die Freiheit führt wie schon *Abschiedswalzer* in das Polen von 1830, diesmal allerdings nicht nach Warschau, sondern nach Grodno, wo polnische Truppen zusammen mit russischen Truppen stationiert sind. Einem der polnischen Offiziere, dem Grafen Staniewski (Willy Birgel) steht eine Heirat mit der Dame seines Herzens, der Schwester des Gouverneurs von Grodno, sowie eine glänzende Laufbahn im zaristischen Heer bevor. An dem Tag seiner Verlobung, die im Schloss des Gouverneurs gefeiert wird, wird die Nachricht vom Ausbruch des Aufstandes in Kongresspolen überbracht. Die polnischen Offiziere erhalten den Befehl der neu gebildeten Nationalregierung zum sofortigen Abmarsch und verlassen bis auf Staniewski unauffällig das Fest. Da sie aber noch vergeblich auf den vergnügten Bräutigam warten, verzögert sich der Abmarsch der polnischen Schwadronen nach Warschau. Inzwischen gelingt es den Russen, die Verschwörung zu entdecken und die polnischen Offiziere zu verhaften, die des Verrates beschuldigt und zum Tode verurteilt werden. Staniewski begreift am nächsten Tag, in welch eine missliche Lage sein Zögern seine Kameraden gebracht hat, und beschließt sein Vergehen zu sühnen, indem er unter Einsatz seines Lebens seine gefangenen Landsleute aus der russischen Haft befreit. Sein Opfer für die nationale Sache führt die Schlussszene dem Kinopublikum eindrucksvoll vor Augen: Auf der Leinwand sieht der Zuschauer den gefallenen Staniewski liegen, von galoppierenden polnischen Schwadronen überblendet, die zu dem Aufstand in Kongresspolen reiten.

Der Propagandaminister war äußerst zufrieden mit der Filmproduktion: „ein deutsch-polnischer Film mit Birgel und Grabley. Gut gemacht. Anständig in Handlung, Regie, Gesinnung und Darstellung. Ich bin froh, dass ich ihn unterstützt habe."[43] Den erzieherischen Wert und die nationale Grundhaltung des Filmes lobten sowohl gleichgeschaltete Blätter im

---

[42] AAN, Ambasada RP Berlin 462, S. 20ff, Schreiben der Presse-Politischen Abteilung des Außenministeriums an die Polnische Botschaft in Berlin vom 27.4.1936.

[43] Eintragung vom 19.10.1936, Bd. 2, S. 701.

Reich[44] als auch polnische Zeitungen.[45] Darüber hinaus unterstrich die Presse in beiden Ländern das Einvernehmen zwischen den deutschen Filmschaffenden und den polnischen Militärs, die bei den militärischen Massenszenen Hilfe geleistet haben: „Denn das Merkmal dieser deutsch-polnischen Zusammenarbeit ist eine wirkliche Freundschaft."[46] Bezeichnenderweise schwieg man sich darüber aus, dass die polnischen Offiziere demonstrativ eine Einladung zur Premiere nach Berlin sowie die geschenkten historischen Uniformen ablehnten, die bei den Dreharbeiten verwendet wurden. Ein Grund der Animositäten ist bestimmt darin zu suchen, dass die deutsche Seite, obwohl sie den Gemeinschaftscharakter dieses Films stets unterstrich, die polnischen Vorschläge im Drehbuch nicht berücksichtigte.

Nach dem polnischen Entwurf sollte die Handlung mit der Begehung des Wiener Entsatzes 1683 eingeleitet werden, die von den Russen gestört wird. Demnach wollte man den Ausbruch des Novemberaufstandes darauf zurückführen, dass die russischen Behörden die polnische Tradition nicht geachtet und somit die Polen diskriminiert haben. Der deutsche Film beginnt hingegen mit einer Duellszene zwischen polnischen und russischen Offizieren. Demzufolge werden Animositäten zwischen beiden Nationen nicht politisch oder kulturell sondern „völkisch" begründet. Im polnischen Entwurf war auch gemäß der historischen Gegebenheiten nicht vorgesehen, dass sich der zum hohen Adel gehörende Staniewski dem Aufstand gegen Russland anschließt. Die deutsche Seite setzte sich hingegen über die polnischen Wünsche hinweg und konstruierte entgegen den historischen Gegebenheiten eine geschlossene „Volksgemeinschaft" der Polen, indem sie den im zaristischen Heer hoch gestellten polnischen Grafen „national erwachen" ließ. Insofern ist *Ritt in die Freiheit* keineswegs als ein deutsch-polnischer, sondern als ein deutscher Film anzusehen, der ein fiktives Geschehen um den Novemberaufstand unter nationalsozialistischen Prämissen verarbeitet.

An dieser Stelle kann eine Zwischenbilanz der deutschen Filmproduktionen aus der Zeit der deutsch-polnischen Annährung gezogen wer-

---

[44] U.a. Deutsche Allgemeine Zeitung, 1.2.1937; Der Deutsche Film, Nr. 8, Februar 1937; Filmwelt, 31.1.1937. Kritik erlaubte sich lediglich die bereits erwähnte BDO-Zeitschrift „Ostland" Nr. 4 vom 15.9.1937.

[45] U.a. Kurier Poranny, Nr. 177, 27.6.36; Kurier Polski, Nr. 139, 23.5.37.

[46] Filmwelt, 12.7.1936.

den: Weibliche Figuren variierten von einer geduldig wartenden und ihrem Geliebten vollkommen ergebenen Komtesse (*Abenteuer* ...), über die tüchtige Musterhausfrau (*Polenblut*) hin zu einer tollkühnen Patriotin (*Eskapade*). Männerbilder lieferten hingegen: einen leichtlebigen Adligen, der sich zum einfachen Landleben und zur Arbeit in der Landwirtschaft bekehren lässt (*Polenblut*), den vaterlandsliebenden Draufgänger Chopin und seine Freunde (*Abschiedswalzer*) sowie den ebenso national erwachten wie opferbereiten Offizier Staniewski (*Ritt in die Freiheit*). Alle Protagonisten vermitteln traditionell gesellschaftlich akzeptierte Normen, die im „Dritten Reich" eine besondere Hochschätzung erfuhren. Insofern dienten diese Filmproduktionen keineswegs einer verkappten antipolnischen Propaganda, wie es Jewsiewicki formulierte, sondern betrieben im Gegenteil eine propolnische Agitation. Den generell abschätzigen, verächtlichen Polenbildern, die in der deutschen Literatur[47] und im deutschen Film[48] der Weimarer Republik dominierten, wurden positive Figuren entgegengesetzt. In *Abschiedswalzer* und *Ritt in die Freiheit* wurde dabei auf die Topoi der deutschen Polenlieder aus dem deutschen Vormärz zurückgegriffen.[49] Chopin und seine Freunde sowie Staniewski verkörpern die aus dem deutschen Vormärz entliehenen Bilder der ritterlichen, edlen Polen und glühenden Patrioten, die ihr Vaterland mehr als ihr Leben lieben. Diese Überlieferungen wurden insofern gemäß der nationalsozialistischen Ideologie umgesetzt, als sie ebenfalls traditionelle Werte wie nationale Ehre, Treue, Kameradschaft und Opferbereitschaft beschwören. Da die polnischen Protagonisten (der junge Chopin und seine Freunde, Hélène, Staniewski) in ihrem Handeln diesen Glaubenssätzen folgen, wird die Gültigkeit des Nationalsozialismus als Weltanschauung und Lebensform für die Polen beansprucht. Die Konstruierung der Parallelen zwischen der historischen Entwicklung in Polen und in Deutschland wird umso sichtbarer, wenn in *Abschiedswalzer* der polnische Befreiungskampf als „Bewegung" bezeichnet wird. Indessen wurden Unterschiede und Streitpunkte unterschlagen, zumal lediglich Russland als die einzige Teilungsmacht Polens herhalten musste, während ausgeblendet wurde, dass Österreich und Preußen ebenso an den

---

[47] Friedrich, Dorothea: Das Bild Polens in der Literatur der Weimarer Republik. Frankfurt/Main u.a. 1984.

[48] U.a. Gerken, Stilisierung und Stigma (wie Anm. 15), S. 214.

[49] Kozielek, Gerard: Reformen, Revolutionen und Reisen. Deutsche Polenliteratur im 18. und 19. Jahrhundert. Wrocław 1990.

Teilungen beteiligt waren. Die antirussische Tendenz, die vier von den fünf behandelten Filmen aufweisen, erhält zweifelsohne eine besondere Brisanz vor dem Hintergrund der antisowjetischen Pläne Hitlers. Lässt sich anhand der bisherigen Ausführungen die von Roschke und Gerken vertretene Ansicht bestätigen, dass diese Filmproduktionen bewusst für eine deutsch-polnische Offensive gegen die Sowjetunion eingesetzt wurden? Diese propagandistische Zielsetzung legen zwar die Spielhandlung sowie die Aufschrift „hochaktuell" auf dem Werbeposter zu *Eskapade* nahe, gleichwohl fehlen dafür schriftliche Belege. Der einschlägigen Korrespondenz ist nur die Absicht zu entnehmen, „beiderseitige [...] Sympathien zwischen Polen und Deutschland durch einen Spitzenfilm zu bekräftigen."[50] Insofern lässt sich nur belegen, dass die Filme eine propagandistische Funktion in der ersten Etappe von Hitlers Polenpolitik hatten, als die Nichtangriffserklärung an Polen dem nationalsozialistischen Deutschland half, zunächst die internationale Isolation zu durchbrechen und anschließend die Versailler Nachkriegsordnung und insbesondere das französische Bündnissystem zu schwächen. Da Hitler die Annäherung an Polen zugleich seinen antisowjetischen Pläne einordnete, kann logischerweise davon ausgegangen werden, dass für ihn Filmproduktionen mit einer propolnischen und antirussischen Tendenz diese Ziele propagandistisch unterstützten. Die Erklärung scheint umso plausibler, als *Abschiedswalzer*, *Eskapade* und *Ritt in die Freiheit* ein Polenbild vermitteln, das mit Hitlers Vorstellung über Polen aus dieser Zeit übereinstimmt. Hitler sah die historische wie gegenwärtige Rolle Polens als die eines europäischen Bollwerkes zur Abwehr der Gefahr aus dem Osten,[51] die mit seinen Plänen einer deutsch-polnischen antibolschewistischen Offensive durchaus konform war.

Nachdem diese Konzeption an der ablehnenden Haltung der polnischen Seite gescheitert war, vollzog Hitler erneut eine Wende in der Polenpolitik und kündigte die Nichtangriffserklärung. Danach galt es, die bisherige Propaganda umzudrehen und sie der aggressiven Politik gegenüber Polen an-

---

[50] AAN Ambasada RP w Berlinie 2462, S. 83f, Fritz Meinz in einem Brief vom 26.6.1936 an Juliusz Skorkowski.

[51] Gegenüber dem polnischen Gesandten und späteren Botschafter Józef Lipski äußerte Hitler am 25.1.1934: „Poland is the last barricade of civilization in the east. Besides, Poland has already played a similar role. (The Chancellor was making an allusion to the battle of Vienna.)". In: Diplomat in Berlin. Papers and Memoirs of Jozef Lipski, Ambassador of Poland 1933-1939. Hrsg. von Wacław Jędrzejewicz. New York u.a. 1968, S. 124; siehe auch Borejsza, Jerzy: Antyslawizm u Hitlera [Antislawismus bei Hitler]. Warszawa 1988.

zupassen. Wie der Wandel im Spielfilm vollzogen wurde, wird hier anhand einer Filmproduktion erläutert, die im November 1939 in den deutschen Kinos angelaufen war.

Veit Harlan nahm hierfür die Novelle *Reise nach Tilsit* des ostpreußischen Naturalisten Hermann Sudermann als Vorlage. Bei Sudermann ist es eine Magd, die bei einem Fischer arbeitet, seine Sinne verwirrt und ihn anstiftet, seine stille Frau auf der Reise nach Tilsit zu beseitigen. Bei Harlan ist es aber die Polin, die in das ethnisch homogene Fischerdorf an der Ostsee als Sommergast hereinplatzt und mit ihrer leidenschaftlichen Liebe den Frieden eines deutsches Ehepaars zerstört. Dass diese Romanze die Gefährdung der Volksgemeinschaft durch ein nationalfremdes Element darstellt, wurde von der Presse klar unterstrichen. Der „Filmkurier" vom 16.11.39 schrieb, der Film schildere den „Kampf des Mannes, der zwischen seiner Frau und dem Kinde auf der einen und der land- und rassefremden Verführerin auf der anderen Seite zu wählen hat."

Während bis dahin Filme wie *Polenblut* Ähnlichkeiten zwischen Deutschen und Polen projizierten, galt es hier, die beiden Völker deutlich von einander zu trennen. Schon die Namensgebung markiert die Unterschiede: Die Eheleute tragen germanisch klingende Namen: Elske und Endrik, die durch den gleichen Anfangsbuchstaben „E" das Zusammengehören des Paares vermitteln. Die Friedensstörerin hat hingegen den eher französisch klingenden Vornamen Madlyn und den polnischen Nachnamen Stawiarska, womit eine polnisch-französische Bedrohung Deutschlands assoziiert werden könnte. Noch deutlicher werden die vermeintlichen Rassenunterschiede an der kontrastierenden Gegenüberstellung der zwei Rivalinnen markiert.

Elske wird von der Schwedin Kristina Söderbaum gespielt, die wie kein anderer Star die nationalsozialistischen Vorstellungen von einer arischen Frau verkörperte.[52] Sie ist blond, jung, vital und mehr athletisch als elegant. Sie gibt sich in *Reise nach Tilsit* spontan und wirkt etwas naiv und kindisch. Durch diese Einfachheit wird suggeriert, dass sie ehrlich, anständig und rein ist. Elske schaut auf dem hier gezeigten Bild vertrauensvoll und offen nach oben. Sie hat im Gegensatz zu der ausländischen Frau nichts zu verbergen.

---

[52] Ascheid, Antje: Hitler's Heroines. Stardom and Womanhood in Nazi Cinema. Philadelphia 2003, S. 42.

Die Fremde wird hingegen durch die weniger bekannte Schauspielerin Anna Dammann verkörpert, die in *Reise nach Tilsit* im Film debütierte. Der gesenkte Kopf, die katzenartigen Augen und das schelmische Lächeln auf dem Foto vermitteln etwas Raffiniertes und Hinterlistiges. Sie ist das Gegenteil des unschuldigen Naturkindes Söderbaum. Sie ist eine selbstbewusste Frau, die ihre weiblichen Reize einzusetzen weiß. Ihrem *sex appeal* haftet aber etwas Böses an, das hier klar mit der Stadt assoziiert wird.

Abb. 2 Deutsche Kinemathek. Presseheft Tobis. *Reise nach Tilsit* (1939).

Die in der nationalsozialistischen Ideologie polarisierten urbanen und ländlichen Lebenswelten werden noch deutlicher in einer Duellszene zwischen Elske und Madlyn eingesetzt. Wie das Foto zeigt, tritt dabei eine städtische Kokette gegen ein „Hausmütterchen" an. Elske wird in bescheidenen, aber praktischen Kleidern mit Schürze beim Verrichten häuslicher Arbeiten gezeigt, während Madlyn elegante und modische Kleider trägt und sich vergnügt dem Müßiggang einer verwöhnten Urlauberin hingibt. In der dargestellten Szene fordert sie selbstsüchtig und unverfroren die stille und duldende Elske dazu auf, ihren Mann freizugeben. Als diese sich weigert, bringt Stawiarska mit ihrer zerstörerischen Leidenschaft den Fischer soweit, dass er den Plan fasst, seine eigene Frau umzubringen. Auf einer Reise nach Tilsit, gequält von Gewissensbissen und Hochzeitserinnerungen, kommt er jedoch zur Besinnung und findet zum Schluss zu seiner Frau zurück.

Abb. 3 Deutsche Kinemathek. Presseheft Tobis. *Reise nach Tilsit* (1939).

In diesem Beitrag konnte gezeigt werden, wie die nationalsozialistische Führung den Spielfilm dafür einsetzte, die Haltung des Kinopublikums auf den aktuellen Stand der Polenpolitik einzustimmen. Positive Identifikationsfiguren und ihre nachahmenswerten Handlungsmuster warben 1934-1938 auf der Leinwand jenseits der konkreten Politik für eine deutsch-polnische Annäherung unter antisowjetischen Vorzeichen. Sie verkörperten traditionelle, im Nationalsozialismus besonders hoch geschätzte Werte und Normen, die als propagandistische Leerformen beliebig, je nach Bedarf eingesetzt wurden. Während beispielsweise der Stadt-Land-Konflikt in *Polenblut* zugunsten der Polin Helena/Marynia entschieden war, diente er in *Reise nach Tilsit* zu polarisierenden Darstellung der deutschen tüchtigen Hausfrau Elske und der polnischen dekadenten Städterin Madlyn.

Es kann festgehalten werden, dass die polenfreundliche Propaganda punktuell gewisse Erfolge zeitigte, wie es aus dem Bericht der polnischen Botschaft zur Wirkung von *Abschiedswalzer* hervorging. Einen von Goebbels vorgeschlagenen raschen und grundlegenden Wandel der Einstellung der deutschen Bevölkerung gegenüber Polen hat sie gleichwohl nicht herbeigeführt. Dafür war die Wirkung des propagandistisch eingesetzten Spielfilms auf die Psyche der Menschen keineswegs dermaßen intensiv und einheitlich, wie es der Propagandaminister glaubte. Denn das Kinopublikum war keine homogene Masse, bei der mit gleichen Mitteln gleiche Emotionen geweckt und identische Mechanismen aktiviert werden konnten. Die polenfreundliche Propaganda in den Spielfilmen führte bei den polenfeindlich eingestellten BDO-Mitgliedern keinesfalls den erwarteten Sinneswandel herbei, sondern spornte im Gegenteil ihre Kritik an diesen Produktionen geradezu an. Die Reaktion des Kinopublikums auf die nationalsozialistische Polenpropaganda ist eine ebenso spannende wie schwierige und zahlreiche methodische Fragen aufwerfende Forschungsaufgabe, die einer gesonderten Untersuchung bedarf.

Edith Steins Briefe an Roman Ingarden

Małgorzata Klentak-Zabłocka

Die Briefe an Roman Ingarden wurden einem breiten Publikum relativ spät zugänglich gemacht: Eine vollständige deutsche Ausgabe erfolgte erst 2001 als Band 4 von Edith Steins Biographischen Schriften.[1] Zwei Jahre später, 2003, erschienen sie auch im Krakauer Karmeliten-Verlag in polnischer Übersetzung, welche die bereits im Jahre 1994 herausgebrachte polnische Erstausgabe[2] ersetzt beziehungsweise ergänzt hat.

I. Die Briefpartner

Von der Korrespondenz ist nur der eine Teil – die von Edith Stein verfaßten Briefe – erhalten geblieben, es gibt dagegen keine Antwortschreiben[3]

---

[1] Stein, Edith: Selbstbildnis in Briefen. Briefe an Roman Ingarden, Einleitung von Hanna-Barbara Gerl-Falkowitz, Bearbeitung und Anmerkungen von Maria Amata Neyer OCD, Fußnoten mitbearbeitet von Eberhard Avé-Lallemant. In: Edith-Stein-Gesamtausgabe. Hrsg. im Auftrag des Internationalen Edith-Stein-Instituts Würzburg von Michael Linssen unter wiss. Mitarb. von Hanna-Barbara Gerl-Falkowitz. Freiburg im Breisgau, Basel, Wien 2001.

[2] Spór o prawdę istnienia. Listy Edith Stein do Romana Ingardena [Streit um die Wahrheit der Existenz. Edith Steins Briefe an Roman Ingarden], übers. v. Małgorzata Klentak-Zabłocka (1-64), Andrzej Wajs (65-161), Wydawnictwo „M" – Warszawski Oddział Towarzystwa im. Edith Stein. Kraków, Warszawa 1994; Święta Teresa Benedykta od Krzyża. Edyta Stein, Autoportret z listów. Część trzecia. Listy do Romana Ingardena [Hl. Teresia Benedikta a Cruce. Edith Stein, ein Selbstporträt in Briefen, Teil 3, Briefe an Roman Ingarden], Einführung Hanna-Barbara Gerl-Falkowitz, bearbeitet v. Maria Amata Neyer OCD, unter Mitarbeit von Eberhard Avé-Lallemant, übers. v. Małgorzata Klentak-Zabłocka (Einführung, Briefe 1-64), Andrzej Wajs (Briefe 65-162). Kraków 2003. Zu der Geschichte der Briefsammlung und deren Ausgabe siehe: Durczewski, Jaromir: Głosy do listów Edyty Stein do Romana Ingardena (uwagi i wnioski z materiału edytorskiego) [Stimmen zu den Briefen Edith Steins an Roman Ingarden (Anmerkungen und Schlußfolgerungen aus dem editorischen Material)], AUNC, Bibliologia I, Nauki Humanistyczno-Społeczne (1996) Nr. 306, S. 183-199.

[3] Manche Indizien sprechen dafür, daß Roman Ingarden seine Briefe an Edith Stein selbst vernichtete, nachdem sie ihm auf seine Bitte hin zurückgestellt wurden. Außer den Briefen, die ohne jegliches Zutun der beiden Partner infolge der Kriegshandlungen oder möglicher Zensoreingriffe verlorengegangenen sind, dürften weitere Schreiben Edith Steins von dem Empfänger wohl auch vernichtet worden sein. Dies hält Jaromir Durczewski für nicht ausgeschlossen, siehe: Durczewski (wie Anm. 2), S. 193-196.

ihres Brief- und Gesprächspartners. Die erhaltenen Briefe dokumentieren die Begegnung zweier Menschen, die aus verschiedenen Welten kommen. Edith Stein, eine assimilierte Jüdin aus Schlesien, die sich sowohl zu ihrem preußischen Vaterland als auch zu ihrem Judentum bekennt und schließlich im Christentum ihre eigentliche geistliche Heimat findet, begegnet in der Person Roman Ingardens einem in Krakau geborenen Polen mit skandinavisch klingendem Namen, dessen Vorfahren im 18. Jahrhundert aus Schweden über Ungarn nach Galizien zugewandert sein sollen.[4] In einer unruhigen, an verhängnisvollen Ereignissen reichen Zeit – gemeint sind der Erste Weltkrieg, der Untergang des Kaiserreiches und schließlich die Entstehung des Naziregimes auf der einen, die Wiedererlangung der Souveränität durch Polen auf der anderen Seite – wird im Wechselspiel von Nähe und Distanz, Faszination und Verzicht dem intellektuellen Dialog Vorrang gegeben, indem die Philosophie zum Medium der gegenseitigen Verständigung bestimmt und als ein solches ganz anerkannt wird. Es war die Phänomenologie, die schließlich – wenn nicht den „einzigen Nenner"[5] – so ganz gewiß den wesentlichen Bereich darstellte, welcher Edith Stein und Roman Ingarden zusammenführte und dauerhaft verband.

Kennengelernt haben sich die beiden 1913 in Göttingen, im Seminar Edmund Husserls. Die damals 20-jährige Edith Stein kam aus Breslau, wo sie 1911 das Germanistik- und Geschichtsstudium begonnen hatte, dieses aber nach knapp zwei Jahren unterbrach. Unter dem Einfluß eines ihrer Breslauer Lehrer, Dr. Moskiewicz, der Husserl persönlich kannte, beschloß sie, die Heimatstadt und ihre Universität zu verlassen und bei dem Autor der *Logischen Untersuchungen*, auf die sie zufällig gestoßen war, weiter zu studieren: „In Göttingen", so soll ihr Moskiewicz erzählt haben, „wird nur philosophiert – Tag und Nacht, beim Essen, auf der Straße, überall. Man spricht nur von ‚Phänomenen' ".[6]

Als jüngstes Mädchen in einer kinderreichen jüdischen kaufmännischen Familie – sie hatte 10 Geschwister, vier von ihnen starben früh – verdankte Edith Stein die Möglichkeit, ihren Wunsch zu verwirklichen, vor allem der Großzügigkeit ihrer Mutter. Auguste Stein übernahm nach dem plötzlichen

---

[4]   Zu den Vorfahren der Familie Ingarden siehe: Ingarden, Roman Stanisław: Roman Witold Ingarden. Życie filozofa w okresie toruńskim (1921-1926) [Roman Witold Ingarden. Das Leben des Philosophen in der Thorner Zeit (1921-1926)]. Toruń 2000, S. 24-30.

[5]   So Hanna-Barbara Gerl-Falkowitz in ihrer tiefgründigen Analyse der Briefe; siehe Gerl-Falkowitz, Einleitung (wie Anm. 1), S. 12.

[6]   Ebd., S. 16.

Tod ihres Mannes dessen Geschäfte und verstand alles sogar geschickter und erfolgreicher weiterzuführen, als ihr Mann selbst dies getan hätte. Sie akzeptierte auch die ehrgeizigen Studienpläne der jüngsten Tochter und ließ sie weder damals, noch später – wie aus den Briefen an Ingarden hervorgeht – finanzielle Sorgen spüren.

Auch Roman Ingarden, anderthalb Jahre jünger als Edith Stein, kam nach Göttingen (und zwar bereits nach dem ersten Semester, Anfang 1912), weil ihn die mathematische, aber auch die philosophische Schule in Lemberg, wo er zunächst bei Kazimierz Twardowski und Józef Puzyna studierte, nicht ganz zufriedenstellten. Auf Twardowskis Empfehlung[7] wählte er bald Göttingen, um ebenfalls bei Husserl nach neuen Impulsen zu suchen.

Als dann Edmund Husserl die Berufung nach Freiburg im Breisgau bekam, folgten ihm 1916 sowohl Ingarden als auch Edith Stein, die nach einer glänzenden (*summa cum laude*) Promotion über das Problem der Einfühlung zur Assistentin des „Meisters" wurde. Bei Husserl zu promovieren beabsichtigte auch Ingarden; er schrieb seine Arbeit über Intuition und Intellekt im Werk Henri Bergsons. Anfang 1917 jedoch fuhr der 24-jährige Student heim, und da setzte der Briefwechsel zwischen Edith Stein und Roman Ingarden ein.

II. Umfang – Zeitraum

Die Korrespondenz erstreckte sich über mehr als zwei Jahrzehnte: vom 5. Januar 1917, als Edith Stein dem nach Krakau abgefahrenen Kommilitonen und Freund ihre Bemerkungen zu seiner Doktorarbeit, die sie gerade durchsah, nachschickte, bis zum 6. Mai 1938, als sie kurz nach Husserls Tod eine Gedenkschrift für „den Meister" in Erwägung zog und einerseits Ingarden zu bewegen versuchte, etwas diesbezüglich zu unternehmen, andererseits die Chancen für die praktische Ausführung des Projekts anzweifelte: „Gerade in dieser Zeit", hieß es in diesem im Kölner Kloster entstandenen Schreiben, bereits nach der ewigen Profeß der Schwester Teresia Benedikta a Cruce,

wäre es sehr angebracht, [die Dankesschuld seinem Lebenswerk gegenüber, M.K.-Z.] *in einer Gedenkschrift zum Ausdruck zu bringen. Aber wer wird sie her-*

---

[7] Ebd.

ausgeben? In welchem Lande soll sie erscheinen? Wir sind ja so weit in der Welt zer-streut und durch so viele Schwierigkeiten gebunden. (6.5.38; S. 239)[8]

Der genannte Zeitraum von über zwanzig Jahren wird durch die hin und her kursierenden Schreiben keineswegs gleichmäßig gedeckt. Ein reger Briefverkehr herrscht vor allem vom Januar bis Mitte September 1917 – im Herbst kommt Ingarden erneut nach Freiburg, promoviert bei Husserl, um Anfang Januar 1918 Deutschland endgültig zu verlassen. Trotz persönlicher Turbulenzen, die mit der Jahreswende zusammenfielen, wird die postalische Verbindung dann doch aufrechterhalten. Berühmt und vielfach zitiert wurde in diesem Zusammenhang der ‚Liebesbrief‘, den Edith Stein am Weihnachtsabend 1917 an den Freund schrieb. Im Januar 1918 folgt aber jenem rätselhaften Blatt wieder ein ganz nüchternes „sachliches" Schreiben, in dem es zwar heißt, „eigentlich hatte ich nach dem garstigen Brief, mit dem Sie sich von Freiburg verabschiedeten, überhaupt keine Lust mehr, Ihnen zu schreiben" (29.1.18; S. 68), aber der Briefwechsel wird in dem ganzen Jahr 1918 noch intensiver als zuvor. Dies ändert sich allerdings ab 1919, denn verglichen mit den entsprechend 25 und 38 Schreiben, die in die Anfangsphase (die zwei ersten Jahre) der Korrespondenz fielen, verringert sich dann ihre Frequenz ganz deutlich: am 1. Juli 1919 heiratet Ingarden, und er teilt dies Edith Stein, freilich erst Anfang September, mit. Sie reagiert mit Zurückhaltung und nicht ohne einen Hauch von Vorwurf:

[...] heute erhielt ich Ihren Brief vom 1. d. M., das erste Lebenszeichen seit vielen Monaten. Vor allem meine herzlichsten Wünsche für das neue Leben, das Sie begonnen haben. Die Tatsache kam mir insofern völlig überraschend, als Sie mir – entgegen Ihrer Annahme – niemals ein Wort über Ihre Frau gesagt haben. (16.9.19; S. 122)

In den nächsten sieben Jahren, bis 1926, wird die Korrespondenz spärlicher: Edith Stein schreibt an Ingarden ungefähr ‚nur‘ so viele Briefe, wie in dem einen Jahr 1918. Es gibt dann noch zwei Momente, in denen der Briefwechsel neu auflebt: Als für den polnischen Philosophen 1927 die Möglichkeit entsteht, Deutschland – und Edith Stein – zu besuchen, schlägt sich das begreiflicherweise in einem größeren Austausch nieder. Ei-

---

[8] Alle Zitate aus den Briefen nach der Ausgabe: Stein: Selbstbildnis in Briefen (wie Anm. 1), Datum und Seitenzahl in Klammern.

ne weitere – und die letzte – Intensivierung erfährt die Korrespondenz drei Jahre später, 1930, im Zusammenhang mit der bevorstehenden Veröffentlichung von Roman Ingardens Arbeit *Das literarische Kunstwerk* im Niemeyer-Verlag in Halle, an deren sprachlicher Bearbeitung Edith Stein intensiv mitwirkt.

Seit ihrem Eintritt ins Kloster 1933 erlahmt aber der Briefwechsel fast gänzlich, und nur noch mit dem Tod „des Meisters" Edmund Husserl bietet sich die letzte Gelegenheit, den praktisch abgebrochenen Kontakt aufzufrischen. Die äußeren Umstände machen es aber nicht mehr möglich, ihn fortzusetzen. Nach der „Kristallnacht" findet Edith Stein für dreieinhalb Jahre in einem holländischen Kloster Zuflucht. Am 2. August 1942 wird sie von der Gestapo verhaftet, über das Lager Westerbork nach Auschwitz-Birkenau deportiert und direkt nach der Ankunft in der Gaskammer ermordet.

III. Gegenstände, Themen, Ideen

In der Einleitung zu den Briefen Edith Steins an Ingarden ist die Münchener Philosophin Hanna-Barbara Gerl-Falkowitz auf einige wichtige Aspekte eingegangen: Zum einen stellen sie eine wahre Fundgrube von Informationen dar, die Edmund Husserl und seine Umgebung, das Milieu der Phänomenologen, sowie die Arbeitsweise „des Meisters" betreffen; zum anderen kommt in ihnen das unverkennbare Bedürfnis der Briefschreiberin zum Ausdruck, die politischen Ereignisse in Zusammenhängen zu begreifen und zu deuten, am Geschehen teilzunehmen, mitzuwirken und nicht passiv und handlungsunfähig abseits zu stehen. Nicht zu übersehen ist natürlich ihr persönliches emotionales Engagement, das jene Freundschaft, die „aus der gemeinsamen Denkarbeit aufstieg"[9] schließlich ‚asymmetrisch' werden ließ:

Aus ihrem gefaßten, zuweilen mühsam sachlichen Ton, der Leidenschaftlicheres erraten läßt, geht ihr Kampf gegen sich selbst, das Einhalten der vom Freund offenbar zugewiesenen Grenzen, die Anstrengung bloß gedanklichen Austausches hervor. Philosophieren ersetzt den Ton des Herzens, den der Andere nicht hören will. So tragen die Briefe von 1917 den Zwiespalt des weder ganz entwickelten noch ganz zum Schweigen gebrachten Gefühls.[10]

---

[9] Gerl-Falkowitz, Einleitung (wie Anm. 1), S. 11.
[10] Ebd.

Auch wenn von dem ganz persönlichen Aspekt der Korrespondenz schwer abzusehen ist, legen die Briefe darüber hinaus ein einzigartiges Zeugnis von der Bemühung ab, in einer bewegten Zeit die – im wörtlichen Sinne trennenden – Grenzen nicht zu absoluten Trennlinien werden zu lassen und einen auf das individuelle menschliche Maß zugeschnittenen deutsch-polnischen Dialog aufzubauen.

Philosophie im Krieg

Es mag zunächst verwundern, wie vor dem Hintergrund der Kriegs-handlungen immer wieder Versuche unternommen werden, der Realität zum Trotz intellektuelle Diskussionen zu führen: Feldadressen der ein-gezogenen Freunde werden mitgeteilt und ausgetauscht und Möglichkeiten erwogen, philosophische Abhandlungen einander zuzuschicken und sie per Post zu diskutieren, und nur halb im Scherz klagt die junge Husserl-Assistentin über die nicht reibungslos verlaufende Kommunikation: „es ist nix mit der Phänomenologie im Kriege" (27.4.17; S. 56). Immerhin aber nützen die uniformierten Philosophen, sobald sie Urlaub bekommen, die wenigen ‚freien' Tage zum Aufenthalt und Gedankenaustausch im eigenen Kreise der Phänomenologen. Man sehnt sich auch nach gemeinsam zu verbringenden Ferien und wünscht den nicht näher bestimmten Zeitpunkt herbei, in dem der Krieg einmal zu Ende sein wird:

Sommer und Frieden waren in diesem endlosen Winter für mich zu einem *Ziel meiner Sehnsucht verschmolzen. Der Sommer* muß *ja mal kommen, da die Naturgesetze sich ja wohl noch nicht geändert haben, und er will es jetzt auch. Ob nicht dann auch der Friede kommt?* (27.4.17; S. 57)

Der Krieg rückt jedoch immer näher, und er bringt nicht allein materielle Schäden und Zerstörung mit sich, wenn auch solches zunächst in recht heiterem Ton festgehalten wird:

[...] der gestrige Tagesbericht hat Ihnen vielleicht Sorge um den Meister und die Phänomenologie erregt. Ich will Ihnen daher versichern, daß alles heil ist. Freilich ging es diesmal böse zu: Anatomie in Brand, vor dem Eingang der Universität ein Trichter in der Erde und an sämtlichen Gebäuden ringsum die Scheiben eingedrückt, sogar unsere Gegend ist nicht verschont geblieben. Viele Grüße [...]. (16.4.17; S. 56)

Viel schmerzlicher wird der Krieg durch Verluste spürbar, die die Phänomenologen durch den Tod ihrer Nächsten erfahren – des jungen Wolfgang
Husserl und des sowohl von Edith Stein als auch von Ingarden hochge-
schätzten, ja bewunderten Göttinger Dozenten Adolf Reinach. Doch selbst
als sie eines Tages „eine ganze Reihe Dissertationen von Breslauer Studien-
freunden, die nun alle tot sind," in ihrem Bücherschrank entdeckt, will sich
Edith Stein aus ihrer momentanen Niedergeschlagenheit durch erneuten
Arbeitseifer retten: zwei Sachen „erhalten noch [ihre] Spannkraft", teilt sie
dem polnischen Freund mit: „die Begier zu sehen, was aus Europa wird,
und die Hoffnung, etwas für die Philosophie zu leisten" (6.7.17; S. 62).

Preußisch – deutsch – polnisch – mitteleuropäisch?

Schon in dem 1968[11] in Krakau auf Einladung des damaligen Kardinals Karol Wojtyła gehaltenen Vortrag über Edith Steins philosophische Forschung betonte Roman Ingarden, indem er sich auf ihre gute Bekannt-
schaft berief,[12] daß Edith Stein eine deutsche und insbesondere eine preußische Patriotin war – eine Patriotin des preußischen Staates, die sich
zugleich offen zu ihrem Judentum bekannte. In dem *curriculum vitae*, das sie
ihrer Doktorarbeit beifügte, stand: „Ich bin preußische Staatsangehörige
und Jüdin".[13]

Auch in den Briefen an Ingarden mangelt es nicht an Erklärungen und
Bekenntnissen, in denen Preußen als geliebtes Vaterland gepriesen wird
und die – wenn man sie heute liest (darin sind sich die meisten Interpreten
der Schriften und die Biographen Edith Steins einig) – bisweilen er-
schütternd wirken. Eine solche besonders bewegende Stelle vom 9. Februar
1917 lautet:

Ein Erlebnis hat sich mir besonders eingeprägt: wie ich am Tage unserer Mobil-
machung nach 24 stündiger Fahrt heimkam und mich aus dem Familienkreise
zurückzog, weil ich es nicht ertragen konnte, von gleichgültigen (d.h. persönlichen)

---

[11] Wohlgemerkt: Der Vortrag fand, gleichsam der antijüdischen Kampagne zum Trotz, die in
Polen im März 1968 geführt wurde, am 6. April statt.

[12] „Ich bin wohl der einzige Mensch in Polen, der Edith Stein persönlich kannte", dies führte
Roman Ingarden als einen der Bewegründe an, warum er die Einladung, über Edith Stein
einen Vortrag zu halten, angenommen hätte; vgl. Ingarden, Roman: O badaniach
filozoficznych Edith Stein. In: Spór o prawdę istnienia (wie Anm. 2), S. 286-310, hier
S. 286.

[13] Ebd., S. 289.

Angelegenheiten reden zu hören; da stand es mir plötzlich ganz klar und deutlich vor Augen: heute hat mein individuelles Leben aufgehört, und alles was ich bin, gehört dem Staat; wenn ich den Krieg überlebe, dann will ich es als neu geschenkt wieder aufnehmen. Das war kein Produkt eines überreizten Nervenzustandes, sondern ist bis heute in mir lebendig geblieben, und ich leide die ganze Zeit darunter, daß ich nicht den rechten Platz gefunden habe, um ganz in diesem Sinne zu handeln. (9.2.17; S. 43)

Die feste Überzeugung, „fürs Vaterland" etwas tun zu müssen, läßt Edith Stein sich Anfang 1917 zum Hilfsdienst melden, wo sie schließlich doch nicht eingesetzt wird, so daß sie nach wie vor Husserls Assistentin bleibt. Ihren Entschluß dürfte sie aber keineswegs als eine bloße Geste gemeint haben, denn zwei Jahre früher ging sie trotz der Proteste ihrer Mutter als Krankenschwester nach Mährisch-Weißkirchen[14], um im dortigen Lazarett verwundete Soldaten zu pflegen. Auch Ingarden war entschlossen, etwas für *sein* Vaterland zu unternehmen, und wollte Legionär unter Piłsudskis Führung werden. Wegen eines Herzfehlers ist er allerdings nicht eingezogen worden.

So kann es nicht wundernehmen, daß man bei der Lektüre der Briefe hin und wieder auf Spuren stößt, wo sich die Geister haben scheiden müssen oder wo jedenfalls Verständigungsprobleme auftauchten, die nicht leicht aus dem Weg zu räumen waren. Es muß zugegeben werden: Edith Stein ist oft um einen konzilianten Ton bemüht, indem sie Gemeinsamkeiten und keine Gegensätze hervorhebt. Sie ist weit davon entfernt, die aufdringlichsten propagandistischen Kriegsfloskeln zu übernehmen, und steht dem, daß in den Zeitungen „viel dummes Zeug geschwätzt wird", daß „Haß gegen ‚englischen Krämergeist‘ " oder „Kulturprogramm gegen ‚östliche Barbarei‘ " gepredigt werden, höchst kritisch gegenüber (9.2.17; S. 43). Doch unüberhörbar dezidiert klingt immer wieder das ‚wir‘ in ihren Schreiben, wenn sie auf aktuelle politische Ereignisse eingeht, beziehungsweise Ingarden um Kommentare und Stellungnahmen bittet; da heißt es: „mein liebes Preußen" und: „Was sagen Sie zu unserer Note?"[15] (1.2.17; S. 39), und: „nirgends [hat] [es] ein so mächtiges Staatsbewußtsein gegeben

---

[14] Das Krankenhaus wurde in der ehemaligen Kadettenschule untergebracht, derselben, die einst sowohl Rilke als auch Musil besuchten.

[15] Vom 12.12.17. Ein Angebot der Mittelmächte an die Koalition, das Friedensverhandlungen vorschlug.

wie in Preußen und im neuen Deutschen Reich. Darum halte ich für ausgeschlossen, daß wir jetzt unterliegen" (9.2.17; S. 43), und: „[i]ch hoffe, daß die Osterbotschaft unseres Kaisers auch auf Sie einen tröstlichen Eindruck gemacht hat" (9.4.17; S. 53), und später: „ob es denn für uns – so ausgeblutet, wie wir jetzt sind – überhaupt noch eine Zukunft geben kann" (30.11.18; S. 114), und schließlich – besonders bezeichnend, wenn ‚jüdisch' eindeutig mit ‚deutsch-preußisch' gleichgesetzt wird, obwohl es sich um die Opfer des Lemberger Pogroms – also um Ostjuden – handelt:

Aber wüßten Sie selbst eine Verteidigung für den Lemberger Judenmord? Es sieht doch unleugbar so aus, als ob jetzt, wo unsere Macht zusammengebrochen ist, alles erbarmungslos über uns herfiele, um ja auch noch das letzte bißchen Leben zu ersticken. Daß wir selbst gesündigt haben, weiß ich, und ich betone immer, daß wir kein Recht haben, uns zu beklagen. Aber gerade wenn man sich in die Lage der anderen versetzt, muß man doch sagen, daß man es in ihrem eigenen Interesse nur aufs tiefste beklagen muß, wenn sie den erlittenen Schaden mit Zinseszins vergelten und sich durch solche Abscheulichkeiten besudeln [alle Hervorhebungen von mir – M.K.-Z.]. (30.11.18; S. 115)

Verzweifelt schaut Edith Stein auch der vom Versailler Vertrag vorgesehenen Abstimmung in Oberschlesien entgegen:

Sie können sich wohl denken, wie in meiner nächsten Umgebung die polnische Agitation in Oberschlesien beurteilt wird. Das Elternhaus meiner Mutter steht dort, in dem auch noch meine Generation ihre Heimat sah, und meine Verwandten erklären es als selbstverständlich, daß sie auswandern würden, wenn Oberschlesien tatsächlich von Deutschland losgerissen würde. (30.11.18; S. 115)

Mehrmals bringt sie indessen ihr Vertrauen in die Idee Mitteleuropas zum Ausdruck. Bereits eines ihrer ersten Schreiben schließt mit dem Wunsch:

Ich möchte gern viel von dem hören, was Sie daheim zu sehen bekommen und was einen Staatsbürger von Mitteleuropa (in spe!) angeht. Übrigens die Ziele der Entente: Mitteleuropa zu erwürgen, bevor es geboren ist. Aber daraus wird nichts! (16.1.17; S. 35)

Es ist schwer oder überhaupt nicht mehr möglich herauszufinden, wie Ingarden auf all die Anspielungen, Bemerkungen oder direkten Fragen reagierte, doch vieles spricht dafür, daß er oft mit der Antwort zögerte oder auf die aus Edith Steins Sicht ganz brennenden Themen nicht einging. Immer wieder muß sie versichern, daß sie ihm doch nicht böse sei und Verständnis für seinen angeblichen Zeitmangel habe, aber es wird ihr doch wohl klar, daß in dem Briefverkehr vieles ausgespart bleiben muß. Einmal sagt sie zwar dem Freund ganz unverblümt: „Zeit fehlt einem immer nur für das, was einem nicht wichtig genug ist" (30.11.18; S. 115), aber auch da scheint die erwünschte Reaktion seinerseits auszubleiben.

Über die Gründe eines solchen Verhaltens von Roman Ingarden könnte spekuliert werden, es lassen sich allerdings aufgrund der erhaltenen Briefe einige greifbare Momente rekonstruieren, bei denen grundlegende Unterschiede zwischen Edith Steins und Ingardens Einschätzung der Lage bestehen mußten. Ende Januar 1917 ist beispielsweise von einer Polendebatte die Rede, welche Ingarden, so Edith Stein, „natürlich geärgert" haben muß (28.1.17; S. 35). Gemeint ist damit die Debatte, die sich im preußischen Landtag durch mehrere Sitzungen zog und indirekt die deutsch-österreichische Proklamation vom 5. November 1916 über die Wiederherstellung des polnischen Staates betraf.[16] Unmittelbar ausgelöst wurde die Diskussion durch den Antrag der konservativen und national-liberalen Abgeordneten, die die Schaffung „dauernd wirksamer militärischer, wirtschaftlicher und allgemein politischer Sicherungen Deutschlands im Königreich Polen"[17] forderten. Dabei erklärten sie jegliche Regelung der „innenpolitischen Verhältnisse in der deutschen Ostmark" für unmöglich, die „den deutschen Charakter der mit dem preußischen Staate unlösbar verbundenen und für das Dasein sowie Machtstellung Preußens und Deutschlands unentbehrlichen östlichen Provinzen irgendwie gefährden"[18] könnten. Dem entschieden polenfeindlichen Grundton des vom Landtag schließlich angenommenen Antrags und auch der meisten Auftritte in dieser Debatte will Edith Stein offenbar keine große Bedeutung beimessen, sondern sie hofft vor allem auf einen neuen politischen Kurs – die viel gepriesene „Neuorientierung" – nach dem Kriege. Ingarden scheint hier nicht so gutgläubig zu sein, denn einen der nächsten Briefe fängt Edith Stein mit der Versicherung an: „nein, Sie haben mich nicht geärgert. Für

---

[16] Vgl. dazu: Die polnische Frage im Hause der Abgeordneten des preußischen Landtags zu Berlin nach stenographischen Berichten. Posen 1917.

[17] Der Antrag wurde während der 40. Sitzung, am 20.11.1916 gestellt. Vgl. ebd., S. 6.

[18] Ebd., S. 6f.

Offenheit bin ich immer dankbar [...]" (30.1.17; S. 38). Ein anderes Beispiel: Im Laufe der nächsten Monate, wird Roman Ingarden angesichts der sich schnell verändernden politischen Situation[19] und der zunehmend anti-deutschen Stimmung in Polen der Gedanke, in Freiburg zu promovieren, zunehmend problematisch. Seine Zweifel teilt er offenbar Edith Stein mit. Sie scheint Verständnis für seine Vorbehalte aufzubringen, denn sie schreibt:

> *Ich habe einmal Ihnen gegenüber den Standpunkt vertreten, man dürfte von einem Staate, dem man innerlich feindlich gegenüberstände, nichts annehmen. Danach scheint es mir ziemlich eindeutig, wie ich mich jetzt an Ihrer Stelle entscheiden würde.*

Zugleich versucht sie aber den Freund umzustimmen, indem sie – etwas naiv, wenn man die realen Bedingungen berücksichtigt – nach mildernden Umständen sucht, die Ingardens allem Anschein nach recht kritisches Urteil über Deutschlands Polenpolitik ändern sollten:

> *Aber ist denn das wirklich Ihre Lage, und ist sie es mit Recht? Als die Proklamation vom 5. Nov. herauskam, hat wohl niemand daran gedacht, daß die endgültige Regelung vor Friedensschluß erfolgen könnte. Soviel Verständnis sollte man eigentlich für die Lage eines kriegführenden Staates haben, wenn auch die eigenen Wünsche sich noch so sehr dagegen auflehnen. Die lange Dauer des Krieges mag für die wohlbegreifliche Ungeduld der Polen eine Folterqual sein – aber haben wir nicht alle darunter zu leiden? (31.5.17; S. 58)*

Verständigung in der Kultur

Angesichts dieser Äußerungen, die von einem etwas verstellten Blick ihrer Autorin zeugen, verdient Edith Steins lebhaftes Interesse für Dinge, die ganz allgemein mit dem ,Polentum' und der polnischen Kultur zusammen-hängen, um so mehr Aufmerksamkeit. Sie liest Bücher polnischer Autoren (einige bekommt sie von Ingarden geschenkt): *Die Bauern* und *Das Gelobte Land* von Reymont (das letztere kennt sie unter dem Titel *Łódź* und ist

---

[19] Die Revolution in Rußland einerseits (Ende März spricht das revolutionäre Rußland Polen das Recht auf Unabhängigkeit zu), die Senatsrede des amerikanischen Präsidenten Wilson andererseits (am 22. Januar 1917), in welcher sich dieser für ein „geeintes, unabhängiges und selbständiges Polen" einsetzte.

übrigens von dem Buch ganz beeindruckt), auch Wyspiańskis Dramen, sowie *Pan Tadeusz* von Mickiewicz. Noch mehr Anziehungskraft hat für sie Literatur anderer Art. Sie liest die *Geschichte der politischen Ideen in Polen seit dessen Teilung* von Wilhelm Feldman, doch meint sie, „um einen recht lebendigen Einblick in das Herz der polnischen Nation" zu bekommen, müßte sie dokumentarische Schriften – Briefe, Erinnerungen, Tagebücher berühmter Polen lesen. „Ich möchte Briefe von Kościuszko lesen, von Dąbrowski und solchen Leuten." (5.7.18; S. 89) Bei dieser Gelegenheit empfiehlt sie dem Freund, Adam Czartoryskis Memoiren oder „etwas von solcher Literatur" ins Deutsche zu übersetzen, wobei sie ihm gerne behilflich sein könnte – „nicht bloß, um Ihnen zu helfen, sondern auch, weil ich sachlich Freude daran hätte". Und im Herbst 1918 gesteht sie in einem Brief:

Ich denke jetzt manchmal [...] an das Leben der polnischen Patrioten in den letzten 150 Jahren. Den Glauben an sein Volk hindurchzuretten durch alle Wechselfälle, das ist wohl mehr als der römische Tugendstolz, der die Erniedrigung nicht überleben kann. Das Umlernenmüssen kommt mir zu plötzlich und ist zu hart. (6.10.18; S. 104)

Noch in der Zeit ihres ‚Mitteleuroparausches' (Anfang 1917) fängt Edith Stein an, Polnisch zu lernen, und ihre kleinen, wenn auch nur zum Spaß eingefügten polnischen Einschübe in den deutschen Text der Briefe wirken durchaus überzeugend.[20] Ihre Vorliebe für ein praktisch ausgerichtetes, effizientes Handeln bringt sie auf die Idee der Kulturinstitute: Edith Stein schwebt der Gedanke vor, Institutionen zu gründen, die dem internationalen Austausch und der „Anbahnung wechselseitigen Verständnisses" dienen könnten: die Rolle der Vermittler sollten dabei nicht mehr „ausgezeichnete deutsche Gelehrte" erfüllen, sondern unbedingt Vertreter der jeweiligen „anderen" Kultur: „Und es kommt ja in diesem Fall nicht bloß darauf an, wie die Dinge gewesen sind, sondern fast noch mehr, wie sie von der anderen Seite aussehen" (2.6.18; S. 84).

All den Vorstellungen und nicht verwirklichten Plänen liegt eine unleugbare Aufgeschlossenheit gegenüber dem Fremden, dem Anderen zugrunde. Diese Aufgeschlossenheit stellt einen wesentlichen Zug an jenem komplexen Selbstbildnis dar, das Edith Stein in ihren Briefen an Roman Ingarden

---

[20] Die „dziura" Freiburg (19.2.17; S. 45), „Tymczasem do widzenia Panu" (23.3.17; S. 51).

gezeichnet hat. Diese Aufgeschlossenheit läßt zugleich die Briefe als Dokumente einer Freundschaft erscheinen, die sich gegen die Denkschemata ihrer Zeit zu behaupten suchte. Als ihr Motto könnte der Satz dienen, den Edith Stein noch mitten im Krieg, Ende Mai 1917 (31.5.17; S. 59) niederschrieb: „Ich hoffe, die Mauer wird nie so hoch, daß wir nicht mehr mit den Händen hinüberlangen."

Zu Max Baumann und der Aufführungsgeschichte seines Stückes *Glückel von Hameln fordert Gerechtigkeit*

Mieczysław Abramowicz

Der 10. Juni 1877 war ein Sonntag, der in Danzig in einer ruhigen, etwas trägen, sommerlichen Atmosphäre verlief. Am Mittag stand eine klare und durchsichtige Luft über der Stadt, es wehte ein frischer Südostwind, die Temperatur erreichte 18,5 Grad. Trotz des Sonntags arbeitete der Hafen normal, wenn auch etwas schläfrig: es liefen gerade einmal neun Schiffe ein, nur zwei liefen aus: S/S „Charles Mitchell" mit Getreide und Holz nach London und S/S „Friedrich II." mit Getreide nach Gloucester. In den vier größten Hotels der Stadt (du Nord, de Berlin, Englisches Haus, de Thorn) meldeten sich im Laufe des Tages bis zu 46 Gäste an. Einige von ihnen interessierten sich möglicherweise für die zahlreichen Attraktionen, welche die Stadt ihren Einwohnern und Besuchern an diesem Tag bot.

So konnte man von 10 Uhr morgens bis zehn Uhr abends in der Wollwebergasse 21 (ulica Tkacka) die schöne Melusine, das heißt eine lebende Dame ohne – ich bitte um Verzeihung – Unterleib bewundern, die trotz dieser deutlich sichtbaren Behinderung aß, trank, sprach und Damen, Herren und Kindern eine ungewöhnlich interessante Vorstellung bot (Eintritt: 50 Pf pro Person, Kinder und Soldaten 25 Pf). Im Wilhelm-Theater am Langgarten 31 (ulica Długie Ogrody), das seinen Namen noch keine zwei Monate trug, konnten Interessierte den berühmten Gesangvögel- und Säugetier-Imitator Mr. Henry Vaughan während seines hiesigen Gastauftrittes sehen und hören, die indischen Jongleure The Valjean Brothers bewundern und der ungarisch-deutschen Sängerin Fräulein Irma Czillac zuhören. Roell's Restaurant und Kaffeehaus in Jäschkenthal (Jaśkowa Dolina) lud unter anderem zu einem Konzert der Streichkapelle des 3. Ostpreußischen Grenadier-Regiments unter Leitung seines Dirigenten Herrn Buchholz und danach zu einem Feuerwerk ein. Eintritt: 30 Pf, Kinder 10 Pf.[1]

---

[1]   Danziger Zeitung Nr. 10384, 9.6.1877; Nr. 10387, 12.6.1877.

Im Jahr 1877 überschritt die Einwohnerzahl Danzigs die Grenze von 100 000.[2] Man möchte glauben, daß dies durch die Geburt eines der 20 Kinder (10 Mädchen und 10 Jungen) geschah, die am Sonntag, dem 10. Juni in Danzig das Licht der Welt erblickten. Noch mehr wünscht man sich (auch wenn es ein nicht gerade wissenschaftlicher Traum ist), daß der 100 000. Bürger der Stadt an der Mottlau der Held dieses Aufsatzes gewesen sei, der um fünf Uhr im elterlichen Haus in der Breitgasse 36 (ul. Szeroka) als siebtes Kind des Ehepaars Israel und Rosalin Baumann geboren wurde: Max Baumann.

Wie dem auch sei, am Morgen des 10. Juni 1877 vergrößerte sich die Familie Baumann.

Israel Baumann, der Vater von Max (geb. 1836, Sohn des 1797 geborenen Schneiders Selig Pinkus Baumann) war Kaufmann. Er handelte in seinem Haus in der Breitgasse mit Trödelware, aber auch mit eleganter Kleidung (u.a. Fracks) und Kutscherlivreen. In der Baumannschen Handlung konnte man diese Kleidungsstücke auch ausleihen.[3]

Die Familie Baumann kam bereits im 17. Jahrhundert nach Westpreußen (nach Elbing und Danzig), vermutlich aus dem Gebiet des heutigen Litauen.[4] Schon im 18. Jahrhundert war die Familie weitgehend assimiliert und gehörte zu der Gruppe der sogenannten deutschen Juden; ihre Alltagssprache war deutsch, ihre Kleidung europäisch, einige von ihnen waren sogar Mitglieder preußischer Handwerkerzünfte in Elbing (Jacob und August) und Danzig (Selig Pinkus).[5]

Die Mutter von Max, Rosalin Baumann, geborene Ebenstein, wurde 1835 in Elbing geboren. Sie stammte ebenfalls aus einer assimilierten und seit langem in Preußen beheimateten jüdischen Familie.

Nach dem Abschluß des Danziger Staatlichen Gymnasiums im Jahr 1895 nahm Max Baumann das Studium der Rechtswissenschaften an der Friedrich-Wilhelm-Universität in Berlin auf und setzte es später an der Albertus-

---

[2]   Romanow, Andrzej: Sytuacja demograficzna Gdańska w latach 1871-1920. In: Historia Gdańska, Bd. 4/1: 1815-1920. Hrsg. von Edmund Cieślak. Sopot 1998, S. 267-282, hier S. 267.

[3]   Zahlreiche Annoncen von I. Baumann in der Danziger Presse, z.B.: Adressbuch Danzig, Danzig 1880, Teil II, S. 14; Danziger Intelligenz Blatt, Nr. 229, 25.8.1891; Danziger Zeitung, Nr. 158, 3.6.1905.

[4]   Aus einem Brief von Horst Rudolf Salzmann, dem Schwiegersohn von Max Baumann, an den Autor, Hamburg, 25.6.1996.

[5]   Staatsarchiv Gdańsk (APG) 300C/1165, APG 410/14.

Universität in Königsberg fort. 1899 eröffnete er in Danzig ein eigenes Notariatsbüro, das er bis Mitte November 1938 führen sollte, als – auf Beschluß des nationalsozialistischen Senats der Freien Stadt Danzig – alle jüdischen Notariate geschlossen wurden. Im Jahr 1900 wurde Max Baumann Mitglied der Danziger Freimaurerloge „Borussia", in der er die Funktion des stellvertretenden Präsidenten (1909-1910) und des Präsidenten (1910-1911) sowie das Ehrenamt des Mentors (1912-1913) ausübte. Gemäß dem Statut der Loge gehörte zu seinen Pflichten: „das Überprüfen der Rechtmäßigkeit der Abstimmung über den Kandidaten, die Bekanntgabe der Abstimmungsergebnisse sowie die Einführung des Kandidaten in die Loge. Der Mentor führte außerdem das Beschlußbuch und war nach dem Präsidenten die zweite Person, die über die Realisierung der Beschlüsse wachte."[6]

Abb. 1 Max Baumann, Aufnahme aus den 20er Jahren, Sammlung von M. Abramowicz.

---

[6] Domańska, Hanna: Gdański Zakon Synów Przymierza. Dzieje żydowskiego wolnomularstwa w Gdańsku i Sopocie lata 1899-1938. Gdynia 2002, S. 109.

Max Baumann war ein in Danzig bekannter und angesehener Rechtsanwalt. Die Leidenschaft seines Lebens waren jedoch nicht die Paragraphen und Rechtskodizes, sondern das Theater, das Schreiben von Theaterstücken, aber auch von kleinen Szenen und Dialogen, die in den Danziger Zeitungen erschienen. Er war zwar mit dem Theater nicht beruflich verbunden, widmete ihm aber sein schriftstellerisches Talent. Dabei sah er sich selber nicht als Schriftsteller an. In einem Interview für die Krakauer Zeitung „Nowy Dziennik" vom September 1937 sagte er geradezu, wenn auch vielleicht mit zu großer Bescheidenheit: „Ich gehöre nicht zur ,Zunft', ich bin kein Literat",[7] und in einem seiner gereimtem Epigramme, die er 1928 in Leipzig veröffentlichte, schrieb er ironisch über sich:

Der Advokat als Dichter

Dichter zugleich zu sein und Advokat:
etwas verdächt'ge Mischung in der Tat.
Doch braucht nicht eins das andere zu gefährden.
Nur ist's notwendig, dass er peinlich seh',
dass sein Gedicht nicht zum Plaidoyer,
nicht seine Klagen zu Romanen werden.[8]

Im Jahr 1923 erschien *Kampf um Danzig*, das erste Stück von Max Baumann, im Druck. Vorher soll es, wie Salzmann („in den 20er Jahren") und Lichtenstein („vor 1933") angeben, im Danziger Stadt-Theater aufgeführt worden sein.[9] In den jährlichen Repertoire-Verzeichnissen des Stadt-Theaters aus den Jahren 1916 bis 1932 findet sich jedoch kein Hinweis auf eine Inszenierung des Stückes.[10] Vielleicht handelte es sich um eine einmalige „Studio"-Lesung des Stückes, wie sie früher und später in diesem Theater auch andere Dramen Baumanns erlebten.

---

[7] H., Ch.: Glückel – antytezą Shyloka. Bóg żydowski nie jest Bogiem zemsty, lecz Bogiem litości. Rozmowa z p. Maksem Baumannem, autorem sztuki, Nowy Dziennik, Nr. 267, 29.9.1937, S. 7.

[8] Baumann, Max: Hui eins über das Auge, Hui eins über den Schädel, Hui eins über den Rücken. Ein Buch Epigramme von ... Leipzig (1928), S. 101.

[9] Lichtenstein, Erwin: Die Juden der Freien Stadt Danzig unter der Herrschaft des Nationalsozialismus. Tübingen 1973, Anmerkungen auf S. 70f.; Salzmann, Horst Rudolf: Divertimento in einem Sonatensatz und 10 Interludien (Exkursen), Hs. Hamburg o.D.

[10] Stadt-Theater in Danzig. Rückblick auf die Spielzeit 1916-1932, Bibliothek der Polnischen Akademie der Wissenschaften (BG PAN), Sign. Od 21609, 8°.

Das erste Stück des Danziger Notars griff, wie auch einige spätere, ein historisches Thema aus der Geschichte Danzigs auf. Der junge „Staat" Danzig war auf der Suche nach seiner Identität, einer Bestätigung seiner – allerdings illusorischen – Unabhängigkeit. Baumanns Stück kam diesen Erwartungen entgegen. Es handelte von dem Kampf, den Danzig im Jahr 1569 mit König Sigismund August führte. Die damals durch den König einberufene Karnkowski-Kommission schränkte die Freiheit der Stadt ernstlich ein, die – als Vergeltung – der Regierung den Gehorsam kündigte. Dieser *Kampf um Danzig* war das Thema von Baumanns erstem Schauspiel.

Ein Jahr danach legte der Autor sein nächstes Theaterstück vor, ein Werk, das mehr als zehn Jahre später große Bewegung im europäischen jüdischen Theater hervorrufen sollte:

Am 16. d. Mts. [Februar – M.A.] las Oberspielleiter Hermann Merz[11] vor einem kleinen Kreise geladener Zuhörer ein neues dramatisches Werk des durch sein historisches Schauspiel „Kampf um Danzig" und andere Bühnenwerke bereits bekannten Danziger Dichters Max Baumann. „Aug' um Auge" bietet in straffer Konzentrierung und mit großer Steigerungskraft eine Handlung, welche sich im Hamburg des ausgehenden 17. Jahrhunderts auf dem Hintergrund einer Familienchronik außerordentlich lebendig abwickelt. Der tragische Konflikt in der Seele der Hauptperson des Dramas, der Glückel von Hameln, der Konflikt zwischen dem glühenden Wunsch nach Sühne des an ihrem Mann begangenen Mordes und dem Drang des Weibesherzens nach Mitleid und Liebe ist ebenso spannend gegeben wie die Charakteristik aller Personen und die Milieuschilderung lebenswahr ist.[12]

Der Danziger Journalist (vermutlich war es Erwin Lichtenstein, der damals mit der „Danziger Rundschau" zusammenarbeitete) schrieb, man dürfe gespannt darauf sein, „ob Baumanns ‚Aug' um Auge' bald seinen Weg auf die deutschen Bühnen finden wird und ob sich seine Qualitäten dann als ebenso wirkungsvoll erweisen werden wie bei der Vorlesung."[13]

---

[11] Hermann Merz (1875-1944), in den Jahren 1935 bis 1941 Direktor des Danziger Staats-Theaters, seit 1922 u.a. auch Direktor der Wagnerfestspiele in Sopot. Merz war derjenige, der alle Künstler jüdischer Herkunft aus der Waldoper und dem Danziger Theater entließ.
[12] Danziger Rundschau, Nr. 12, 24.3.1924, S. 7.
[13] Ebd.

Erst im Juni 1994, viele Jahre nach dem Tod des Autors, war das Stück Baumanns auf einer deutschen Bühne zu sehen, wenn es auch vorher Versuche gab, es an einem der weltbekanntesten deutschen Theater zu inszenieren, und zwar 1959 am Berliner Ensemble. Zuvor jedoch erlebte das Stück unter dem Titel *Glückel von Hameln* einen überwältigenden Erfolg auf den Bühnen des jüdischen Theaters.

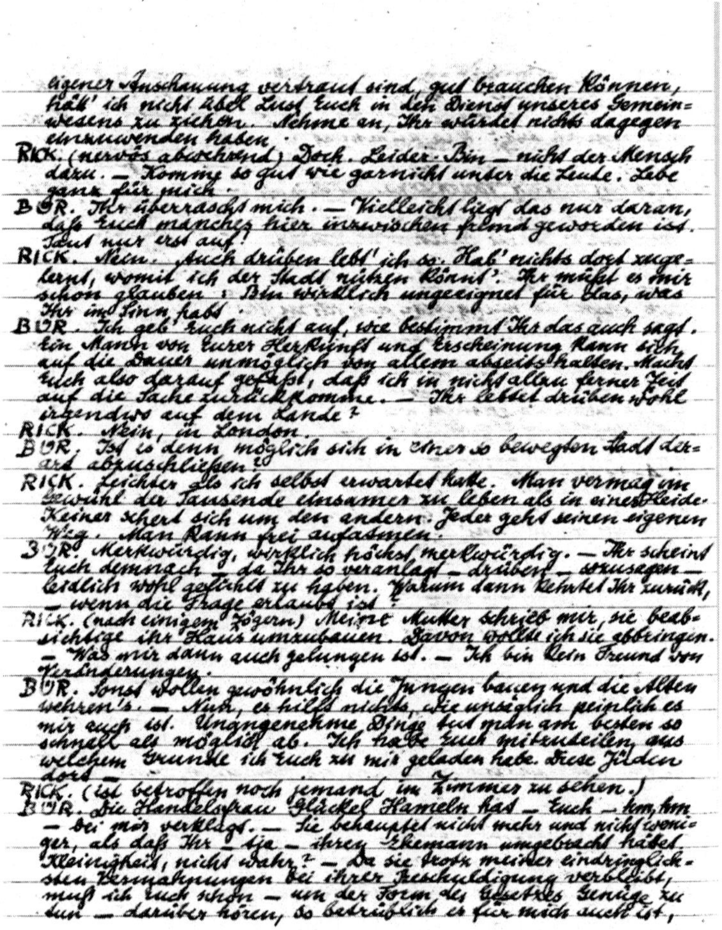
eigener Anschauung vertraut sind, gut brauchen können,
hätt' ich nicht übel Lust Euch in den Dienst unseres Gemein-
wesens zu ziehen. Nehme an, Ihr würdet nichts dagegen
einzuwenden haben.
RICK. (nervös abwehrend) Doch. Leider. Bin – nicht der Mensch
dazu. – Komme so gut wie garnicht unter die Leute. Lebe
ganz für mich.
BÜR. Ihr überrascht mich. – Vielleicht liegt das nur daran,
daß Euch manches hier inzwischen fremd geworden ist.
Taut nur erst auf!
RICK. Nein. Auch drüben lebt' ich so. Hab' nichts dort zuge-
lernt, womit ich der Stadt nützen könnt'. Ihr müßt es mir
schon glauben: Bin wirklich ungeeignet für das, was
Ihr im Sinn habt.
BÜR. Ich geb' Euch nicht auf, wie bestimmt Ihr das auch sagt.
Ein Mann von Eurer Herkunft und Erscheinung kann sich
auf die Dauer unmöglich von allem abseits halten. Macht
Euch also darauf gefaßt, daß ich in nicht allzu ferner Zeit
auf die Sache zurückkomme. – Ihr lebtet drüben wohl
irgendwo auf dem Lande?
RICK. Nein, in London.
BÜR. Ist es denn möglich sich in einer so bewegten Stadt der-
art abzuschließen?
RICK. Leichter als ich selbst erwartet habe. Man vermag im
Gewühl der Tausende einsamer zu leben als in einer Heide.
Keiner schert sich um den andern. Jeder geht seinen eigenen
Weg. Man kann frei aufatmen.
BÜR. Merkwürdig, wirklich höchst merkwürdig. – Ihr scheint
Euch demnach – da Ihr so veranlagt – drüben – sozusagen –
leidlich wohl gefühlt zu haben. Warum dann kehrtet Ihr zurück,
– wenn die Frage erlaubt ist?
RICK. (nach einigem Zögern) Meine Mutter schrieb mir, sie beab-
sichtige ihr Haus umzubauen. Davon wollte ich sie abbringen.
– Was mir dann auch gelungen ist. – Ich bin kein Freund von
Veränderungen.
BÜR. Sonst wollen gewöhnlich die Jungen bauen und die Alten
wehren's. – Nun, es hilft nichts, wie unsäglich peinlich es
mir auch ist. Unangenehme Dinge tut man am besten so
schnell als möglich ab. Ich habe Euch mitzuteilen, aus
welchem Grunde ich Euch zu mir geladen habe. Diese Jüden
dort –
RICK. (ist betroffen noch jemand im Zimmer zu sehen.)
BÜR. Die Handelsfrau Glückel Hameln hat – Euch – hm, hm
– bei mir verklagt. – Sie behauptet nicht mehr und nicht weniger, als daß Ihr – tja – ihren Ehemann umgebracht hättet.
Kleinigkeit, nicht wahr? – Da sie trotz meiner eindringlich-
sten Vermahnungen bei ihrer Beschuldigung verbleibt,
muß ich Euch schon – um der Form des Gesetzes Genüge zu
tun – darüber hören, so betrüblich es für mich auch ist,

Abb. 2 *Glückel von Hameln*, Manuskript, Sammlung von M. Abramowicz.

Aber der Reihe nach.

Am 5. April 1932 stattete – im Rahmen der Kampagne zu den Präsi-
dentschaftswahlen – Adolf Hitler der Stadt Danzig einen kurzen Besuch
ab. Dieser etwa halbstündige Aufenthalt des künftigen Führers des Dritten
Reiches bewirkte unter den Danziger Nazis eine wahre Hysterie. Schon
vom Morgen an strömten Massen erregter Menschen mit Hakenkreuz-
fahnen in Richtung des Flughafens in Langfuhr, um den Führer wenigstens
von weitem zu sehen. „Der Vorposten", Organ der NSDAP der Freien
Stadt Danzig, sprach diesem Besuch eine außergewöhnliche Bedeutung zu
und schrieb sogar:

> *Petrus will diesen Festtag der Danziger noch verschönen: Ein herrlicher Frühlingstag.*
> *Lachender Sonnenschein bei tiefblauem Himmel geben dem großen Ereignis den*
> *würdigen Rahmen.*[14]

Etwas anders sahen die sozialdemokratische und die polnische Presse den
Besuch Hitlers:

> *Die sozialistische Presse bedenkt diese ganze Manifestation mit sehr bissigen*
> *Kommentaren und schreibt unter dem Titel „Die Parade der Bleisoldaten", daß*
> *Hitler beim Verlassen des Berliner Flugzeugs, nachdem er auf das Gebiet von*
> *Danzig geblickt, die großen Worte gesagt habe: „Also das soll polnische Erde*
> *werden?"*
> *Die „Danziger Volksstimme" erklärte, daß halb Danzig den Kopf verloren habe,*
> *daß sogar die Behörden ihre Beamten freistellten und daß es an diesem Tag für*
> *diejenigen, die nicht zur Partei Hitlers gehören, gefährlich war, uniformierten Jugend-*
> *lichen mit Hakenkreuz zu begegnen. Ein Glück, so beendet das Arbeiterorgan seine*
> *Bemerkungen, daß Hitler Danzig nur eine halbe Stunde lang heimgesucht hat. Das*
> *Blatt fordert den Polizeipräsidenten von Danzig auf, den Nazis das Singen be-*
> *geisterter Lieder über das Fließen von Blut in den Straßen zu verbieten.*[15]

Doch schon bald fanden der offene Antisemitismus und Haß gegen die
Juden, die sich bisher in Schmähungen und Liedern wie

---

[14] Flohr: Unser Führer: Adolf Hitler in Danzig, Der Vorposten, 15.4.1932, S. 3.
[15] Echa pobytu Hitlera w Gdańsku. Zjadliwy humor socjalistów, Gazeta Gdańska, Nr. 81,
8.4.1932, S. 7.

Blut muß fließen auf dem Bürgersteig,
laßt Messer flutschen in den Judenleib

austobten, nicht nur verbale Lösungen. Eine Ankündigung des künftigen Vorgehens der Nazis gegenüber den Juden findet sich in der Ansprache, die der Danziger Gauleiter der NSDAP, Albert Forster, einige Tage nach dem Besuch Adolf Hitlers vor den Parteimitgliedern hielt:

Der Jude ist keine Religionsgemeinschaft, er ist eine Rasse, die der unseren fremd ist ... Es gilt nicht den Juden als Menschen, sondern als Geist auszurotten! Staatsbürger kann nur sein, wer deutschen Blutes ist. Kein Jude kann daher Volksgenosse sein![16]

Einige Jahre später, als Forster sich am 10. Oktober 1937 an die Parteigenossen auf dem örtlichen Parteitag des NSDAP im Danziger Staats-Theater wandte, war er in seinen Worten nicht mehr wählerisch:

Dabei muß eine Frage besonders in den Vordergrund gestellt werden, nämlich die Judenfrage. [...] Dieses fremdländische Gesindel, insbesondere die aus dem Osten ganz frisch eingewanderten verlausten und verdreckten Juden tun gerade so, als ob sie die Herren in Danzig wären. [...] Von den Parteigenossen und besonders von den Parteigenossinnen verlange ich aber, daß sie so viel Ehrgefühl als Nationalsozialisten besitzen und von sich aus keinem Juden Unterstützung oder Obdach gewähren. Es geht nicht an, daß Nationalsozialisten bei den Juden einkaufen, sich von jüdischen Ärzten behandeln lassen, von jüdischen Rechtsanwälten und Notaren vertreten lassen. Es muß uns gelingen, auch hier in Danzig die Frechheit und Anmaßung des Judentums zu beseitigen.[17]

Seit dem 28. Mai 1933, als die Danziger NSDAP den endgültigen Sieg in den Wahlen zum Volkstag errang (bei einer Wahlbeteiligung von 92,1 % erhielten die Nazis 38 Mandate bzw. 50,03 % der Stimmen), wurde die verbale Ankündigung der „Lösung der Judenfrage" in die Tat umgesetzt.

In dieser Atmosphäre der Unsicherheit versuchte Max Baumann – im Bewußtsein der drohenden Gefahr – eine rationale Lösung für die Situation

---

[16] Gauleiter Forster in der Sporthalle. „Warum sind wir Antisemiten?", Der Vorposten, Nr. 10, 8.4.1932, o.S.
[17] Archiv des IPN, Sign. Ko 38/00, zitiert nach Schenk, Dieter: Hitlers Mann in Danzig. Gauleiter Forster und die NS-Verbrechen in Danzig-Westpreußen. Bonn 2000, S. 84f.

des Judentums zu finden, ein vernünftiges und positives Programm für die kommende Zeit zu formulieren. Im Januar 1936 hielt er im Jüdischen Klub in der Hansagasse (ul. Kupiecka) ein Referat mit dem sprechenden Titel *Die Kultur der Danziger Juden am Scheidewege*. In diesen Äußerungen erwies er sich einmal mehr als Humanist, als ein Mensch, der an die Kraft der wahren Werte glaubt, die sich der Welle der Barbarei entgegenzustellen vermögen.

Baumann, der sich im Kreis der Danziger „deutschen Juden" als Rechtsanwalt, Schriftsteller und Redner eines großen Ansehens erfreute, berief sich auf die Unabhängigkeit des Kulturlebens der Danziger Juden, stellte optimistisch und – berücksichtigt man die dramatischen und tragischen Ereignisse, zu denen es in Kürze kommen sollte – ein wenig naiv fest, daß sich das geistige Schaffen in Danzig trotz der nazistischen Bedrohung von der einen und trotz der Einflüsse der großen kulturellen Zentren in Polen und Rußland von der anderen Seite weiter entwickeln wird. Er bezeichnete sich als einen Anhänger des Zionismus, warnte aber gleichzeitig vor dem Einfluß von Erez Israel, denn dessen Kultur werde zu sehr durch die westlichen Staaten gestaltet. Diese negative Tendenz begann für Baumann in den Kulturkreisen Berlins, und Danzig habe dies unkritisch übernommen. Er rief auch zu einer Entwicklung des jüdischen Schaffens auf, bei der positive und fruchtbare Elemente fremder Kulturen adaptiert werden sollten.[18]

Umfangreiche Auszüge dieser in der damaligen Situation ungewöhnlich bedeutungsvollen und in den jüdischen Kreisen breit kommentierten Stimmeldung erschienen in drei aufeinander folgenden Nummern der deutschsprachigen jüdischen Zeitung „Danziger Echo":

Wie ist unsere kulturelle Lage?
Wir haben keine Verbindung mehr mit Wissenschaft und Philosophie, keine Basis für dichterische Betätigung, keine Möglichkeit einer bildenden Kunst. Wir haben kein Studium, keine Universität, auf der wir das lernen können, was wir lernen wollen und lernen müssen. Wir sind abgeschnitten worden von unserem bisherigen geistigen Nährboden, abgerissen von unserer geistigen Mutterbrust. [...] Ob wir überleben, ob wir die Krisis, in die wir gestoßen sind, überstehen werden, hängt nicht so sehr davon ab, wieviel wir über das Lebensnotwendigste hinaus verdienen werden, sondern ob wir uns jene geistige und seelische Elastizität erhalten, an der alle Stöße von außen

---

[18] Stern, Elijahu: The Jews of Danzig 1840-1943. Integration, Struggle, Rescue. Jerusalem 1983, S. 261.

abprallen, die uns, wenn uns auch ein noch so starker Sturm niederdrückt, immer wieder aufrichten macht, die uns über jeden Verlust von Hab und Gut, über Inflationen, Deflationen und Konfiskationen jeder Art hinweg hilft. [...] Uns ist von den maßgeblichen Stellen klipp und klar bedeutet worden, daß wir keine Legitimation haben, uns an der deutschen Kultur als solcher weiter zu beteiligen. Heute haben wir zweifellos das Recht und daher auch die Pflicht, kulturell [...] unsere eigenen Wege zu gehen und lediglich unsere eigenen Wege, das heißt die Wege, die nach unserem Ermessen unserer Natur und unseren Belangen entsprechen. [...] Nietzsche sagte: „Die Juden verstehen es, selbst noch unter den schlimmsten Bedingungen sich durchzusetzen, vermöge irgend welcher Tugenden, die man heute gern zu Lastern stempeln möchte". Heute ein Jude zu sein, ist gewiß ein hartes Geschick, aber es ist auch eine große Stärke.[19]

Trotz der dramatischen politischen Situation, trotz der nationalsozialistischen Angriffe gegen die jüdischen Bürger und Institutionen der Freistadt kamen in den dreißiger Jahren des vergangenen Jahrhunderts jüdische Theaterkünstler aus Krakau und Warschau nach Danzig. Ein Paradox der Geschichte bewirkte, daß in diesem kleinen „Staat" unter der Macht der Nazis bis 1938 ein jüdisches Berufstheater existierte, an dem bekannte und anerkannte Schauspieler und Regisseure tätig waren.

Mit Gastspielen traten hier Künstler auf wie Chajele Grober vom berühmten Moskauer Theater Habima, das Jüdische Künstlerische Theater von Jakow Żytomirski mit Maria Tomska, René Baumann und Samuel Goldberg und schließlich das damals bekannteste Theater – die Wilnaer Truppe mit Mordechaj Mazo, Miriam Orleska, Mila Alter und Jakub Wajslic.

1934 kam der bekannte Schauspieler der Wilnaer Truppe, der Regisseur und Übersetzer von Dramen der Weltliteratur Simon Weinstock zusammen mit seiner Frau Lola Silbermann nach Danzig. Gemeinsam mit der örtlichen Theatergruppe, die zwei Jahre zuvor von dem Warschauer Schauspieler Hirsz Głowiński gegründet wurde und zum Teil aus Amateuren bestand, inszenierte er zwei musikalische Komödien. Diese Vorstellungen hatten im Dezember 1934 Premiere, daher kann dieses Datum als erster öffentlicher Auftritt des ständigen jüdischen Berufstheaters in der Freien Stadt Danzig angesehen werden.

---

[19] Baumann, Max: Die Kultur der Danziger Juden am Scheidewege, Danziger Echo, Nr. 7, 22.2.1936, S. 6; Nr. 8, 29.2.1936, S. 4.

In den folgenden Jahren traten im Danziger Jüdischen Theater unter anderem solche hervorragenden Künstler auf wie Niusia Gold, Sonia und Peter Amati, Salomon Naumow, Anna und Izaak Cwilich, Rudolf Zasławski und schließlich Stars ersten Ranges: Diana Blumenfeld und Jonas Turkow.

Im Repertoire des Jüdischen Theaters unter der Leitung von Symcha Weinstock, Rudolf Zasławski und Jonas Turkow fanden sich einerseits Werke des klassischen jüdischen Theaterrepertoires, u.a. Stücke von Abraham Goldfaden (*Bar Kochba*, *Shulamis*, *Die Zauberin*, *Die tzwei Kune Lemels*), Scholem Asch (*Der Gott der Rache*, *Mottke der Dieb*), Scholem Alejchem (*Tewje, der Milchmann*, *Menachem Mendel*), Jakob Abramowitsch (*Die Mähre*), Jakob Gordin (*Mirele Efros*), Peretz Hirschbein (*Grüne Felder*) und schließlich der berühmte *Dybbuk* von Salomon An-Ski.

Daneben wurden Stücke von Shakespeare (*Komödie der Irrungen*), August Strindberg (*Der Vater*), Lew Tolstoi (*Die Kreutzersonate*), Alexandre Dumas (*Die Kameliendame*), Leonid Andrejew (*Tage unseres Lebens*, *Die Geschichte von den sieben Gehenkten*) und Maria Morozowicz-Szczepkowska (*Wir, Frauen*) gespielt.

Der erste künstlerische Leiter des Jüdischen Theaters in Danzig, Symcha Weinstock, interessierte sich für das Schaffen von Max Baumann, vor allem für das Drama *Glückel von Hameln* (der frühere Titel war: *Aug' um Auge*). Baumann erinnerte sich später:

> *Durch die Vermittlung von Bekannten erfuhr der jüdische Schauspieler Herr Weinstock davon. Und als er das Drama gelesen hatte, kam er voll innerer Bewegung zu mir und rief schon an der Schwelle: Die Glückel kann nur Ida Kamińska spielen! [...] Danach geschah tatsächlich ein Wunder, denn auf der ganzen Welt gibt es nur eine Schauspielerin, welche die Heldin meines Stückes zum Leben erwecken konnte, und das ist Ida Kamińska. [...] Jetzt lebt das Stück und erweckt überall dort, wo es Ida Kamińska vorstellt, die jüdische Gesellschaft zum Leben.*[20]

Kamińska selber erinnerte sich viele Jahre später an ihre Arbeit mit dem Stück *Glückel von Hameln fordert Gerechtigkeit*:

> *Im Jahr 1938 gelang es mir, das Theater Nowości [in Warschau – M.A.], im Zentrum der Stadt gelegen, in einem zum Teil von Juden bewohnten Viertel, zu*

---

[20] H., Glückel (wie Anm. 7).

mieten. Dort führten wir „Glikl Hameln" von Max Baumann auf, in dem ich die Titelrolle spielte. (Ich inszenierte dieses Stück auch in New York im Jahr 1972.) Das Stück basierte auf den Erinnerungen der Glikl, der ersten erhaltenen jüdischen Autobiographie aus dem 17. Jahrhundert. Dieses erste Drama von Baumann [...] war nicht sehr bühnengerecht und erforderte von mir einige Umarbeitungen. Aber die Aufnahme, die ihm das Publikum bereitete, war einfach unglaublich.
Glikl hatte seine Premiere in Łódź [im Herbst 1937 – M.A.]. Das Bühnenbild schuf der berühmte polnische Künstler und Theaterregisseur Iwo Gall. Er war kein Jude und bot uns seine Dienste als Ausdruck der Verehrung für das jüdische Theater an. Das Stück erzählte von Ereignissen aus dem Leben der Juden in Hamburg im 17. Jahrhundert, doch man konnte in ihm deutliche Anspielungen auf die Verfolgung der Juden im damaligen Deutschland finden. Die Hauptheldin, die vom Hamburger Bürgermeister Gerechtigkeit fordert, trat im Namen der Juden in aller Welt, und vor allem der Juden im Machtbereich Hitlers auf.[21]

In der Tat: Die Aufnahme, die das Publikum dem Stück von Max Baumann bereitete, war außergewöhnlich. *Glückel von Hameln fordert Gerechtigkeit* wurde voller Begeisterung aufgenommen. Es wurde in ganz Polen bis zum Ausbruch des Zweiten Weltkrieges ununterbrochen gespielt. In den Titeln der Presserezensionen erschienen fortwährend Rufe des Bewunderung: „hervorragender Erfolg", „außerordentlicher Erfolg", „ein wirklich großartiges Stück", „der Erfolg von *Glückel* wächst von Tag zu Tag", „das muß man gesehen haben!", „eine Theatersensation". Der Künstlerische Rat des Verbandes der Künstler Jüdischer Bühnen zeichnete die Gruppe von Kamińska mit einem besonderen Preis aus und bezeichnete die Aufführung von *Glückel* als „die beste Inszenierung des jüdischen Theaters in Polen in den letzten Jahren".[22] Auch das berühmte hebräische Habima-Theater beschloß, das Stück in sein Repertoire aufzunehmen. Die Premiere sollte in der Saison 1938/1939 stattfinden.[23]

Baumanns Stück errang außergewöhnliche Anerkennung nicht nur in den Augen der Kritik, sondern auch – wenn nicht vor allem – in den

---

[21] Kamińska, Ida: Moje życie, mój teatr, übers. v. Joanna Krakowska-Narożniak, Vorwort Jan Kott. Warszawa 1995, S. 75.

[22] Wspaniały sukces premiery „Glückel Hameln" w wykonaniu zespołu Idy Kamińskiej, Nowy Dziennik, Nr. 260, 22.9.1937, S. 11.

[23] Central-Verein-Zeitung (Berlin), Nr. 42, 20.10.1938, S. 12; Briefe Erwin Lichtensteins an die Tochter Max Baumanns, Eva Salzmann (v. 19.7.1975), und ihren Mann Horst Rudolf Salzmann (v. 5.11.1989) – im Besitz des Autors.

Augen der „breiten jüdischen Masse", denn „jedes Wort [des Stückes – M.A.] gewinnt Leben und Aktualität, [...] im Grunde wird jeder Aufschrei zum Schrei der heute Unrecht erleidenden und verletzten jüdischen Seelen"[24], und gleichzeitig ist es ein „in der Zeit des Pessimismus Mut gebendes"[25] Stück. Viele jüdische Zuschauer verstanden es als einen entschiedenen, starken Ausdruck des Protestes gegen die jüdische Ergebenheit und „gegen das Beugen der Nacken".[26]

Moses Kanfer, ein bekannter jüdischer Theaterkritiker, schrieb nach der Krakauer Premiere von *Glückel von Hameln*:

Der deutsche Jude begehrt, erträumt bewußt die Gerechtigkeit, deren brutale Verneinung, ja geradezu dämonische Entstellung all das ist, was gegenwärtig in Deutschland geschieht. Es ist also ein historisches Stück, aber wie aktuell.[27]

Und an einer anderen Stelle desselben Berichts:

Wir [Juden – M.A.] haben die Losung „Liebe deinen Nächsten wie dich selbst" in die Welt geworfen, doch wir haben immer vor allem Gerechtigkeit gefordert. Jede unterdrückte Minderheit, die an den Rändern der Völker lebt, fordert Gerechtigkeit. Im übrigen waren bereits unsere Propheten Apostel der Gerechtigkeit, das heißt, wir haben auch in jener Zeit Gerechtigkeit verkündet, als wir ein Volk waren, das in seinem eigenen Land lebte, als wir einen eigenen Staat hatten. Die Forderung nach Gerechtigkeit war später in der Zeit des Exils ein wichtiger Bestandteil unserer jüdischen Staatsräson. Wir haben nie Gnade noch Mitleid gewollt und wir wollen es auch jetzt nicht, wir verlangen nur Gerechtigkeit. Doch die Welt antwortet uns nicht nur mit einem verächtlichen Achselzucken, sondern gezielt und bewußt mit „spontanen Äußerungen", von verbrecherischen Demagogen organisiert.[28]

---

[24] Stillerowa, Henryka: Teatr żydowski: „Glückel Hameln" Maksa Baumanna (występ zespołu Idy Kamińskiej), Nasza Opinja, Nr. 115 (242), 24.10.1937, S. 12.

[25] „Glückel Hameln" – Idy Kamińskiej zdobyła Kraków, Nowy Dziennik, Nr. 261, 23.9.1937, S. 15.

[26] Głos widza teatralnego „Żądam sprawiedliwości", Nowy Dziennik, Nr. 264, 26.9.1937, S. 17.

[27] K., M. [Kanfer, Mojżesz]: Teatr Żydowski w Krakowie, „Glückel Hameln" (Żądam sprawidliwości), Sztuka w czterech aktach z prologiem i epilogiem Maksa Baumana, Nowy Dziennik, Nr. 261, 23.9.1937, S. 10f.

[28] Ebd.

Baumann stützte sich in seinem Drama auf die Erinnerungen der Hamburger Jüdin Glückel von Hameln (1646-1725),[29] die trotz der feindlichen Haltung der christlichen Bewohner der Stadt, trotz der „guten Ratschläge" ihrer Mitbrüder ungewöhnlich mutig um die gefährdete Gerechtigkeit kämpft. So entgeht der Mörder ihres Mannes, ein junger Mann aus einer angesehenen und reichen christlichen Familie, schon allein deshalb seiner Strafe, weil sein Opfer ein Jude war. Die stolze und mutige Glückel führt einen einsamen Kampf gegen alle – nicht im Namen der Rache, sondern im Namen einer elementaren Gerechtigkeit, die doch auch für Juden gelten muß. Der Rezensent einer jüdischen Zeitung schrieb bei der Besprechung des Stückes:

Umsonst wird Glückel von den beiden sie begleitenden jüdischen Kaufleuten angefleht [...], sie möge die Sache aufgeben, Juden können und dürfen keine Gerechtigkeit verlangen, denn sie sind nur geduldet. Gerechtigkeit können nur die Mächtigen dieser Welt fordern, nicht ihre Parias. Doch Glückel fordert Gerechtigkeit, denn ohne Gerechtigkeit könnte die Welt nicht bestehen. Die sklavische Angst ihrer jüdischen Umgebung versteht Glückel nicht, voll Widerwillen wendet sie sich von der Feigheit der Juden ab, die bereit sind, die jüdische Ehre für eine Schüssel Linsensuppe zu verkaufen.[30]

Im Mai 1938 konnten sich der Autor des Stückes und der bereits erwähnte Mitarbeiter des Jüdischen Kulturbundes Erwin Lichtenstein persönlich davon überzeugen, wie das jüdische Publikum das Werk des Danzigers aufnimmt. Lichtenstein beschrieb seine Eindrücke in der Berliner „C.V.-Zeitung" („Central-Verein-Zeitung", Organ des Central-Vereins deutscher Staatsbürger jüdischen Glaubens):

Einer der repräsentativen Plätze von Warschau ist der Opernplatz. Auf der einen Längsseite erhebt sich das Stadthaus, gekrönt von dem imposanten Rathausturm, ihm

---

[29] Glückel von Hameln schrieb in den Jahren 1690 bis 1719 ihre Erinnerungen unter dem Titel „Zichronot". Sie sind in sieben Bücher geteilt, die im Original im sogenannten Judendeutsch gschrieben wurden. In der Originalsprache erschienen sie zum ersten Mal 1896 in Frankfurt am Main, danach, ins Deutsche übersetzt in den Jahren 1910 und 1913 in Berlin. Max Baumann hat vermutlich die vierte Auflage der Erinnerungen von Glückel benutzt, die durch die Bemühungen von Erich Töplitz 1929 in Berlin auf deutsch erschienen.

[30] Kanfer (wie Anm. 27).

gegenüber aber zieht sich die säulengeschmückte Front der Oper hin, deren Konturen abends im Lichte verdeckter Scheinwerfer plastisch hervortreten. An der westlichen Schmalseite, dort, wo die Bank Polski ihren Sitz hat, beginnt mit der ulica Bielanska das jüdische Viertel. Es ist hier am Beginn noch nicht so angefüllt mit Menschen wie in den gedrängt vollen Straßen um die Nalewki herum. Hier in der Bielanska herrscht noch eine gewisse Geräumigkeit, und so ist denn auch die Weiträumigkeit der erste Eindruck, den wir beim Betreten des Grundstücks Nr. 5 empfangen, auf dem das Theater Nowosci breit sich hinlagert.

Wie so viele Theater, liegt auch dieses Warschauer Bühnenhaus nicht an der Straße, sondern im Hintergrund eines großen Hofes, zu dem ein Durchgang den Besucher hinführt, mit seinen Szenenbildern und Schauspielerphotos ihn hinlockend und hingeleitend aus der Alltagswelt der Straße in die Zauberwelt der Bühne. Heute künden die Bilder das Gastspiel von Ida Kaminska und ihrem Ensemble an, und die Szenenaufnahmen sind dem historischen Drama „Glückel von Hameln" von Max Baumann entnommen und zeigen uns jüdische Gestalten in der Tracht des 17. Jahrhunderts. [...]

Es war der Danziger Autor Max Baumann [...], ein angesehener jüdischer Rechtsanwalt, der vor Jahr und Tag Glückel von Hameln zur Heldin eines vieraktigen Schauspiels gewählt hatte. Der Aufenthalt einer jüdischen Truppe in Danzig machte vor zwei Jahren den Regisseur Weinstock mit dem Werk bekannt. Er fühlte die Bühnenwirksamkeit des mit kräftigen Strichen gezeichneten Werkes mit sicherem Instinkt heraus und erwarb von Baumann das Recht zur Übersetzung. Dann bot er es Ida Kaminska an, und diese brachte das Stück mit einigen Abänderungen im Herbst 1937 in Lodz zur Uraufführung. Das war vor einem Dreivierteljahr. Seitdem ist das Stück bald 150 mal gespielt worden. Es lief monatelang in Lodz, in Krakau, in Lemberg und in den anderen polnischen Städten und weckte stärksten Widerhall bei Presse und Publikum. Seit einigen Wochen ist es in die polnische Hauptstadt und damit in die größte Judengemeinde Europas gelangt, und man darf annehmen, daß es auch hier seine Zugkraft bewähren wird.

1200 Menschen faßt das Theater Nowosci, ein früheres Operettentheater, in Parkett und zwei ausgedehnten Rängen. Der Besuch ist gut, die Vorstellung beginnt pünktlich 9 Uhr 15 Min. nach Polizeivorschrift, aber einzelne unpünktliche Besucher stören erheblich. In Kenntnis ihres Publikums eröffnet die Regisseurin Ida Kaminska das Stück mit einem Prolog. Ein Sprecher erklärt die Bilder einer Gemäldegalerie, unter ihnen ein Bildnis der Glückel von Hameln. Er macht das Publikum mit den Lebensumständen dieser Frau in großen Zügen bekannt, und dann erst beginnt die eigentliche Handlung, in deren Mittelpunkt die dem Bilde entstiegene Frau steht.

Das Parkett und die Galerie folgen den Vorgängen auf der Bühne mit lebhafter Teilnahme. Der Kriminalfall, dessen Ausgangspunkt das rätselhafte Verschwinden des Ehemannes der Glückel bildet, erregt sofort ihre Spannung. Die unkomplizierte Handlung führt bereits im zweiten Akt zu der großen Aussprache zwischen der die Mordanklage erhebenden Gattin und dem Stadtoberhaupt, und hier unterbricht spontaner Beifall bei offener Szene die Forderung nach Gerechtigkeit. Ida Kaminska erweist sich als eine klug abtönende Künstlerin, die sparsam mit Wort und Gebärde umgeht, um desto stärkere Wirkungen bei den wenigen leidenschaftlichen Ausbrüchen zu erzielen. Einen ausgezeichneten Sprecher lernen wir in dem Darsteller des Bürgermeisters kennen, auch sonst ist eine Reihe guter Einzelleistungen und vor allem ein ausgewogenes Zusammenspiel festzustellen, das dem Werke in jeder Weise gerecht wird.

Der dritte und vierte Akt bringt die Gegenüberstellung der Mutter des Mörders, die ihr Kind verteidigt, und Glückels, die das Andenken ihres Mannes hochhält. In diesen Zusammenprall zweier liebender Frauen trifft die Nachricht, daß auch Glückels ältester und liebster Sohn sich in Schuld verstrickt hat. So reift in ihr Verstehen und Verzeihen, und ihr Erlebnis wird ihr zum denkwürdigen Ausdruck eines jüdischen Frauenlebens, den es Kindern und Kindeskindern zu bewahren gilt. Indem sie sich niedersetzt, ihre Lebensgeschichte zu schreiben, verwandelt sie sich in die historische Gestalt des Prologs. Wieder erscheint der Sprecher, um den Zusammenhang zwischen der Vergangenheit und der Gegenwart herzustellen und damit einen Hauch der Ewigkeit dem Hörer fühlbar werden zu lassen. [31]

Das Stück des Danziger Notars, das in den Jahren 1937 und 1938 einen solch großen Erfolg hatte, war Bestandteil des Repertoires aller Theatertruppen von Ida Kamińska. Die Künstlerin führte es immer wieder auf, zur Feier des 35. Jubiläums ihrer künstlerischen Arbeit im Jahr 1952 wählte sie gerade *Glückel von Hameln fordert Gerechtigkeit*, und auch später kehrte sie oft zu dem Stück zurück, zeigte es nicht nur auf polnischen Bühnen, sondern auch während der zahlreichen Auslandsgastspiele des Jüdischen Staatstheaters Warschau, dessen künstlerische Leiterin sie viele Jahre lang war. Auch nach ihrem Weggang aus Polen nach dem schmachvollen März 1968 kehrte Kamińska zu *Glückel von Hameln* zurück und inszenierte das Stück unter anderem in New York (1972) und Tel Aviv (1975).

---

[31] Dr. Lichtenstein, Erwin: Im Theater Nowosci, Central-Verein-Zeitung, Nr. 22, 2.6.1938, S. 4.

Abb. 3 Ida Kamińska im Kostüm der Glückel und Max Baumann nach der Warschauer Premiere im Jahr 1938, Sammlung von M. Abramowicz.

Das letzte Mal war *Glückel von Hameln* dank dem Hamburger Thalia-Theater zu sehen. Am 27. Juni 1994 fand in den Straßen des früheren jüdischen Viertels von Hamburg, nämlich dort, wo die wirkliche Glückel gelebt hat, die Premiere einer Freilichtaufführung mit dem Titel *Angst vor dem Pogrom* statt, die Christiane Richers (in Zusammenarbeit mit Erika Hirsch) nach dem Stück von Baumann inszenierte.

Der Erfolg von *Glückel von Hameln* in der Regie von Ida Kamińska führte zur Realisierung eines weiteren Stückes von Max Baumann. Diesmal in Danzig.

Im März 1938 inszenierte der berühmte Regisseur und jüdische Schauspieler Jonas Turkow, der in dieser Zeit die künstlerische Leitung des Jüdischen Theaters in Danzig übernahm, Baumanns Stück *Morgengrauen*. Dieses ebenfalls historische Drama führt die Zuschauer ins beginnende 16. Jahrhundert, als in Deutschland der berühmte Streit zwischen Johannes Reuchlin und dem getauften Juden und Dominikaner Johannes Pfefferkorn geführt wurde. Die Polemik aus dem Jahr 1511 wurde zu einer Auseinandersetzung zwischen Humanisten und Anhängern der Scholastik in ganz Deutschland. Vor diesem Hintergrund spielt in Baumanns Stück die Geschichte des jüdischen Arztes Isaac ben Jehuda (von Jonas Turkow ausgezeichnet gespielt) und seiner Freunde, die der Schwarzen Kunst angeklagt werden. Ihr Prozeß, der vor einem christlichen Gericht stattfindet, endet mit einem Freispruch. Aber ähnlich wie in *Glückel von Hameln* ist dieses Urteil nur dank der unbeugsamen Haltung, dem Stolz und der Charakterstärke der Angeklagten, und besonders von Fromet, der Frau von Isaac (gespielt von Diana Blumenfeld), möglich.

Bei aller kritischen Haltung, die wir an dem gebildeten jüdischen Publikum kennen, erzielte das Werk einen beachtlichen Erfolg. Er rührte in der Hauptsache daher, daß das überzeitliche jüdische Schicksal, das aus dem Werk spricht, auch denen mit Macht bewußt wurde, die sonst mit rein ästhetischen Wertmaßstäben an die Erscheinungen des Theaters herangehen. So war es charakteristisch, daß vor allem die Jugend, die Frauen, der einfache Theaterbesucher, aufs tiefste beeindruckt wurden. [...] Die Aufführung unter Jonas Turkows Leitung hatte hohes Niveau. [32]

Die Inszenierung fand eine gute Aufnahme beim jüdischen Publikum Danzigs, wurde mehrmals wiederholt und hätte noch länger gespielt werden können, wenn die täglichen brutalen Überfälle der Nazis auf jüdische Einrichtungen es nicht verhindert hätten. Die Weiterarbeit des Theaters war nicht mehr möglich; die Schauspieler verließen die Freistadt, die Säle wurden geschlossen. Es begann der große Exodus der jüdischen Bevölkerung Danzigs.

Einer der letzten Gründe, sich für die Emigration zu entscheiden, war für Max Baumann – neben der allgemeinen Atmosphäre des Schreckens und der Entwürdigung – die offizielle Auflösung aller jüdischen Notariate durch den Danziger Senat im November 1938 und die einige Tage später erfolgende Einführung der nazistischen „Nürnberger Gesetze" auf dem Territorium der Freistadt:

Die letzten Ereignisse in Danzig erschütterten endgültig die Position nicht nur der jüdischen Kaufleute, sondern auch der Juden in den freien Berufen. Schon seit langem boykottiert und in ihrer Bewegungsfreiheit eingeschränkt, lösen die Juden ihre Niederlassungen in Danzig auf. Einer nach dem anderen – Zahnärzte, Allgemeinärzte, Advokaten u.ä. verlassen das Gebiet der Freien Stadt Danzig.
Angst erfaßte vor allem die jüdischen Notariate und die Anwälte in Danzig. In diesen Tagen haben bereits folgende jüdische Anwälte und Notare ihre Büros aufgelöst: Frölich, Lazarus, Dr. Schopf, Dr. Hermann, Dr. Kamnitzer und Rothenberg. Dr. Kamnitzer war in der Zeit der sozialistischen, Zentrums- und nationalistischen

---

[32] Li. [Lichtenstein, Erwin]: Jüdisches Theater in Danzig, Central-Verein Zeitung, Nr. 11, 17.3.1938, S. 12.

Regierungen einer der hervorragenden Senatoren und Abgeordneten der sozialistischen Partei.[33]

Abb. 4 Max Baumann in seinem Notariatsbüro in Danzig in den 30er Jahren, Sammlung von M. Abramowicz.

Max Baumann fuhr gemeinsam mit seiner Frau Martha mit einem der letzten Schiffe, die den Hafen von Gdynia vor dem Kriegsausbruch verließen, nach Kopenhagen. Später gingen beide nach England, wo sie die Kriegsjahre auf einem kleinen Bauernhof im Süden des Landes verbrachten. In dieser Zeit hatte Baumann, wie er selber 1946 an Erwin Lichtenstein schrieb, sein „dramaturgisches Schaffen eingestellt. Der Boden unter den Füßen war zu unsicher geworden."[34]

Kurz nach dem Krieg wandte Baumann sich wieder dem literarischen Schaffen zu. Er schrieb ein neues Stück – *Kiwa's Schänke* – („es verdankt seine Entstehung meinem Aufenthalt in Warschau im Jahr 1938 [...], doch ich habe es erst in diesen Tagen abgeschlossen"[35]) sowie neue Fassungen von *Morgengrauen* und *Neues Ägypten*, die mit *Glückel von Hameln* zusammen die *Trilogie zum Gedächtnis der deutschen Juden* bilden. Darüber hinaus schrieb er – „um mir selbst Mut zu machen" – ein großes tragikomisches Gedicht.

---

33 Likwidacja żydowskich notariatów w Gdańsku, Kurier Bałtycki, Nr. 269, 20.11.1938, S. 6.
34 Brief M. Baumanns an E. Lichtenstein v. 26.6.1946, im Besitz des Autors.
35 Brief M. Baumanns an E. Lichtenstein, Anfang 1946, im Besitz des Autors.

Ende der vierziger Jahre zogen Max und Martha Baumann zu ihrer in Schweden lebenden Tochter Eva Salzmann. Dort starb Max Baumann am 26. Juli 1953. Er wurde auf dem jüdischen Friedhof Södra in Stockholm begraben.

Abb. 5 Postkarte Max Baumanns an Erwin Lichtenstein, 1946, Sammlung von M. Abramowicz.

Bis in seine letzten Lebenstage erinnerte sich Max Baumann an seine geliebte Stadt. Er litt mit ihrem Kriegsschicksal und mit den Schicksalen seiner Verwandten und Freunde. Im Juni 1946 schrieb er dem in Palästina lebenden Freund Erwin Lichtenstein:

Viele meiner Verwandten sind umgekommen, darunter die ganze Familie Szemion. Sehr erfreut hat mich Ihre Nachricht, daß Jonas Turkow und seine Frau am Leben sind. Gibt es irgendwelche Nachrichten von Ida Kaminska und ihren Leuten?[36] Die Stadt Danzig ist völlig zerstört. Viele unserer Bekannten verloren ihr Leben, sehr viele haben zusammen mit ihren Frauen Selbstmord begangen: Nichterlein, Dumont,

---

[36] Einige Monate später knüpfte Baumann Kontakt zu Ida Kaminska; es erhielt sich sogar einer ihrer Briefe an den Autor von „Glückel von Hameln" vom Frühjahr 1947.

Wächter, Lörden, Ancker, Prof. Klose, Prof. Kaufmann, Prof. Van der Kamp, Direktor Bechler.
Wie ungeheuer schmerzlich das ist ... [37]

Aus dem Polnischen von Marion Brandt

---

[37] Brief M. Baumanns an E. Lichtenstein v. 26.6.1946 (wie Anm. 34).

Die Shoa in deutschen und polnischen Tagebüchern (V. Klemperer, E. Ringelblum, Ch. A. Kaplan, A. Czerniaków und L. Landau)

Karol Sauerland

Fünf Tagebücher, geschrieben in vier Sprachen – deutsch, jiddisch, hebräisch, polnisch – von Autoren jüdischer Herkunft, drei von ihnen sind überzeugte Juden. Alle vier Tagebücher sind verfaßt, um die Situation, die wir heute unter die Begriffe Endlösung, Holocaust, Shoa bringen, der Nachwelt in chronologischer Form zu überliefern. Alle fünf Autoren, Klemperer (*1881), Ringelblum (*1900), Kaplan (*1880), Landau (*1901) und Czerniaków (*1880), hatten vom ersten Tag an die Gewißheit, daß sich etwas Furchtbares abspielen wird, obwohl ihnen die Absicht der Nazis, alle, die man als Juden bezeichnen kann, vom Kleinstkind bis zum Ältesten zu ermorden, erst nach einer gewissen Zeit klar wird. Die Nazis wußten es ja am Anfang selber nicht. Ihnen schwebten fürs erste große Umsiedlungen in den Osten vor.

Über die Shoa wissen wir heute viel, aber es gibt nur wenige so chronologisch systematisch geschriebene Aufzeichnungen, in denen die Autoren gleichsam live die Gegenwart einzufangen suchen. Die Verfasser unterscheiden sich weltanschaulich grundlegend voneinander. Victor Klemperer ist ein deutscher emanzipierter Jude, Protestant, das Judentum ist ihm eher aufgezwungen. Das sogenannte Ostjudentum ist ihm fremd. Emanuel Ringelblum ist ein überzeugter sozialistischer Jude, der viel zur Weiterentwicklung des Jiddischen als Schrift- bzw. Wissenschaftssprache beigetragen hat. Chaim Aron Kaplan schreibt dagegen hebräisch, lebt ganz und gar in einem traditionellen Judentum, wenngleich nicht streng orthodox. Adam Czerniaków, ein polnisch assimilierter, aber mit der jüdischen Gemeinde verbundener Jude ist als von den Deutschen eingesetzter Vorsitzender des Warschauer Judenrats gezwungen, das jüdische Gemeindeleben in irgendeiner Form aufrecht zu erhalten, wenngleich das angesichts des deutschen Terrors so gut wie unmöglich ist. Er führt auch als einziger kein eigentliches Tagebuch, sondern mehr ein Diensttagebuch, in dem er nur hin und wieder etwas über sich und vor allem über die Überlebenschancen zumindest eines Teils der Gemeinde aufzeichnet. Ludwik Landau, ein emanzipierter Jude, der im sogenannten arischen Teil Warschaus lebt, widmet sich ganz dem Dienst eines Chronisten, um ein Zeugnis zu hinterlassen. Er schart ähnlich wie Emanuel Ringelblum einen Stab von Leuten um sich mit dem Ziel, das Neueste in einer Zeit zu erfahren, in der die Fakten noch und noch verdreht werden. In weit größerem Maße als Ringelblum sucht er Distanz zum Geschehen zu wahren. Beide verstehen sich als Wissenschaftler. Keine der Aufzeichnungen liegt uns in einer kritischen Ausgabe vor. Jede weist Lücken auf. Die von Klemperer sind voller drei Punkte, die von Kaplan sind vom Übersetzer Katsh ins Amerikanische gekürzt worden, da dieser meinte, alles, was nach Wiederholungen aussehe, könne man dem Leser nicht zumuten, obwohl gerade Wiederholungen bei Tagebuchaufzeichnungen ein wichtiges Element darstellen. Sie zeigen uns, wie nah gewisse Dinge dem Autor gehen, so daß er von ihnen nicht ablassen kann. Kaplans Tagebuch liegt im Englischen, Französischen und Deutschen vor. Es gibt nur etwa zwanzig Seiten, die auf Polnisch erschienen sind.[1] Ein Vergleich mit den Übersetzungen in die drei anderen Sprachen zeigt zahlreiche Unterschiede. Es ist schwer zu sagen, ob das an der besseren oder schlechteren Hebräischkenntnis des Übersetzers ins Polnische liegt. Kaplans *Buch der Agonie* ist meiner Meinung nach eines der eindrucksvollsten Dokumente der Zeit, über die es berichtet. Die noch in Volkspolen verlegten Aufzeichnungen von Ringelblum und Landau weisen aus politischen Gründen Lücken auf, so ist alles Kritische über die Sowjetunion weggelassen worden.

Klemperer hat im Deutschland der neunziger Jahre großes Aufsehen hervorgerufen. Innerhalb weniger Monate waren 100 000 Exemplare seiner Tagebücher von 1933 bis 1945 verkauft worden. Zum ersten Mal konnte man in Deutschland ein jüdisches Schicksal vom Beginn des Dritten Reichs bis zu dessen Ende nacherleben. In Polen haben weder Landau noch Ringelblum einen solchen Widerhall gefunden. Ich kann mich erinnern, wie Landaus drei zu Beginn der sechziger Jahre erschienenen Bände *Kronika lat wojny i okupacji* (*Chronik der Kriegs- und Besatzungsjahre*) eine ganze Ewigkeit in den Buchläden zu erhalten waren. Sie weisen zwar zahlreiche Lücken auf, da die Aufzeichnungen vom 16. März 1940 bis zum 30. November 1942 verloren gegangen sind, aber trotzdem erhalten wir hier eines der um-

---

[1] Kaplan, Chaim A.: Księga Życia. Dziennik z getta warszawskiego [Das Buch des Lebens. Tagebuch aus dem Warschauer Ghetto], eingeleitet von Bernard Mark, ausgewählt und ins Polnische übersetzt von A. Rutkowski und A. Wein. In: Biuletyn Żydowskiego Instytutu Historycznego w Polsce (1963) Nr. 45-46.

fassendsten Bilder über die Auswirkung der deutschen Besatzung auf das Alltagsleben. Die Chronik von Czerniaków kam als Buch 1982 heraus, zehn Jahre vorher war sie in einer Doppelnummer des „Biuletyn Żydowskiego Instytutu Historycznego" erschienen. Emanuel Ringelblums *Kronika getta warszawskiego (Chronik des Warschauer Ghetto)* wurde 1952 in Jiddisch in Warschau veröffentlicht, danach erfuhr sie zahlreiche Übersetzungen in westliche Sprachen. Die Übersetzung ins Polnische erschien dagegen erst 1988! Der geringe Widerhall, den diese Bücher fanden, ist wohl damit zu erklären, daß die einen alles genau über die jüngste Vergangenheit zu wissen glaubten, während die anderen sich kaum für das Schicksal der so und so nur geduldeten Mitbewohner Polens, des sogenannten Gastvolkes, interessierten.

Man kann den großen Erfolg, den Klemperers Tagebücher in Deutschland davontrugen, auch damit erklären, daß ein Teil von ihnen zuerst in Dresden 1988 in einer unzensierten Ausgabe kursierte und Neugier erweckte. In den neunziger Jahren, als Philosemitismus in Deutschland zum guten Ton gehörte, wurden sie dann umfangreicher ediert. Es ist aber schwer zu sagen, wie das Buch vom breiten Publikum gelesen wurde, ob es sich nicht besonders für das, was man über den Alltag im Dritten Reich insgesamt und die Einstellung einfacher Leute Juden gegenüber erfahren kann, interessierte.[2] Echte Judenhasser lernt Klemperer ja in seiner Umgebung kaum kennen. Selbst über den Parteibeamten, der ihm am 9. Dezember 1939 mitteilt, daß er und seine Frau bis zum 1. April 1940 das Haus verlassen müssen, sagt er: „Der Mann war gar nicht unhöflich, er sah auch durchaus ein, in welche Not wir gebracht werden, ohne daß irgendeiner

---

[2] Interessant ist in diesem Kontext die Kontroverse zwischen Sigrid Löffler und Martin Walser. Dieser hatte die Laudatio zur postumen Verleihung des Geschwister-Scholl-Preises an Victor Klemperer gehalten. Löffler kritisierte, daß er „fast seine ganze Laudatio dem Versuch gewidmet hätte, Klemperer als Deutschen zu vereinnahmen und zum Kronzeugen für Walsers eigenes ‚Wunschdenken' zu machen, das Projekt der jüdischen Assimilation sei mit Auschwitz nicht endgültig gescheitert, sondern dürfe sich an Klemperers ungebrochenem ‚Kulturvertrauen' wieder hochranken". Fritz Backhaus meint dazu, Walsers Rede sei zu vereinfacht rezipiert worden. Dieser habe über eine „wesentliche Seite Klemperers" nachgedacht: „Sein Deutschtum und das Selbstverständnis des assimilierten und gesellschaftlich erfolgreichen deutschen Judentums". (Fritz Backhaus: „Ich will Zeugnis ablegen bis zum letzten". Victor Klemperers Tagebücher 1933-1945. In: Babylon. Beiträge zur jüdischen Gegenwart (1996) Nr. 16-17, S. 173f.

einen Vorteil daraus hat", um zu dem Schluß zu kommen: „die sadistische Maschine geht eben über uns hinweg".[3]

Klemperers Tagebuch ließe sich am besten mit dem von Ludwik Landau vergleichen, wenn es in Gänze erschienen wäre. Leider gibt es keine ungekürzte Ausgabe. So haben die Herausgeber die Auszüge aus der Tages- und Wochenpresse weggelassen.[4] Hätten sie das nicht getan, könnten wir von einer großen Ähnlichkeit zwischen Klemperers und Landaus Niederschriften sprechen. Bei Landau gibt es zwar kaum direkte Auszüge aus der offiziellen Presse und den Untergrundpublikationen, aber viele seiner Aufzeichnungen kommen solchen Auszügen gleich. Man könnte dann Klemperers Tagebücher ebenso gut eine Chronik nennen. Der polnische Literaturwissenschaftler Roman Zimand hat ja einmal versucht, beide Begriffe voneinander zu unterscheiden, wobei er vor allem das Inhaltliche und das Ausmaß des Subjektiven zum Ausgangspunkt nahm,[5] aber ihm lag keine Bearbeitung wie im Falle von Klemperer vor, in der das Chronikartige einfach weggelassen wurde.

Landaus Ziel ist es, alles zu erfassen, was sich nur erfassen läßt; über sein Privatleben erfahren wir dagegen im Unterschied zu Klemperer so gut wie nichts, was wohl vor allem der Gefahr geschuldet ist, daß Namen und die Schilderungen von konkreten Situationen der Gestapo Anhaltspunkte für die Aufdeckung von Widerstandsgruppen hätten geben können, wenn die Aufzeichnungen bei einer Hausdurchsuchung gefunden worden wären. Ähnlich wie Klemperer versucht Landau, die Stimmung in der Bevölkerung einzufangen. Klemperer fragt sich ja immer wieder, wie denn die Volksmeinung einzuschätzen sei und warum es bei so vielen kritischen Äußerungen nicht zu Versuchen des Widerstands kommt. In Polen haben wir es mit einer anderen Situation zu tun, aber bei der Haltung der sogenannten

---

[3] Klemperer, Victor: „Ich will Zeugnis ablegen bis zum letzten" Tagebücher 1933–1945. Berlin 1999, S. 179.

[4] Die Herausgeber schreiben am Ende des ersten Bandes: „Die vorliegende Ausgabe folgt den in der Sächsischen Landesbibliothek Dresden aufbewahrten Original-Tagebüchern vom 12.9.1931 bis 17.7.1945. Das Material umfaßt insgesamt ca. 5000 Typoskriptseiten. Für die vorliegende Ausgabe waren Kürzungen unumgänglich. Gekürzt wurden neben vielfachen Wiederholungen vor allem die zahlreichen, teilweise ausführlichen Lektüre-Notate sowie Auszüge aus der Tages- und Wochenpresse. Einige Kürzungen wurden auch der Rücksicht gegenüber Personen geschuldet." Ebd., S. 203.

[5] Zimand, Roman: »W nocy od 12 do 5 rano nie spałem«. „Dziennik" Adama Czerniakowa – próba lektury [»In der Nacht von 12 bis 5 Uhr früh schlief ich nicht«. Das „Tagebuch" von Adam Czerniaków– Versuch einer Lektüre]. Paris 1979, S. 11f.

polnischen „Arier" zur Ausgrenzung der Bürger jüdischer Herkunft lassen sich so manche Ähnlichkeiten aufzeigen. Sie taten so gut wie nichts gegen diese Ausgrenzung, zeigten im Bestfall ihr Mitgefühl.

Landau war von der Ausbildung her Wirtschaftswissenschaftler. Vor dem Krieg arbeitete er im Statistischen Hauptamt der Zweiten Polnischen Republik als leitender Angestellter. Zugleich verfaßte er mehrere Abhandlungen über die Wirtschaft in Polen, u.a. *Próba dziejów gospodarczych Polski w liniach ogólnych* (*Versuch einer Wirtschaftsgeschichte Polens in allgemeinen Abrissen*), daher auch sein Interesse für die Wirtschaftspolitik der Besatzer.[6] In seinen Aufzeichnungen schreckt er vor Zahlenvergleichen und Tabellen nicht zurück. Gleich zu Beginn seiner *Chronik* schildert er zum Beispiel sehr genau, wie die deutschen Besatzer Ende 1939 vorgehen, um die von ihnen zerstörte Stadt Warschau wieder zum Leben zu erwecken; wie sie von Anfang an Männer, vor allem Juden, zu harten Arbeiten zwingen, wie ihre antijüdischen Vorgehensweisen aussehen. Ähnlich wie Klemperer sagt er den Deutschen nicht insgesamt nach, sie seien fanatische Nazis und fanatische Antisemiten. Er hält die brutal vorgehenden deutschen Soldaten für Menschen mit „unentschlossenen Überzeugungen, schwachen Willens, die sich leicht den herrschenden Strömungen unterwerfen, unter diesen Bedingungen sich demoralisieren lassen und sich nicht enthalten können, sich Wertsachen anzueignen, die sie sich im alltäglichen Kampf so erwünscht hatten".[7] Er konnte in seiner Umgebung beobachten, wie sich viele Polen verhielten, als es keine öffentliche Kontrolle mehr gab, wie diese in die zerstörten Gebäude eindrangen, um von dort Sachen mitgehen zu lassen, und so manche in den Tagen, als die NS-Volkswohlfahrt Essen austeilte, Juden aus den Schlangen drängten. Es gibt in Landaus Aufzeichnungen kaum emotionale Töne, sein sachlicher Ton angesichts des vielen Leids ist fast bewundernswert. Um einen Einblick in seinen Stil zu geben, seien die beiden ersten Absätze zitiert, die er am 9. Dezember 1939 niederschrieb:

Mir schien es schon, daß die individuellen Plündereien aufgehört haben, daß wir in den Zeitraum der geplanten und systematischen Plünderung, der „organisierten" Plünderung, eintreten, ohne daß sich einzelne Militärs ihre individuellen Freiheiten her-

---

[6] So verfaßte er sogar während der Kriegszeit eine Studie über die Preisentwicklung in den beiden ersten Besatzungsjahren.

[7] Landau, Ludwik: Kronika lat wojny i okupacji [Chronik der Kriegs- und Besatzungsjahre]. Warschau 1962/1963, S. 28.

ausnehmen können. Es zeigt sich jedoch, daß dem nicht so ist. Gerade dieser Tage wurden meine Verwandten von Deutschen heimgesucht. Die jüdischen Wohnungen weckten das Interesse einer Gruppe, bestehend aus einem Offizier, einem Soldaten und irgendeinem Zivilisten; aus den Wohnungen nahmen sie Tischdecken, Handtücher, Vorhänge, Wäsche, Vasen, Kaffeemaschinen und Fleischwölfe, Lampen, Lebensmittel – Zucker, Tee usw., natürlich auch Schmuck und Geld. Das Geld wurde in unterschiedlicher Weise requiriert: unlängst hörte ich, wie Deutsche jüdische Wohnungen mit der Behauptung durchsuchten, Juden dürften nur 500 zł Bargeld besitzen (was nicht der Wahrheit entspricht – nach wie vor ist der Besitz von maximal 2000 zł erlaubt) und sie nahmen den Überschuß mit. Wenn man die Fälle von Verhaftungen und Enteignungen – ohne Angabe von besonderen Gründen und natürlich ohne Entschädigungen – von jüdischen Läden hinzufügt, erhält man ein völlig einheitliches Bild, das man so umschreiben kann: den Juden soll der Rechtsschutz genommen werden. – Das Verhältnis zur polnischen Bevölkerung ist im Generalgouvernement nicht durch eine solch außergewöhnliche Konzentration von Verfolgungen gekennzeichnet, aber es ist immer das Verhältnis zu einer Bevölkerung niederer Rasse, deren Interesse für die Tätigkeit der Machthaber keine wesentliche Bedeutung hat. So heißt es zum Beispiel über die Tätigkeit der Krakauer Post in der Zeitung, daß „die Deutsche Post Osten bemüht ist, vor allem die reichsdeutsche Post so schnell wie möglich zu befördern".[8]

Der letzte Satz ist auf deutsch zitiert. Landau liest sehr genau alle erhältlichen deutschen und polnischen Zeitungen, manchmal sind seine Aufzeichnungen, wie bereits erwähnt, gekürzte Abschriften daraus, ohne daß er sie als solche kennzeichnet. Später informiert er sich auch mittels der illegalen Flugblätter und Periodika und durch illegales Hören von Rundfunksendungen.[9] Es wäre höchste Zeit, daß wenigstens ein Auszug aus dieser Chronik, die in drei stattlichen Bänden vorliegt, auf deutsch erschien. Man bekäme ein ausgezeichnetes Bild von der Besatzungszeit, zumal nur

---

[8] Ebd., S. 123.
[9] Nach Witold Kula hat Landau folgende Quellen benutzt: 1. Die vom deutschen Besatzer zugelassenen Presseerzeugnisse (u.a. „Nowy Kurier Warszawski", „Warschauer Zeitung", „Lodzer", „Lodscher" – später „Litzmannstädter Zeitung" – „Schlesische Tageszeitung", „Deutsche Allgemeine Zeitung", „Völkischer Beobachter", „Das Reich", seltener „Wirtschaft und Statistik"); 2. Die konspirativen Blätter; 3. Nachrichten, die die einzelnen im Widerstand tätigen Parteien von ihren Mitgliedern erhielten und zusammenstellten; 4. Daten, die die Mitarbeiter des illegal arbeitenden Instituts für Soziale Wirtschaft (Instytut Gospodarstwa Społecznego) sammelten; 5. Gespräche und eigene Beobachtungen. Ebd., S.VIII f.

wenig deutsche Zeithistoriker polnisch lesen können. In einer Besprechung der Tagebücher von Wilm Hosenfeld wurde vor kurzem beklagt, daß man im Kommentar zu wenig über den damaligen Alltag erfahre und Hosenfeld „kaum in seine Umgebung eingeordnet" werde, es bleibe unklar, inwieweit er „für die Wehrmachtsetappe im Osten" repräsentativ war. Die „Frage, ob seine Spielräume als Sportoffizier in Warschau typisch oder lediglich situationsbedingt" gewesen sind, werde nicht aufgeworfen. Ebenso bleibe „außen vor, in welchem Maße sich die Wehrmachtsangehörigen von den zivilen Besatzern unterschieden. Das sei bedauerlich, denn Hosenfelds Aufzeichnungen haben nicht nur literarischen Wert", konstatiert der Rezensent Stephan Lehnstaedt, „sondern erlauben durchaus Antworten auf derartige Fragestellungen",[10] aber dazu müßte der Kommentator den Warschauer Besatzungsalltag eben besser kennen. Landaus Chronik bricht leider am 28. Februar 1944 ab. Er scheint denunziert worden zu sein. Seine Mutter war 1941 im Ghetto verstorben, sein Vater wurde ein Jahr später nach Treblinka transportiert, sein Bruder 1943 von der Gestapo ermordet. Er selber wurde immer wieder von unbekannten Personen angerempelt, die von ihm Geld erpressten, wie es in einem Lebenslauf aus dem Jahr 1957, als man ungern von Szmalcownicy sprach, heißt. Er war nicht bereit, seinen Lebenswandel zu ändern, was ihn ins Unglück brachte.

Größte Objektivität versucht auch Kaplan zu wahren. Er war vor dem Krieg bereits ein bekannter Diarist, aber seine Tagebücher waren intim gehalten. Erst mit Kriegsbeginn entscheidet er sich, das Schicksal der polnischen Juden, insbesondere das der Warschauer während der Besatzungszeit genau zu registrieren. Er beginnt prophetisch am 1. September mit den Worten:

Wir sind Zeugen des Anbruchs einer neuen Ära in der Weltgeschichte. Dieser Krieg wird allerdings die menschliche Zivilisation vernichten. Aber es handelt sich um eine Zivilisation, die ihre Ausmerzung und Vernichtung verdient hat. Zweifelsohne wird der Hitlerische Nazismus am Ende unterliegen, denn am Schluß werden sich die zivilisierten Staaten erheben, um die Freiheit zu verteidigen, die die deutschen Barbaren der Menschheit rauben wollen. Ich bezweifle jedoch, ob wir dieses Gemetzel überleben

---

[10] Nach: http://hsozkult.geschichte.hu-berlin.de, Rezension von Stephan Lehnstaedt.

werden. Die mit tödlichem Gas gefüllten Bomben werden jedes Lebewesen vergiften, oder wir werden aus Mangel an Nahrungsmitteln des Hungers sterben.[11]

Das Gas sollte die Juden bekanntlich auf andere Weise töten als durch Bomben. Am 14. September 1939, dem ersten Tag des neuen Jahres 5700 erklärt Kaplan:

Ich werde ein Buch der Agonie schreiben, um an die Vergangenheit in der Zukunft zu erinnern.[12]

Und es ist tatsächlich ein solches Buch geworden. Kaplan versucht, wie gesagt, objektiv zu sein, über sich schreibt er äußerst wenig, aber im Gegensatz zu Landau und auch Ringelblum, wie wir sehen werden, ist er voller Emphase. Immer wieder klagt er über das Schicksal, welches dazu führt, daß ein ganzer jüdischer Stamm abgesägt werden wird. Der Unterschied zwischen ihm und Landau kommt besonders kraß zum Ausdruck, wenn wir anschauen, was er am 9. Dezember 1939, am 4. Tag des Chanukka-festes des Jahres 5700 aufzeichnete:

Unser Fest hat seinen Sinn verloren. Alle Freude ist zunichte. Trauer liegt auf jedem Antlitz und stumme Furcht in jedem Herzen. Kein Zeichen und keine Erinnerung weist auf das glorreiche nationale Fest hin, das uns während der langen Exiljahre so froh und glücklich zu stimmen pflegte. Eine eisige Kälte dringt in das gebrochene und wunde Herz. Manchmal möchte man sich wirklich das Leben nehmen. Eine einfache Frau fragt mich jeden Tag: „Warum schweigt die Welt? Hat Israel keinen Gott?" Ich wollte sie in ihrer Seelenpein trösten, und so zündete ich vier Chanukkalichter an. Und als ich die Kerzen entzündet hatte, fühlte ich, daß sie genauso gedemütigt waren wie ich. Das ist kein Fest, das ist kein Licht. Die wahre Flamme fehlt.[13]

Kaplan beschreibt sehr genau Tag für Tag, welche neuen antijüdischen Anordnungen wieder erlassen worden sind, wie die Juden darauf zu reagieren suchen, wie sich das Verhältnis zwischen Juden und Polen gestaltet und welche Gerüchte jeweils aufgekommen sind. Er verfügt über keinen Mitar-

---

[11] Buch der Agonie. Das Warschauer Tagebuch des Chaim A. Kaplan. Hrsg. von Abraham I. Katsh, nach der amerikanischen Ausgabe übersetzt von Harry Maor. Frankfurt/Main 1967, S. 21.

[12] Ebd., S. 34.

[13] Ebd., S. 101.

beiterstab, dadurch ist seine Perspektive im Gegensatz zu der von Landau und Ringelblum enger, aber das hat den Vorteil, daß alles hautnaher wirkt.

Emanuel Ringelblum ist weniger systematisch vorgegangen als die bisher besprochenen Autoren. Er notierte so gut wie jeden Tag das auf, was er für interessant hielt, korrigierte es manchmal, aber oft blieb es nur als Zettel oder sogar als beschriebene Serviette erhalten. Seine ganze Aufmerksamkeit widmete er einerseits der Sozialfürsorge, andererseits der Organisation des Archivs, in dem alles Wissenswerte über das aktuelle Schicksal der Juden gesammelt wurde. Es ist als das Ringelblum-Archiv in die Geschichte eingegangen. Immerhin kann man von Glück sagen, daß es auch die Chronik gibt, denn sie bildet das dritte wichtige Dokument, das uns einen Einblick vermittelt, wie die Juden in Polen, insbesondere im Warschauer Ghetto so langsam in den Tod getrieben wurden. Ringelblum verzeichnet sowohl Ereignisse wie auch Gerüchte und sogar Witze, damit die Nachwelt erfahren konnte, wie dieser Niedergang des Judentums aussah. Da es für den 9. Dezember 1939 keine Aufzeichnung gibt, führe ich die vom 8. Dezember als Beispiel an:

Ich erfuhr von Szymon Z[ajczyk], daß die Synagoge in Kępno abgebrannt wurde. 3 km von der Grenze entfernt [...] 15 000 aus Suwałki abtransportiert, 800 Juden aus Serock. Heute war ich auf dem Bahnhof in Praga. Mir ist es nicht gelungen, zu ihnen zu fahren. Sie sind nach Łuków transportiert worden. Alle Juden aus Koło sind ausgesiedelt. Einige Hundert wurden in die Ortsherberge gepfercht. Aus Wien sind Juden gekommen; sie wurden deportiert, gelangten an die russische Grenze, sie wurden ins deutsche Gebiet zurückgeschickt. Die Juden aus Przasnysz durften nur je zwei Złoty bei sich haben, am nächsten Tag wurden sie revidiert und man befahl ihnen die zwei Złoty und auch Gold und Silber in eine Tonne zu werfen, in eine zweite Tonne voller Wasser hatten sie die Dokumente zerrissen hineinzuwerfen. Agentur MZ (men zogt). Zeichen von humanem Vorgehen: eine Frau geht an einem Deutschen mit guten Manieren vorbei, er fragt, warum sie keine Armbinde trage, sie erklärt sich, am Ende küßt er ihr die Hand. Die Warschauer Gemeinde hat kein Brot (?) – Der Beruf des Vertreters bei den Zwangsarbeiten. Neben der Gemeinde ist jeder Block verpflichtet, Arbeiter zu schicken. Die polnische Polizei beschäftigt sich damit. Die Ärmeren melden die Reicheren in den Kommissariaten, und dann gehen sie zu ihnen und bieten sich als Vertreter an. Oft stehlen sie dabei einen Mantel, Kaloschen etc.[14]

Bei den Zwangsarbeiten konnte ein Jude in dieser Zeit, als es noch kein Ghetto gab, einen Vertreter schicken. Für die Deutschen war die Zahl das wichtigste. Aus den vielen Notizen ergibt sich hier ein Mosaik, das uns eine gute Vorstellung davon vermittelt, was alles möglich war, wie die Menschen auf die unmenschliche Situation reagierten, wie schwer es war, so etwas wie Solidarität aufzubauen. Noch mehr als heute schien man mit Geld besser als andere, die nichts mehr besaßen, wegzukommen. Doch am Ende war auch der Reichste verarmt und dem Tode ausgeliefert.

Ringelblums Chronik liest sich verständlicherweise nicht so gut wie die von Klemperer und Kaplan, denn bei diesen erkennt man deutlich den Schreibenden, auch wenn sich letzterer so weit wie möglich zurückhält. Sie versuchen zu erzählen und dabei zu reflektieren, während Ringelblum vor allem notiert, stellenweise sogar sehr ausführlich.

Auch Czerniaków notiert, aber er schreibt fast nur das Dienstliche auf: welche Maßnahmen er getroffen hat, mit welchen Beamten er sprach, mit welchen Anliegen verschiedene Personen an ihn herantraten. Ganz selten sagt er etwas von sich selber, etwa daß er Hexenschuß hat, daß er von jüdischer Seite bedroht wird, weil man ihn für gewisse Maßnahmen der Deutschen verantwortlich macht. Vieles bleibt unverständlich oder es wird erst verständlich, wenn man andere Dokumente über die Beziehungen zwischen den deutschen Besatzern und dem Judenrat einsieht. Czerniaków hat diese Notizen im Unterschied zu den anderen Autoren wahrscheinlich für den eigenen Gebrauch angefertigt, um sich entweder bei einer Vernehmung durch die Deutschen oder, was eher anzunehmen ist, nach dem Krieg vor Anklagen jüdischerseits rechtfertigen zu können. Er wollte nicht Zeugnis ablegen, er gehörte jedoch zu jener Generation, die es gewohnt war, ihre Gedanken und Gefühle auf dem Papier festzuhalten, das eigene Leben und das anderer als etwas anzusehen, über das man sich stets Rechenschaft ablegen sollte, was aber nur möglich ist, wenn man imstande ist, sich gewisse Ereignisse wieder in Erinnerung zu rufen. Gewöhnlich fragt man Personen, die an den Ereignissen teilgenommen haben, was sie

---

[14] Ringelblum, Emanuel: Kronika getta warszawskiego [Die Chronik des Warschauer Ghetto]. Warszawa 1988, S. 40.

noch wissen, der Gebildete schaut dagegen erst einmal in sein Tagebuch oder auch in Briefentwürfe aus dieser Zeit.

So sieht es im normalen Leben aus, aber die Zeit der Shoa weist kaum Normales auf. Es ist die Zeit der Agonie, um mit Kaplan zu sprechen. Sie ist so furchtbar, daß einem eigentlich jeder Wille zum Schreiben vergeht – Kaplan macht beispielsweise Schreibpausen, weil er einfach psychisch nicht mehr das Einerlei der Furchtbarkeiten zu schildern vermag –, aber die Verfolgten und Gehetzten sind sich bewußt, daß man Zeugnis ablegen muß, daß der Tag kommen wird – wenn auch nach ihrem Tode – an dem mit den Tätern abgerechnet werden wird. Dann sind solche Zeugnisse vonnöten. Schreiben heißt in dieser Zeit auch Widerstand zu leisten.

Zu den Autorinnen und Autoren

MIECZYSŁAW ABRAMOWICZ, Historiker, Theaterhistoriker, Autor von Theaterstücken und Hörspielen. Bibliothekar und Archivar am Teatr Wybrzeże in Gdańsk. Forschungsschwerpunkte: Geschichte der Juden und Geschichte des Theaters, insbesondere des Jüdischen Theaters in Danzig. Publikationen u.a. in „30 Dni", „Pamiętnik Teatralny", „Przegląd Polityczny", „Midrasz". Mitarbeit an der Solidarność-Ausstellung „Drogi do Wolności" [Wege in die Freiheit] auf der Danziger Werft. Buchpublikation: *Każdy przyniósł, co miał najlepszego (Jeder brachte das Beste mit)*. Gdańsk 2005.

MAREK ANDRZEJEWSKI, Prof. Dr. habil., Historisches Institut der Universität Gdańsk, wichtigste Forschungsbereiche: die Geschichte der Freien Stadt Danzig, deutsch-polnische Beziehungen im 20. Jahrhundert (deutschsprachige Emigration in Polen, deutsche politische Eliten), polnisch-schweizerische Kontakte im 19. und 20. Jahrhundert. Buchpublikationen in deutscher Sprache: Opposition und Widerstand in Danzig 1933 bis 1939. Bonn 1994; „Man muß doch informiert sein, um leben zu können." Erich Brost. Danziger Redakteur, Mann des Widerstandes, Verleger und Chefredakteur der „Westdeutschen Allgemeinen Zeitung" (zus. mit Hubert Rinklake). Bonn 1997; Schweizer in Polen. Spuren der Geschichte eines Brückenschlages. Basel 2002; (Hg. zus. mit Patrik von zur Mühlen) Erich Brost. Wider den braunen Terror. Briefe und Aufsätze aus dem Exil. Bonn 2004. Im Verlag Neue Zürcher Zeitung befindet sich in Vorbereitung: Gabriel Narutowicz. Wasserbauer, Professor und Politiker (geplante Veröffentlichung 2006).

HUBERT F. VAN DEN BERG, Dr., forscht am Instituut voor Cultuurwetenschappelijk Onderzoek Groningen und an der Afdeling Nederlands der Rijksuniversiteit Groningen. Arbeitsschwerpunkte: Sozialgeschichte der Literatur, historische Avantgarde und Dada, literarische Repräsentation und Kulturgeschichte der Natur. Publikationen u. a.: Avantgarde und Anarchismus. Dada in Zürich und Berlin. Heidelberg 1998; The Import of Nothing. How Dada Came, Saw, and Vanished in the Low Countries, 1915-1925. Farmington Hills 2003; (Hg. zus. mit Ralf Grüttemeier) Manifeste: Intentionalität. Amsterdam 2000; (Hg. zus. mit Ralf Grüttemeier) Avantgarde in het Noorden/Noordwesten. Groningen 2000; (Hg. zus. mit Gillis Dorleijn.) Avant-garde! Voorhoede? Vernieuwingsbewegingen in Noord en Zuid opnieuw beschouwd. Nijmegen 2002.

MARION BRANDT, Dr. habil., 2000-2005 Lektorin des DAAD und Professorin für Literaturgeschichte am Institut für Deutsche Philologie an der Universität Gdańsk, Forschungsinteressen: Literatur des 20. Jahrhunderts (Avantgarde, Weimarer Republik, Schriftsteller und Politik, Literatur von Frauen), deutsch-polnische Beziehungen in der Literatur des 20. Jahrhunderts, Lyrik. Publikationen: Schweigen ist ein Ort der Antwort. Eine Analyse des Gedichtzyklus „Das Wort der Stummen" von Gertrud Kolmar. Berlin 1993; (Hg.) Gertrud Kolmar: Orte. Berlin 1994; (Hg.) Til Brugman: Das vertippte Zebra. Lyrik und Prosa. Berlin 1995; Für Eure und unsere Freiheit? Der Polnische Oktober und die Solidarność-Revolution in der Wahrnehmung von Schriftstellern aus der DDR. Berlin 2002.

MARINA DMITRIEVA, Dr., Kunsthistorikerin, wissenschaftliche Mitarbeiterin am Geisteswissenschaftlichen Zentrum Geschichte und Kultur Ostmitteleuropas in Leipzig. Forschungsschwerpunkte: Kunst der frühen Neuzeit und die Avantgarde in Ostmitteleuropa. (Hg. zus. mit Karen Lambrecht) Krakau, Prag und Wien. Funktionen von Metropolen im frühmodernen Staat [= Forschungen zur Geschichte und Kultur des östlichen Mitteleuropa Bd. 10]. Stuttgart 2000; (Hg. und Kommentar) Paul Celan – Erich Einhorn. „Einhorn: du weißt um die Steine... " Briefwechsel. Berlin 2001; (Hg. zus. mit Heidemarie Petersen) Jüdische Kulturen im Neuen Europa. Wilna 1918-1939. Göttingen 2004. (Hg. zus. mit Arnold Bartetzky und Stefan Troebst) Neue Staaten - neue Bilder? Visuelle Kultur im Dienst staatlicher Selbstdarstellung in Zentral- und Osteuropa seit 1918 (= Visuelle Geschichtskulturen, 1). Köln, Weimar 2005.

ROMAN DZIERGWA, Prof. Dr. habil., geboren 1956 in Ostrzeszów. Zwischen 1975 und 1981 Studium der Fächer Außenhandel an der Akademie für Wirtschaftswissenschaften und Germanische Philologie an der Adam-Mickiewicz-Universität in Posen. Promovierte 1989 mit der Dissertation: G. E. Lessings geschichtsphilosophisches Spätwerk „Ernst und Falk. Gespräche für Freymäurer". Untersuchungen zur Rezeption in den freimaurerischen und antifreimaurerischen Schriften des 19. und 20. Jahrhunderts, unter der wissenschaftlichen Leitung von Prof. Dr. habil. Hubert Orłowski. 1998 Habilitation: Literaturästhetik versus Tagespolitik. Zur

Rezeption und Funktion der deutschsprachigen Literatur in Polen in der Zwischenkriegszeit (1918-1939). Arbeitet als Lehrbeauftragter und wissenschaftlicher Mitarbeiter am Institut für Germanische Philologie der Posener Universität. Weitere Veröffentlichungen zu Heinrich und Thomas Mann, Erich Maria Remarque sowie zu den Themenbereichen „Freimaurerei und Literatur" und „Literaturverfilmungen".

MARIA GIERLAK, Dr. habil., studierte Germanistik an der Universität Warschau. Seit 1982 am Lehrstuhl für Germanistk an der Nikolaus-Kopernikus-Universität in Toruń tätig. 1991 Promotion über Gustav Landauers Kunstverständnis; Habilitationschrift: Deutschunterricht und Politik. Das Deutschlandbild in den Lehrbüchern für Deutsch als Fremdsprache in Polen (1933-1945) vor dem Hintergrund der deutsch-polnischen Beziehungen. Toruń 2003; Forschungsbereiche: deutsche Literatur und Kultur um die Jahrhundertwende, polnisches Deutschlandbild im 20. Jahrhundert; Lehrveranstaltungen: Landeskunde, Kulturkunde und Literatur der deutschsprachigen Länder.

LIDIA GŁUCHOWSKA, 1992-1997 Studium der Polonistik und des Kulturmanagements sowie 1994-2000 der Kunstgeschichte an der Warschauer Universität. 1998 Stipendiatin der GFPS-Polska, 2000-2003 des DAAD und 2003-2004 der Alfred Toepfer Stiftung. 2004 Promotion im Kunstgeschichtlichen Seminar der Humboldt-Universität zu Berlin zum Thema „Das Künstlerpaar Margarete und Stanislaw Kubicki im deutschen und polnischen Künstlerischen Leben 1910-1945". 2002 Preis des Polnischen Kunsthistorikerverbandes für das Buch: Stanislaw Kubicki – Kunst und Theorie. 2002-2003 Mitarbeiterin bei der Ausstellung „Die Gruppe Bunt. Der Posener Expressionismus 1917-1925" im Nationalmuseum Posen. 2003-2004 Kuratorin der Ausstellung „Roger Loewig – Stanislaw Kubicki. Inseln der Menschlichkeit" im Sitz der Stiftung Kreisau für Europäische Verständigung, im Architekturmuseum Breslau und im Stadtmuseum Berlin. Autorin von Artikeln über Kulturmanagement, Wechselbeziehungen der bildenden Künste und Literatur sowie über Zusammenarbeit polnischer und deutscher Expressionisten. Herausgeberin des Gedichtbandes: Stanislaw Kubicki. Poeta tłumaczy sam siebie/Ein Poet übersetzt sich selbst, Berlin 2003. Lidia.Gluchowska@web.de.

MAŁGORZATA KLENTAK-ZABŁOCKA, Dr., Studium der Germanistik an der Universität Warschau; am Lehrstuhl für Germanistik der Nikolaus-Kopernikus-Universität Toruń tätig. Forschungsinteressen: Literatur zu Beginn des 20. Jahrhunderts. Publikationen: Ślad Abrahama. Zarys niemieckiej recepcji dzieła Kierkegaarda na przełomie XIX i XX wieku [Abrahams Spur. Abriß der deutschen Rezeption von Kierkegaards Werk an der Wende des 19. zum 20. Jahrhundert]. Toruń 2001; (Hg. zus. mit Willi Huntemann, Fabian Lampart, Thomas Schmidt) Engagierte Literatur in Wendezeiten. Würzburg 2003; Słabość i bunt. O twórczości Franza Kafki w świetle Gombrowiczowskiej koncepcji „niedojrzałości" [Schwäche und Aufruhr. Über das Schaffen Franz Kafkas im Lichte der „Unreife"-Konzeption von Witold Gombrowicz]. Toruń 2005; Übersetzerin der Briefe Edith Steins ins Polnische.

PETER OLIVER LOEW, Dr., Wissenschaftlicher Assistent am Deutschen Polen-Institut Darmstadt, geb. 1967 in Frankfurt/Main, Studium der Osteuropäischen Geschichte, Slavistik und Volkswirtschaft in Nürnberg, Freiburg und Berlin. Promotion über die lokale Geschichtskultur in Danzig zwischen 1793 und 1997. Wissenschaftliche Schwerpunkte: Geschichte Polens, Deutschlands und der deutsch-polnischen Beziehungen in der Neuzeit, Geschichte und Gegenwart Danzigs, Pommerns und Pommerellens, Geschichte Schlesiens, Geschichte der Geschichtskultur, Literatur- und Musikgeschichte, vergleichende Geschichte Ostmitteleuropas. Außerdem als Übersetzer tätig. Wichtige Veröffentlichungen: Danzig und seine Vergangenheit, 1793 bis 1997. Zur Geschichtskultur einer Stadt zwischen Deutschland und Polen. Osnabrück 2003 (=Einzelveröffentlichungen des Deutschen Historischen Instituts Warschau, 9); (Hg.) Polen denkt Europa. Politische Texte aus zwei Jahrhunderten. Frankfurt/Main 2004 (=Wissen und Denken. Eine Polnische Bibliothek); Auf Bismarcks Spuren in Hinterpommern. Ein historisch-touristischer Leitfaden. Gdynia 2003 (zus. mit Jarosław Ellwart).

GABRIELA MATUSZEK, Dr. habil., Fakultät für Polonistik der Jagiellonen-Universität Krakau; Literaturhistorikerin, Literaturkritikerin, Übersetzerin der deutschen Literatur. 1983-87 Lektorin am Institut für Slawistik der Humboldt-Universität zu Berlin. Promotion 1986, Habilitation 2001. Gastprofessorin u.a. in Berlin, Jena, Wien, Mainz und Grenoble. – Begründerin und Leiterin des Literarisch-Künstlerischen Studiums an der

Jagiellonen-Universität. Stellvertretende Vorsitzende des Krakauer Schriftstellerverbandes. Autorin von über 80 wissenschaftlichen Publikationen. Buchveröffentlichungen: (Hg. zus. mit H. Markiewicz) Z dziejów polskiej nauki o literaturze, Bd. 1-3. Kraków 1988-90; „Der geniale Pole"? Niemcy o Stanisławie Przybyszewskim (1892-1992). Kraków 1993; (Hg.) St. Przybyszewski: *Dzieci szatana*. Kraków 1993; (Hg.) St. Przybyszewski: *Synagoga szatana* i inne eseje. Kraków 1995; (Hg.) Über Stanisław Przybyszewski. Rezensionen – Erinnerungen – Porträts – Studien. Rezeptionsdokumente aus 100 Jahren. Paderborn 1995; „Der geniale Pole"? Die Deutschen über Stanisław Przybyszewski (1892-1992), aus dem Polnischen übersetzt von D. Scholze. Paderborn 1996; (Hg. zus. mit G. Ritz) Literarische Rezeption und literarischer Prozess. Kraków 1999; (Hg.) Lektury Polonistyczne: Od realizmu do preekspresjonizmu. Kraków 2001; Naturalistyczne dramaty. Kraków 2001; (Hg.) St. Przybyszewski: Poematy prozą. Kraków 2003; (Hg.) Literatura wobec nowej rzeczywistości. Kraków 2005.

KARINA PRYT, MA (Freiburg 2003), geb. 1974, Studium der Germanistik an der Universität Warschau sowie der Geschichte und Germanistik an der Universität Freiburg, Ritter-Preisträgerin (2003), Promotionsprojekt: „Kulturkontakte zwischen Deutschland und Polen, 1934-1939" gefördert durch die ZEIT-Stiftung (10/2003-3/2006). karinapryt@web.de.

MECHTHILD RAUSCH, Dr., geb. 1940 in Hamburg. Studium der Literaturwissenschaft und Philosophie. Lebt in Berlin. Freie Journalistin und Autorin, vorwiegend in Rundfunk und Fernsehen tätig (Hörspiele, Autorenporträts, Features). Herausgeberin von Werken Paul Scheerbarts, zuletzt: P. Scheerbart: *70 Trillionen Weltgrüße*. Eine Biographie in Briefen, Berlin 1991; Ders.: *Der Tod der Barmekiden*. Arabischer Haremsroman, München 1992; Ders.: *Der alte Orient. Novelletten aus Assyrien, Palmyra und Babylon*. München 1998, Ders.: *Glasarchitektur*. Berlin 2000. Zahlreiche Aufsätze über Paul Scheerbart. Buchpublikation: Von Danzig ins Weltall. Paul Scheerbarts Anfangsjahre (1863-1915). Mit einer Auswahl aus Scheerbarts Lokalreportagen für den „Danziger Courier". München 1997.

JÜRGEN RÖHLING, 1980-1988 Studium der Germanistik, Anglistik und Publizistik an der Georg-August-Universität Göttingen. 1993-1995 Dozent für Deutsch als Fremdsprache in Szolnok (Ungarn), 1998-2003 DAAD-Lektor an der Uniwersytet Śląski in Sosnowiec, derzeit Dozent FU-BEST und Lehrbeauftragter an der Freien Universität Berlin. Forschungs- und Arbeitsschwerpunkte: Deutsch als Fremdsprache, Imagologie, deutsch-polnische Kulturbeziehungen.

KAROL SAUERLAND, Prof. Dr. habil., Literaturwissenschaftler und Philosoph an den Universitäten Warschau und Toruń. Forschungsschwerpunkte: Philosophie, Ästhetik und deutschsprachige Literatur seit dem 18. Jahrhundert, deutsch-polnische Beziehungen und Vergleiche in Literatur und Politik. Ausgewählte Publikationen: Diltheys Erlebnisbegriff. Entstehung, Glanzzeit und Verkümmerung eines literaturhistorischen Begriffs. Berlin, New York 1972; Einführung in die Ästhetik Adornos. Berlin, New York 1979; Od Diltheya do Adorna. Studia z estetyki niemieckiej. Warschau 1986, Dreißig Silberlinge. Denunziation in Gegenwart und Geschichte. Berlin 2000; Polen und Juden zwischen 1939 und 1968. Jedwabne und die Folgen. Hamburg 2004; (Hg.) Kulturtransfer Polen – Deutschland. Wechselbeziehungen in Sprache, Kultur und Gesellschaft. Bd. 1-3. Bonn 1999, 2001 u. 2004. Publikationen zu Polen in der „Frankfurter Allgemeinen Zeitung".